L'ITALIE

VOYAGE RELIGIEUX, HISTORIQUE
LITTÉRAIRE & ARTISTIQUE

COMPRENANT TOUT CE QUI PEUT INTÉRESSER
DANS LE PASSÉ ET LE PRÉSENT, DEPUIS LES TEMPS ANCIENS
JUSQU'AUX ACTES LES PLUS
RÉCENTS DU PONTIFICAT DE LÉON XIII

Par M. l'abbé CHAUVIERRE

Curé de Saint-Jacques du Grand-Montrouge.

NOUVELLE ÉDITION

PARIS
RENÉ HATON, LIBRAIRE-ÉDITEUR
33, RUE BONAPARTE, 33

Tous droits réservés.

L'ITALIE

VOYAGE RELIGIEUX, HISTORIQUE

LITTÉRAIRE ET ARTISTIQUE

IMPRIMERIE D. BARDIN, A SAINT-GERMAIN.

L'ITALIE

VOYAGE RELIGIEUX, HISTORIQUE
LITTÉRAIRE & ARTISTIQUE

COMPRENANT TOUT CE QUI PEUT INTÉRESSER
DANS LE PASSÉ ET LE PRÉSENT, DEPUIS LES TEMPS ANCIENS
JUSQU'AUX ACTES LES PLUS
RÉCENTS DU PONTIFICAT DE LÉON XIII

Par M. l'abbé CHAUVIERRE

Curé de Saint-Jacques du Grand-Montrouge.

NOUVELLE ÉDITION

PARIS
RENÉ HATON, LIBRAIRE-EDITEUR
33, RUE BONAPARTE, 33

Tous droits réservés.

A

L'IMMORTEL SOUVENIR

DE

SA SAINTETÉ LE PAPE PIE IX

HOMMAGE DE RESPECT

ET DE FIDÉLITÉ

INTRODUCTION

Tous les chemins, dit-on, mènent à Rome; on devrait ajouter : plus ou moins directement. Entre les diverses routes qui s'offrent à notre choix, nous préférons celle du *Simplon*, comme étant plus pittoresque et plus fertile en souvenirs glorieux pour la France.

Nous voyageons de nuit en quittant Paris; mais, à partir de *Lausanne*, nous examinons, nous observons, et nous notons tout avec la plus scrupuleuse attention. Le chef-lieu du canton de *Vaud* est admirablement situé; c'est peut-être son seul avantage. A voir ses rues en pente et ses maisons mal bâties, on se demande quel charme peut y attirer les étrangers; néanmoins, quand on contemple le lac et les montagnes, l'étonnement cesse bientôt. La cathédrale, après trois siècles de protestantisme, a conservé son aspect catholique; elle renferme les tombeaux d'un grand nombre de personnages illustres.

En nous éloignant de cette cité, nous longeons le *lac de Genève* jusqu'à *Villeneuve;* et, de là à *Martigny,* nous ne quittons pas la vallée du Rhône. Le chemin de fer s'avance entre deux collines ravinées par l'eau des torrents ; à la station de *Saint-Triphon*, un orage éclate : le bruit du tonnerre, en se répercutant dans les montagnes, produit l'effet du canon sur les champs de bataille. Il y a des échos dans les gorges des précipices. Une pluie battante nous accompagne jusqu'à *Bex;* nous continuons à côtoyer le Rhône, et, bientôt, nous arrivons à *Sion*, chef-lieu de canton du *Valais*. Les vieux châteaux de *Tourbillon* et de *Majorie* attirent nos regards par leurs ruines imposantes ; celui de *Valérie*, bâti sur les ruines d'une forteresse romaine, est occupé par un séminaire.

Enfin nous atteignons *Louèche*, où commencent les glaciers et où finit la voie ferrée ; après quelques heures de repos, nous montons en voiture pour le *Simplon*. Jusqu'à *Brigue*, notre ascension n'a rien d'extraordinaire ; mais, à partir de cette petite ville, la route s'élève, en serpentant, à des hauteurs considérables ; nous trouvons, à *Bérisal*, un relais ; et, un peu plus loin, nous découvrons les Alpes bernoises et le fameux glacier d'*Aletsch*, dont les eaux se précipitent dans la vallée du Rhône. Avant d'atteindre le col du *Simplon*, la vue est attirée par une foule de cascades et de pics couverts de neige qui, aux rayons du soleil, ont des reflets si éclatants, qu'ils éblouissent les yeux. Nous voici à l'hospice fondé par Napoléon Ier, et achevé seulement en 1825 ; arrêtons-nous-y pour respirer un air pur et réfléchir un peu.

Les Livres saints nous disent que la terre est dans la

désolation parce que les hommes négligent de sonder le fond de leurs cœurs[1]; c'est donc, pour la créature raisonnable, un devoir en même temps qu'un besoin de se recueillir de temps en temps. Lorsqu'on est parvenu à plus de deux mille mètres au-dessus du niveau de la mer, et qu'on se trouve dans une maison hospitalière où règne le calme le plus profond, on aime à goûter les charmes de la solitude. Au milieu de ces neiges éternelles et de ces terres nues et accidentées, où la végétation a presque entièrement cessé, où les pins et les mélèzes ne se montrent plus, pour peu qu'on ait l'esprit porté aux choses sérieuses, on oublie le tumulte de Paris, et, insensiblement, on se prend à penser à Dieu, l'auteur de toutes les merveilles répandues sur la face de l'univers. Nous ne songeons plus à pénétrer dans les entrailles du sol pour en retirer les métaux précieux, à traverser les mers pour découvrir des régions inconnues; tout notre être est, pour ainsi dire, suspendu au-dessus des montagnes, et, dans un sublime essor, notre cœur s'envole vers le ciel.

Ici, comme au *Saint-Bernard*, l'hospice est desservi par les bons religieux qui, au péril de leur vie, portent secours au voyageur en détresse. A voir la simplicité, la modestie, l'aménité, disons même, en toute justice, l'amabilité de ces prêtres isolés du reste du monde et n'aspirant à rien autre chose ici-bas qu'à se dévouer, l'âme est profondément émue; elle éprouve d'invincibles désirs de devenir meilleure et de se consacrer avec

---

1. Jérémie, xii, 11.

plus de zèle aux œuvres charitables. Rien d'austère, rien de triste sous ces gigantesques voûtes de pierre qui défient le froid et les avalanches ; les rapports y sont sans contrainte, les repas semblables aux antiques agapes, les offices à la chapelle simples et touchants, tout le monde s'y trouve à l'aise, parce que chacun s'y plaît.

Le *Monte-Leone*, d'une altitude de 3,565 mètres, domine au sud le paysage ; et quiconque a de bonnes jambes et beaucoup de courage peut tenter l'ascension du glacier de *Raut.* Pour nous, nous préférons nous arrêter au pied de ces masses imposantes et suivre de l'œil le circuit des ondes en furie, qui se brisent sur les rochers et vont, avec des flots d'écume, grossir les torrents qui roulent dans les vallées.

Avant de quitter ce pieux asile du silence et de la prière, nous allons déposer notre modeste offrande dans le tronc que nous apercevons à l'entrée de la chapelle, et nous prions Dieu de répandre les plus abondantes bénédictions sur ses humbles ministres qui nous ont accueilli avec tant de cordialité, et de nous donner la force de continuer notre pèlerinage vers la Ville éternelle.

Le village du *Simplon*, le premier que nous rencontrons sur notre route après l'hospice, n'offre rien de remarquable ; près de la galerie d'*Algaby*, sous laquelle nous passons, on aperçoit la gorge de *Gondo*[1], dont

---

1. Nous écrirons en lettres italiques tous les noms que nous ne traduirons pas en *français*, ou sur lesquels nous désirons fixer l'attention, ou enfin qui peuvent prêter à l'équivoque, tels que **Guide, Poussin, Romain,** etc., etc.

l'aspect saisit d'admiration et d'effroi. Quelle belle horreur ! s'écriait une personne qui se trouvait dans la même voiture que nous. Le tunnel de *Gondo*, long de 223 mètres, est un travail d'art remarquable pour l'époque où il a été construit (1800 à 1806); les *Suisses* l'ont fortifié en 1830. Mais d'où vient le bruit d'eaux impétueuses qui bouillonnent en tombant dans le ravin ?... Il part du *Fressinone*, que nous voyons se précipiter de la pointe d'un rocher à perte de vue. C'est le spectacle le plus grandiose et le plus frappant, peut-être, des Alpes. A quelques minutes de *Gondo*, dernier village suisse, une colonne indique la frontière italienne.

Ici, nous pourrions terminer notre introduction, nous avons posé le pied sur la terre où l'on parle, quoique fort imparfaitement encore, la langue du *Tasse;* mais, comme nous ne devons nous arrêter qu'à *Arona* où recommence la voie ferrée, nous allons donner un rapide aperçu des principales localités qui vont se rencontrer sur notre chemin.

Isella, que nous trouvons d'abord, sourit peu aux voyageurs, car, là, il faut, bon gré mal gré, se soumettre à la visite de la douane. Disons cependant que l'inspection n'a rien de terrible. La poussière, qui, jusqu'alors, n'était pas trop incommode, commence à devenir insupportable; le pont de *Crevola*, qui mesure 30 mètres de hauteur, et la fertile vallée de la *Tosa* ne nous apparaissent que voilés par les tourbillons que soulèvent les roues de plusieurs diligences à la suite les unes des autres, et nous arrivons à *Domo d'Ossola* poudrés des pieds à la tête comme les ouvriers qui travaillent aux plâtrières ou aux démolitions. Nous stationnons une bonne demi-heure dans cette ville qui respire l'aisance et la propreté; et, après de forts coups de brosse donnés à nos habits, nous nous rafraîchissons avec d'excellentes grappes de raisin que nous procurent des marchands en plein air. A peine avons-nous quitté le pavé, que la poussière nous assaille de plus belle et nous poursuit impitoyablement jusqu'à ce que la route ait changé de direction. *Vogogna*, au milieu de rochers escarpés, nous offre les ruines d'un château historique qu'on nous dit avoir appartenu à la famille des *Visconti*; *Ornavasso*, célèbre uniquement par ses carrières de marbre, qui ont contribué à la construction de la cathédrale de *Milan*; *Gravellona*, située à l'extrémité de la vallée de la *Strona*; *Fariolo*, qui possède dans ses environs une carrière de granit d'où ont été tirées les colonnes de la basilique de *Saint-Paul-hors-les-Murs*, hautes de huit mètres, ne méritent point une plus ample mention. Nous nous trouvons maintenant sur les bords du *lac Majeur* et nous apercevons au loin, dans la brume du soir, une des îles Borromées, l'*Isola Madre*. Il est presque nuit : beaucoup de voyageurs descendent à *Baveno*; mais, poursuivant notre itinéraire, nous passons à *Streza* et nous voyons à peine sur le flanc de la montagne le collége qui occupe l'ancien couvent des *Rosminiens*[1]. *Belgirate*, *Lesa* et *Meina* sont des points de relâche des ba-

---

1. Ordre religieux fondé par Antoine Rosmini-Servati.

teaux à vapeur qui sillonnent le lac; nous arrivons à neuf heures et demie du soir à *Arona*, en proie à la lassitude et à la faim. — Nous voici déjà loin de Paris, notre point de départ, et cependant il nous reste de grandes distances à parcourir.

On ne peut, en visitant l'Italie, ne pas se rappeler une foule de souvenirs classiques; notre jeunesse s'est passée, pour ainsi dire, dans la compagnie de *Virgile*, d'*Horace*, de *Cicéron* et de *Tacite*, qui nous ont fait admirer la littérature ancienne, et nous devons à leur génie un juste tribut d'éloges. Mais, envisageant les choses au point de vue chrétien, combien ne devons-nous pas mettre au-dessus de ces grands hommes de l'antiquité profane les saints Apôtres qui ont révélé au monde les merveilles de Dieu et ont fondé la vraie civilisation! Aussi lirons-nous avec bonheur sur l'obélisque de la place Saint-Pierre-du-Vatican: *Christus vincit, Christus regnat, Christus imperat,* le Christ est vainqueur, il règne, il commande.

Nous diviserons notre livre en trois parties; la première sera intitulée: D'ARONA A ROME; la deuxième: ROME ET SES MERVEILLES; la troisième: DE NAPLES A MODANE.

Quoique notre voyage soit récent, nous avons cru devoir, pour être agréable au lecteur, faire mention des événements marquants qui se sont accomplis en Italie depuis notre retour. Il nous a été donné, et nous en rendons grâces à Dieu, d'entendre le dernier discours solennel sorti de la bouche du vénéré Pie IX, d'heureuse mémoire; nous le reproduisons intégralement au premier chapitre de notre deuxième partie. La mort de l'auguste Pontife, qui a dépassé les années de Pierre, et l'avénement du pieux et savant Léon XIII, que la divine Providence a appelé à lui succéder, sont de ces faits dont l'importance s'impose d'elle-même au monde entier[1].

Il n'est peut-être pas inutile de déclarer tout d'abord que nous ne nous occupons point de politique; si le titre de notre ouvrage le faisait supposer, le sous-titre rassurerait à cet égard. Quel est donc notre but?... Le voici en peu de mots : Élever les âmes vers Dieu par le spectacle de la nature et des chefs-d'œuvre de l'esprit humain ; inspirer le goût du BEAU et du VRAI aux personnes désireuses de s'instruire; enfin, faire aimer la Religion de Jésus-Christ qui a renouvelé la face de la terre et enfanté les saints. L'histoire, la littérature et les beaux-arts, considérés à toutes les époques, nous prêteront leur concours dans cette tâche, pour laquelle nous implorons le secours d'en Haut. Daigne le Ciel bénir nos efforts !

Nous soumettons humblement notre travail au jugement du Saint-Siége, et nous déposons aux pieds du Vicaire de Jésus-Christ l'hommage de notre entière soumission.

1. Pour ne pas interrompre notre récit, nous donnons à la fin de cet ouvrage les actes du pontificat de Léon XIII dans leur ordre chronologique.

L'ITALIE

PREMIÈRE PARTIE

D'Arona à Rome.

CHAPITRE PREMIER

ARONA, LAC MAJEUR, ISOLA BELLA.

Après un repos acheté au prix de douze heures de voiture dans les chemins les plus poussiéreux du monde, nous nous dirigeons, de grand matin, vers le monument élevé à la mémoire de saint Charles Borromée, sur une hauteur dominant le *lac Majeur*. Arrivé au pied de la statue colossale du grand archevêque de Milan, nous la contemplons longtemps dans une muette admiration. — Le piédestal a treize mètres de hauteur et le corps du saint vingt et un.

Nous avons entendu contester la valeur artistique de ce monument qui, en somme, est fort remarquable. On peut, au moyen d'une longue échelle, arriver sur le bord supérieur du piédestal, et, de là, on pénètre dans l'intérieur de la statue; nous devons avouer humblement ici que, après avoir commencé cette ascension, nous y avons renoncé à cause du vertige que nous sentions nous envahir. Il faut dire aussi que notre habit ecclésiastique se prêtait peu à ce genre d'exercice. Un de nos compagnons de voyage, plus hardi et plus courageux que nous, a gravi tous les degrés de l'échelle. Pour avoir une idée du colosse, il suffit de savoir que trois personnes peuvent tenir dans sa tête.

Rentré dans l'intérieur de la ville, nous allons visiter l'église principale qui possède un tableau remontant à l'année 1511. Est-il de *Gaudenzio Vinci* ou de *Gaudenzio Ferrari ?* Les avis sont partagés. Il représente la *Sainte-Famille ;* les personnages y sont d'un coloris plein de fraîcheur, et l'ange qui joue de la guitare est un anachronisme qui nous reporte à l'époque de la *Renaissance.*

Nous apercevons les bateaux qui parcourent journellement le *lac Majeur ;* un d'eux est en partance : nous nous empressons d'y prendre place. N'ayant pas le temps de visiter toutes les îles Borromées, nous descendons à celle qui nous offre le plus d'attrait, à l'*Isola Bella*. Le château, élevé à plus de trente mètres au-dessus de l'eau, mérite d'être visité en détail. Il est environné de jardins en amphithéâtre où croissent les plus belles plantes et les plus beaux arbres que l'on puisse voir, et tout cela repose sur des terrains rapportés à grands frais par les soins du comte *Vital Borromée*, mort en 1690. Les orangers, les citronniers, les lauriers-roses, les magnolias, etc., etc., y sont en pleine prospérité ; de plus on y voit un camphrier qui, par ses dimensions, est unique en Europe. Nous ne ferons que mentionner les cèdres du Liban qui semblent être là sur leur sol natal, et un chêne-liége d'une grosseur extraordinaire.

Sur la terrasse supérieure, ont été placées des statues représentant les Quatre Saisons ; et, du point culminant, on aperçoit, dans une large trouée de montagnes, un glacier de la Suisse.

Quant à l'intérieur du château, on est admis à le visiter rapidement. Dans le vestibule il y a des tableaux de *Daniel Crespi* et deux statues de divinités païennes ; presque toutes les pièces sont pavées en mosaïques de Venise. La salle étrusque renferme de belles imitations des vases de *Pompéi ;* un meuble en pierre dure attire nos regards dans la pièce suivante ; ensuite nous entrons dans la chambre qu'occupait Napoléon Ier deux jours avant la bataille de Marengo.

Elle est demeurée dans l'état où elle était alors. Nous regrettons de n'avoir pu apprendre de qui sont les beaux paysages qui décorent l'ancienne salle de musique, dont le sol est recouvert d'une splendide mosaïque de *Florence.* Dans une autre pièce dallée en cailloutis, se trouve, en bois sculpté, la représentation de l'île et du jardin ; on y voit aussi les statues anciennes de *Cléopâtre* et de *Thétis.* La gondole du doge de Venise, œuvre d'art nautique d'un grand prix, occupe un appartement. Deux *Chinois*, *Flore* et *Hébé*, par *Monti*, ont également fixé notre attention dans ce château dont nous n'avons trouvé nulle part une description aussi détaillée que la nôtre. L'extérieur n'a rien de remarquable ; une des ailes est même en ruine.

CHAPITRE II

DÉPART POUR MILAN. — ARRIVÉE ET SÉJOUR.

De retour à *Arona*, nous n'avons rien de plus pressé que de faire porter notre sac de voyage au chemin de fer et de prendre notre billet pour l'ancienne capitale de la Lombardie. Nous n'en sommes guère éloigné que de deux heures. Après avoir longé la rive méridionale du *lac Majeur*, nous traversons le *Tessin* et nous arrivons à *Sesto Calende*, qui ne nous laisse aucun souvenir digne d'être relaté. Il n'en est pas de même de notre troisième station, de *Somma*, où, l'an 218 avant l'ère chrétienne, le général romain *Publius Cornelius Scipion* fut défait par *Annibal;* il ne nous est malheureusement pas possible d'aller visiter le champ de bataille. La vapeur, qui nous emporte avec rapidité, nous laisse cependant apercevoir la coupole de l'église de *Busto Arsizio*, dédiée à la sainte Vierge et bâtie sur les plans de *Bramante*. *Legnano* nous rappelle la victoire remportée par les *Milanais* sur *Frédéric Barberousse* en 1176 ; nous arrivons à *Milan* à l'entrée de la nuit.

Une promenade sur le cours *Victor-Emmanuel* et dans la galerie du même nom finissent notre soirée, et le lendemain, de grand matin, nous jouissons, du haut de la cathédrale, du panorama de toute la ville. Du sommet de la tour, on découvre successivement, avec une bonne longue-vue, la *Chartreuse de Pavie* et les *Apennins;* l'*Ortler,* le *Saint-Gothard* et les *Alpes Bernoises* ; le *Monte-Leone*, le *Mirchabel*, le *Monte-Moro* et le *Fletschorn ;* le *Grand Saint-Bernard*, le *Mont-Blanc*, le *Mont-Rose*, le *Superga*, près de Turin, et le *Mont-Cenis*.

L'église elle-même, que les étrangers ne manquent jamais de visiter et que les *Milanais* ont surnommée la huitième merveille du monde, renferme une foule de choses dignes du plus haut intérêt. On l'appelle tout simplement le DÔME, *Duomo,* sans doute à cause de la majesté de sa coupole, qui s'élève à soixante-huit mètres au-dessus du sol. Après avoir fait quelques pas dans ce vaste édifice, on trouve sous ses pieds une bande de cuivre qui marque la ligne du méridien. De magnifiques sarcophages ornent les nefs latérales ; le tombeau de *Jacques* et de *Gabriel de Médicis* est enrichi de trois statues de bronze, œuvres de *Leone Leoni ;* les bas-reliefs de l'*Autel de la Présentation* sont de *Bambaja*. Nous ne pouvons pas ne pas mentionner le fameux travail de *Marcus Agrate*, c'est-à-dire saint Barthélemy écorché et portant sa peau sur ses épaules ; cette statue est, dit-on, intéressante au point de vue anatomique, nous avouerons franchement qu'il nous suffit de l'avoir vue une fois. Nous réservons notre admiration pour le *Moïse* de *Michel-Ange* et d'autres chefs-d'œuvre des grands maîtres.

Le trésor de l'église possède deux belles statues, en argent, de saint Ambroise et de saint Charles Borromée, et, dans une chapelle souterraine, on peut voir le tombeau et le corps de ce dernier. L'or et les pierreries ont été semés à profusion dans les décorations de cette crypte.

Pressé par le temps, nous quittons à regret cette auguste basilique qui, par son style ogival, rappelle la *Cathédrale de Cologne*, et, par ses vastes proportions, *Saint-Pierre de Rome* et *Saint-Isidore de Séville*. Les églises *Saint-Celse* et *Saint-Alexandre*, quoique bien décorées, n'offrent pas beaucoup d'intérêt sous le rapport de l'art. SAINT-AMBROISE, qui tire son nom de son fondateur, remonte au IVe siècle. Cet antique monument a été, selon la tradition, bâti sur les ruines d'un temple de *Bacchus* ; le portique qui environne l'entrée est garni de fresques qu'on fait remonter au delà du xiie siècle. C'est là où le courageux évêque arrêta l'empereur Théodose en lui reprochant les massacres de Thessalonique. A l'intérieur, plusieurs scènes de la *Passion* par *Gaudenzio Ferrari* attirent les regards; sainte Marceline à genoux, la sainte Vierge accompagnée de saint Jean et de saint Jérôme, l'autel avec ses anciens bas-reliefs, l'abside avec ses mosaïques du ixe siècle, le Christ au milieu des docteurs, enfin le *Serpent d'Airain* sur une colonne, sont les objets qui ont le plus fixé notre attention.

De là, nous nous rendons à SAINTE-MARIE DES GRACES.

Avant d'aborder le seuil de ce sanctuaire, qui fut naguère une église de couvent, nous entrons dans une pièce latérale où se trouve la fameuse *Cène* de *Léonard de Vinci*. A la place du cloître, il y a aujourd'hui une caserne de cavalerie; on est admis à visiter le chef-d'œuvre moyennant un franc. Plusieurs copistes sont occupés à reproduire sur toile cette peinture murale qui, malgré l'humidité qui l'a endommagée, conserve néanmoins une très-grande valeur. Pour peu qu'on se livre à un examen attentif, on trouve entre l'original et les reproductions, des nuances importantes. Dans le premier, il y a de l'expression et de la vie ; dans les secondes, quoique le sentiment n'y soit pas absent, il manque la véritable expression du caractère des personnages.

Construite au xve siècle, l'église contient beaucoup d'ornementations en terre cuite et fait honneur à *Bramante*, qui en a fait construire le chœur et la coupole. La *Flagellation*, le *Couronnement d'épines* et le *Crucifiement* sont de *Gaudenzio Ferrari*; il y a d'autres fresques de *Luini* et de belles peintures sur bois.

La plus ancienne église de *Milan* est SAINT-LAURENT qui, selon plusieurs antiquaires, serait bâtie sur l'emplacement du *palais de Maximien*.

Quoi qu'il en soit, elle est fort estimée de tous les amateurs de l'art chrétien. Sa forme octogone et ses colonnes alternées flattent l'œil ; l'édifice est à la fois simple et majestueux. Des mosaïques remontant au vi[e] et viie siècle, et représentant Jésus au milieu de ses apôtres; un tombeau réputé pour être celui d'*Astolphe*, roi des Goths; des marbres antiques, etc., etc.; telles sont les choses qui nous ont le plus frappé.

SAINT-CHARLES, en forme de rotonde, comme le *Panthéon* de Rome, est tout à fait moderne. La consécration de cette église ne remonte qu'à l'année 1847 ; sur un des vitraux on voit le courageux archevêque de Milan au milieu des pestiférés. Le temps ne nous permet pas de pousser plus loin nos visites aux temples sacrés.

La *Place du Dôme*, où aboutissent tous les *Omnibus*, est la plus centrale de *Milan* ; on regrette qu'elle soit dépourvue de fontaines monumentales. Tout près, se trouve la *Galerie Victor-Emmanuel*, rendez-vous des promeneurs comme à Paris le *Palais-Royal* ou le *Passage des Panoramas* ; si la place dont nous venons de parler est loin de valoir celle de la *Concorde*, il faut avouer aussi, pour être vrai, que nos galeries vitrées n'ont pas le grandiose de celle qui nous occupe en ce moment. Ornée de statues en marbre, et ayant un dôme enrichi de grandes fresques, elle possède de riches magasins qui ne le cèdent guère aux nôtres que par le nombre. L'éclairage, opéré par deux mille becs de gaz, produit un effet merveilleux.

Au sortir de cette belle promenade couverte, on se trouve sur la *place de la Scala*, au centre de laquelle on aperçoit la statue de *Léonard de Vinci*, posée sur un piédestal en marbre de *Carrare*. Aux quatre angles sont les quatre élèves favoris du maître, et, sur les côtés, ses œuvres sont figurées par des bas-reliefs.

Nous avons parcouru la *Galerie de tableaux* et le *Musée archéologique* ; donner une simple nomenclature des chefs-d'œuvre de peinture et de sculpture qui s'y trouvent réunis, nous semble inutile. Pour décrire chaque chose en particulier, il faudrait faire plusieurs volumes.

Néanmoins, le *Sposalizio*, de *Raphaël;* le *Saint Jérôme*, du *Titien;* la *Vierge*, du *Dominiquin*, et les restes du tombeau de *Gaston de Foix*, tué en 1512 à la bataille de *Ravenne*, ne sauraient être passés sous silence.

Ayant entendu parler des cimetières italiens comme renfermant des monuments funèbres dignes de remarque, nous avons voulu voir celui de *Milan*. Nous n'avons point été déçu : le portique environnant la cour qui précède le *Campo Santo*, le champ sacré, est rempli de tombeaux de famille, dignes d'être examinés sous le rapport de l'art et du sentiment. La douleur est si bien peinte sur certaines figures de marbre, qu'on se surprend à pleurer en les contemplant. Ici de pauvres orphelins se pressent en sanglotant contre leur mère plongée dans l'affliction ; là, une porte est entr'ouverte, une femme, une épouse sans doute, s'en approche en tremblant et semble parler à celui qu'elle affectionnait ici-bas. Sur ces sarcophages, on voit des anges aux ailes déployées, levant les yeux vers le ciel pour nous montrer que la terre n'est point le lieu de notre repos, mais qu'il faut élever plus haut nos cœurs et nos pensées.

CHAPITRE III

PAVIE, CRÉMONE, VÉRONE, VENISE.

De *Milan* à *Pavie*, la distance est courte ; on s'arrête à la station de *Certosa* pour visiter la célèbre chartreuse fondée par *Jean Galéas Visconti*, en 1396. On ne saurait se faire une idée de la richesse de la façade, qui est toute revêtue de marbres du plus saisissant aspect ; c'est ce qu'il y a de plus beau dans le style de la *Renaissance*. Le vaisseau, de forme gothique, a trois nefs, quatorze chapelles et une coupole ; il renferme des tableaux du *Pérugin*, du *Guerchin*, de *Macrino d'Alba*, de *Borgognone*, de *Procaccini*, de *Bianchi* et des *Crespi* père et fils. On remarque dans le chœur les sculptures du xvie siècle, qui ornent l'autel ; les stalles ont été établies sur les dessins de *Borgognone* et représentent les apôtres et d'autres saints. Le *jubé*, les tombeaux de *Béatrice d'Este*, de *Ludovic le More* et de *Jean Galéas Visconti*, le rétable en ivoire de *Leone Ubriachi*, les candélabres en bronze de *Fontana*, etc., etc., ont surtout fixé notre attention. La petite cour dite de la *Fontaine*, voisine de la grande cour, est décorée d'ouvrages en plastique que ne surpassent point, pour le goût et l'élégance, les plus beaux ouvrages en marbre.

Bientôt, sous ces voûtes calmes et silencieuses, où passent comme des ombres les religieux qui n'occupent maintenant l'établissement que leur vie durant[1], on n'entendra plus résonner les graves mélodies de l'office divin ; à la méditation et à la prière succéderont, selon toute prévision, le bruit des soldats et le cliquetis des armes. Il semblerait que, de nos jours, on ne croit plus qu'à la force matérielle. — Adieu donc, pieux solitaires, qui nous avez édifié par votre vie tout intérieure ; on conteste ici-bas votre utilité, parce que l'on a oublié que la prière était la grande force de l'homme. Continuez à implorer pardon et miséricorde pour ceux qui vous méconnaissent et vous insultent, à donner au monde l'exemple de la pénitence et de la mortification, en un mot, à réconcilier la terre avec le ciel, et vous aurez noblement rempli votre tâche. S'il faut aux nations d'intrépides guerriers qui les défendent, l'épée à la main, contre

---

[1]. *Baedeker*, Italie septentrionale, 7º édit., pag. 146.

les assauts de l'injustice, elles ont encore plus besoin de saints personnages qui, par leurs vertus, leur obtiennent de Dieu la victoire.

C'est tout près de cet asile du silence et de la prière que, l'an 1625, François Ier fut vaincu et devint prisonnier de l'empereur Charles-Quint. Rendant compte de la fatale journée du 24 février, le vaillant roi de France disait : « *Tout est perdu, fors l'honneur.* »

Nous entrons dans la ville de *Pavie*, le *Ticinum* antique, ou la cité aux cent tours, dont les restes frappent encore les regards, et nous allons à la *Place du Dôme* visiter la cathédrale. Bâtie d'après les plans de *Bramante*, elle devait atteindre d'immenses proportions, mais, faute de ressources sans doute, elle n'a point été achevée. On peut se faire une idée de ce qu'elle aurait été par la petite réduction en bois qui se voit à l'intérieur. L'*Arche* ou *Tombeau de saint Augustin* est un fort beau reliquaire orné d'un grand nombre de figures de saints et de sujets allégoriques ; c'est, assurément, ce qui attire le plus l'attention dans cette vaste église [1].

Il y a sur le *Tessin* un pont couvert, au milieu duquel se trouve une chapelle ; on jouit de là d'une très-belle vue, aussi les promeneurs y

---

1. Le journal *le Pèlerin*, dans son numéro du 25 août 1877, a donné des dessins qui représentent fort bien *l'Arche de saint Augustin*.

affluent-ils. A l'entrée de la cour qui précède l'Université, dont la fondation remonte, dit-on, à Charlemagne, on remarque la statue d'*Antonio Bordoni*, célèbre mathématicien, mort en 1864. L'église Saint-Michel possède des bas-reliefs d'une grande antiquité, et déroute l'œil par la variété de son architecture ; piliers garnis de fresques, arceaux doubles à plein ceintre, coupole octogone, etc., etc., tout est original dans ce monument, auquel on assigne comme date le xie siècle. Santa-Maria del Carmine et Santa-Maria di Canepanova méritent d'être visitées pour les peintures de *Colombano*, de *Moncalvo* et des *Procaccini*. Boèce, philosophe illustre du ve siècle, prisonnier de Théodoric, fut mis à mort dans cette ville ; son buste et celui de Pétrarque, le rénovateur des études classiques en Occident, se voient dans le quartier de *Saint-Roch*, à l'entrée de la *Casa Malaspina*. Ils rappellent à notre esprit des souvenirs touchants : l'un de ces grands hommes écrivit le livre de la *Consolation philosophique*, et l'autre composa ces vers harmonieux qui rendirent son nom immortel et le placèrent, avec *Dante* et *Boccace*, parmi les créateurs de la littérature italienne.

Le temps presse : il nous faut partir pour *Vérone*. Sur la rive gauche du *Pô* nous découvrons une ville entourée de bastions, c'est *Crémone*. Nous nous y arrêtons deux heures seulement, et nous visitons dans l'église cathédrale, dont le porche est entouré de colonnes portées par des lions, un baptistère du xe siècle. Tout près de là est une tour de 121 mètres, la plus haute, sans doute, de toute l'Italie. Il y a dans les autres églises des tableaux du *Pérugin*, de *Campi*, de *Boccaccino*, etc., etc.; cette cité, qui posséda une célèbre école de peinture, est très-riche en œuvres d'art. Elle remonte aux *Cénomans*, peuple d'origine gauloise, qui en furent chassés par les Romains l'an 218 avant Jésus-Christ.

Vérone qui, dans des temps très-reculés, fut aussi fondée par les Gaulois, est située au pied des Alpes, sur les bords de l'*Adige*. On y admire les débris d'un amphithéâtre que plusieurs antiquaires attribuent à *Dioclétien*, et dont la magnificence est attestée par des inscriptions, des chapiteaux, des statues et des bustes, découverts à diverses époques; on présume qu'il a pu contenir vingt-deux mille spectateurs. C'est là où des milliers de chrétiens furent livrés aux bêtes. La civilisation romaine, qu'on a vantée outre mesure, se prêtait fort bien à ces sanglantes exhibitions, qui n'ont cessé que lorsque la croix a brillé sur le Capitole.

Les églises les plus remarquables sont SAINTE-ANASTASIE, de style gothique, où l'on voit des fresques et des sculptures du xive siècle. Les deux mendiants en marbre qui supportent les bénitiers sont dus au ciseau de *Gabriel Caliari* et d'*Alexandre Rossi*. A droite du maître-autel se trouvent les tombeaux des *Pellegrini* et des bas-reliefs représentant toute la vie du Sauveur.

Dans la cathédrale, il y a les statues de *Roland* et d'*Olivier*, paladins de Charlemagne, et l'*Assomption*, du *Titien*. SAINT-ZÉNON, édifice du xiie siècle, fut fondé par Pepin, fils de Charlemagne ; il renferme des peintures de *Mantegna* et de précieux souvenirs du moyen âge. La statue du saint évêque de *Vérone* est en marbre brun ; il est représenté avec la crosse dans une main, et dans l'autre il tient une ligne au bout de laquelle se trouve un petit poisson en argent ; ce qui montre sa double qualité de pasteur et de patron des pêcheurs. Dans la Pinacothèque, musée qui ne date que de 1857, on admire des œuvres d'art dont le détail serait trop long. Les tableaux de *Paul Véronèse*, du *Titien*, de *Jules Romain*, du *Tintoret*, de *Raphaël*, ou du moins de son école, ornent presque toutes les salles. Tout près de la *place Dante*, sur laquelle s'élève la statue moderne du grand poëte, en face de l'église SANTA-MARIA ANTICA, on voit les tombeaux des *Scaligers*.

Nous voici maintenant à *Venise*, la ville des lagunes et des gondoles ; elle est unique au monde. Vu le prix que nous demandent les *ciceroni*, nous n'avons recours qu'aux gondoliers pour nous piloter dans cette vaste cité ; nous contemplons, en naviguant sur le grand canal, les belles maisons, nous dirions mieux, les palais qui le bordent. L'architecture vénitienne est un mélange de moresque et de gothique, plus curieux encore que frappant. Ici la végétation a disparu : plus de ces beaux arbres dont les feuilles agitées au gré de la brise donnent de la fraîcheur et de l'ombrage ; nous nous sentons porté si doucement que nous céderions facilement au sommeil, mais, pressé par les souvenirs, nous nous contentons de rêver tout éveillé en songeant aux grands noms qui se présentent en foule dans notre mémoire. *Paulicius Anafestus, Agnelus Participotius, Sébastien Zani, Henri Dandolo, Marino Falieri, André Contarini, Antoine Venier, Malatesta, Mocenigo, Foscari, Carmagnole*, etc., etc., nous rappellent les commencements et l'apogée de la gloire de *Venise*. Ces doges et ces généraux fameux ont conquis leur place dans l'histoire.

Le ciel, d'un bleu vif, contraste avec le vert éclatant de la terre ferme, qui est entretenu par l'abondance des eaux ; ces deux couleurs, si fortement tranchées, donnent un air d'apprêt à la nature elle-même. Rien ici de ce vague mystérieux qui fait le charme du midi de l'Italie. A la vue de cette ville, qui ressemble à une immense flotte dans un port, on se demande comment le génie humain a pu établir sur les eaux de si somptueuses demeures.

Naples est bâtie en amphithéâtre au bord de la mer; *Venise* se trouve sur une surface unie, et ses clochers simulent les mâts de navires immobiles au milieu des ondes. Le silence profond de la cité, dont les rues sont des canaux, l'aspect monotone de ces embarcations qui se ressemblent presque toutes, le manque de mouvement et d'exercice inspirent je ne sais quel sentiment de mélancolie dont on a peine à se défendre. En effet, ces gondoles noires qui glissent comme sur un lac paisible lorsque le temps est calme, font l'effet de cercueils, dernière demeure de l'homme; quoique, par leur forme, elles ressemblent aussi à des berceaux, où s'écoulent les premiers jours de la vie. Le soir, quand elles sont éclairées, on dirait des feux follets qui voltigent au gré des vagues.

Venise, jadis la capitale d'une puissante république, remonte à l'an 452, et doit sa fondation à des habitants de *Padoue* qui s'enfuirent pour échapper à la fureur des hordes barbares conduites par *Attila*, et se réfugièrent à l'extrémité septentrionale de la mer Adriatique, au milieu des nombreuses petites îles formées par les lagunes.

La place *Saint-Marc, la piazza* ou place par

excellence, est le rendez-vous des *Vénitiens;* on y vient aspirer la fraîcheur du soir et entendre la musique militaire. Comme sur la place *Colonna*, à Rome, tous les rangs sont confondus : le prince et le bourgeois, le marchand et l'ouvrier se coudoient ; c'est un va-et-vient général qui donne un peu de gaieté à la ville endormie, pour ainsi dire, tout le jour, si ce n'est à deux heures de l'après-midi. A cette heure, digne d'être notée, a lieu le repas des pigeons. Une foule innombrable de ces intéressants volatiles vit ici aux frais de la municipalité, et voici pourquoi, si l'on nous a dit vrai : Grâce aux dépêches qui lui furent apportées par ces messagers aériens, l'amiral *Dandolo* saisit le moment favorable pour s'emparer de l'île de *Candie;* et pour en perpétuer le souvenir, il envoya à *Venise*, avec la nouvelle de son succès, les auxiliaires auxquels il en était en partie redevable. Le peuple reçut ces pigeons avec enthousiasme, et, aujourd'hui, leurs descendants sont en grande considération ; ils logent dans les combles des palais environnants et sous les arceaux extérieurs de la basilique[1].

Du haut de la *Tour de Saint-Marc*, qui est à quelques pas de l'église, on découvre toute la

---

1. **Baedeker**, Italie septentrionale, 7ᵉ édit., p. 199. — M. l'abbé Rolland et d'autres écrivains donnent à ces pigeons une origine différente, *Promenades en Italie*, p. 262.

cité ensevelie dans les eaux et la digue qui la
protége contre la mer. Dans le lointain, si le ciel
est pur, apparaissent les côtes de *l'Istrie* et de
la *Dalmatie*. La cathédrale est un bâtiment
carré, d'une structure grecque, enrichi de marbres et de bas-reliefs. La couverture consiste en
plusieurs dômes, dont celui du milieu domine
les autres ; une quantité de statues contribue à
l'ornementation intérieure de l'édifice. La richesse des mosaïques qui le décorent du sol à
la voûte ne saurait se décrire ; on en voit d'un
or très-vif et incorporé au feu.

Le trésor de SAINT-MARC possède des richesses artistiques qu'on chercherait vainement
ailleurs, entre autres deux magnifiques candélabres de *Benvenuto Cellini ;* des diptyques sacrés provenant de l'église *Sainte-Sophie* de
Constantinople, des vases, des reliquaires, une
superbe croix d'argent, don de l'impératrice
Irène, enfin le célèbre manuscrit de l'Évangile
selon saint Marc, qui remonte au moins au
VIe siècle. Sous le maître-autel reposent les précieux restes du vénéré patron, et, au fond de
l'abside, on remarque quatre colonnes en albâtre qui passent pour provenir du temple de Salomon. Les chevaux de bronze, qui ornent le
frontispice du monument, ont figuré sur *l'Arc
de Triomphe du Carrousel,* à Paris ; ils ont été
reportés à Venise en 1815.

Les autres églises les plus remarquables sont Saint-Georges le Majeur où l'on voit de beaux tableaux du *Tintoret*, et des statues sculptées du xviie siècle ; Sainte-Marie du Salut, dont le plafond est peint par le *Titien ;* Saint-Jean et Saint-Paul, édifice gothique commencé au xiiie siècle, renfermant les tombeaux des Doges, c'est le *Saint-Denis* de Venise ; Saint-Jean-Chrysostome, dans le style de la *Renaissance ;* les Saints-Apôtres, Saint-Jean-l'Aumonier, Notre-Dame des Miracles ; enfin Saint-Sébastien, où a été inhumé *Paul Véronèse*.

Le *Palais des Doges*, que nous ne pouvons visiter longuement, offre, malgré son aspect sévère et pesant, des détails élégants et des parties remarquables sous le rapport de l'art. La galerie du haut, ou *Logietta*, est un des chefs-d'œuvre les plus cités d'*Alexandre Vittoria ;* huit belles statues grecques ornent la façade de l'horloge ; *l'Adam* et *l'Eve* d'*Antoine Rizzo* sont très-estimés. La gloire et la splendeur passées de *Venise* éclatent de toutes parts au *Palais ducal ;* d'immenses tableaux du *Titien,* du *Tintoret,* de *Paul Véronèse* et d'autres maîtres habiles, rappellent les grandes actions de son histoire ; une sorte de patriotisme respire dans ces belles peintures.

La salle, où le grand conseil se rassemblait, est entourée de tous les portraits des doges, à l'exception d'un seul. A la place de l'image de celui qui fut décapité comme traître à sa patrie, on a peint un rideau noir sur lequel on a écrit le jour de sa mort et le genre de son supplice. Les habits somptueux et éclatants dont les autres potentats sont revêtus, ajoutent à l'impression que produit ce fond noir. Il y a là aussi un tableau représentant le *Jugement dernier*, et un autre retraçant le moment où le plus puissant des empereurs, *Frédéric Barberousse*, s'humilie devant le sénat de *Venise*. La fameuse *Gueule de lion*, où chacun pouvait introduire ses dénonciations, qui figurait à la porte des inquisiteurs, n'existe plus, mais on en distingue encore l'ouverture dans la muraille. Dépouillée de ses terreurs, elle a tout simplement l'air d'une des boîtes aux lettres de l'administration des postes dans Paris. Des réduits préparés dans les greniers du palais recevaient les condamnés politiques; c'était ce que l'on appelait la *Prison des Plombs*, immortalisée par *Sylvio Pellico*. D'autres lieux de réclusion, nommés *Pozzi*, les *Puits*, séparés des bâtiments par un pont, qualifié à juste titre de *Pont des Soupirs*, consistaient en d'horribles cachots souterrains.

La *Bibliothèque*, magnifique construction du XVIe siècle, héritière d'une bonne partie des dépouilles de Constantinople, est célèbre par la quantité de manuscrits grecs et latins qu'elle renferme et par le nombre des statues antiques dont elle est ornée. — On voit, devant la porte de l'arsenal, deux lions sculptés en Grèce, puis transportés du port d'Athènes, pour être les gardiens de la puissance vénitienne. Tout, en un mot, dans cette ville extraordinaire, dénote un passé glorieux; elle n'a point d'église ni de palais qui ne mérite l'attention du visiteur, et ne lui offre à profusion tableaux, fresques, statues et bas-reliefs, marbres et colonnes d'un précieux travail. Dans ces derniers temps encore, le plus grand sculpteur de notre époque, l'illustre *Canova*, mort en 1822, prouvait que l'art n'avait point entièrement abandonné sa patrie.

L'air de *Venise* et la vie paisible qu'on y mène sont singulièrement propres à porter l'âme à la méditation ; le tranquille balancement des barques favorise tout naturellement la rêverie, et, si l'on est enclin aux études littéraires, scientifiques ou même simplement artistiques, on jouit de l'absence des distractions bruyantes. On entendait autrefois un gondolier qui, placé sur le pont du *Rialto*, se mettait à chanter une stance du *Tasse*, tandis qu'un autre batelier, à l'extrémité du canal, lui répondait par la stance suivante. Les jardins publics, établis par Napoléon Ier dans une partie reculée de la ville, sont aussi à visiter; et, si l'on veut se faire une idée de l'industrie actuelle du pays, il faut s'embarquer au *Lido* et aller jusqu'aux îles environnantes.

Murano, *Torcello* et *Chioggia* ont des souvenirs historiques qui ne sont pas à dédaigner.

CHAPITRE IV

PADOUE, FERRARE, BOLOGNE

Il nous eût été agréable de visiter *Mantoue*, la patrie de *Virgile;* nous n'avons pu la saluer que de loin. *Virgile* et *Jules Romain* sont, de la part le génie, les véritables souverains de cette cité : le premier règne aux champs, le second à la ville. Si les images, si les beautés du poëte se retrouvent et frappent encore dans les campagnes environnantes, partout, à l'intérieur, brille le sublime talent de l'artiste.

De *Venise,* que nous quittons à regret, nous partons pour *Bologne;* après avoir jeté un dernier regard sur le clocher et la basilique de *Saint-Marc,* nous nous mettons à réfléchir sur tout ce que nous avons vu et admiré. Les mosaïques, les sculptures, les bas-reliefs, les arabesques et les tableaux qu'il nous a été donné de contempler, se représentent à notre esprit et nous font jouir, en quelque sorte, de leur vue rétrospective. Au souvenir des brillants décors, des voûtes d'or, du pavé de jaspe et de porphyre, des cinq cents colonnes de marbre blanc, noir, veiné, de bronze, d'albâtre, de vert antique et de serpentine, qui se trouvent dans la grande basilique vénitienne, on se prend à rêver ; il faut avoir vu ces richesses pour croire à leur réalité. A qui en doit-on la conservation, si ce n'est à la religion?... Sans elle, on les eût perdues au milieu des spéculations et des entreprises d'un peuple marchand et navigateur. En songeant à toutes ces belles choses qui élèvent l'âme vers Dieu, l'auteur et l'inspirateur des beaux-arts, nous arrivons à *Padoue*.

Cette ville, dont on fait remonter l'origine jusqu'aux Troyens, quoique, en réalité, elle n'ait eu un grand éclat qu'à partir du siècle d'Auguste, mérite d'être visitée et étudiée. Dans l'impossibilité où nous sommes d'y faire un long séjour, nous donnerons un aperçu de ce qu'elle renferme de plus remarquable.

La CATHÉDRALE ou le *Dôme*, édifice de la fin du XVIe siècle, est d'une architecture médiocre. Le premier plan en avait été dressé par *Michel-Ange*, mais, pendant les deux siècles que dura son exécution, il dut être singulièrement altéré par les divers architectes qui mirent la main à l'œuvre. On y voit, à droite en entrant, le tombeau de *Charles Patin,* médecin français, qui se distingua surtout comme antiquaire. Le buste de *Pétrarque*, chanoine de cette église, est placé en face d'une des portes latérales ; il n'est pas de *Canova* comme on l'a prétendu, mais de *Rinaldo Rinaldi*, son élève. Il est très-beau. La sacristie du chapitre est ornée de magnifiques peintures : *Le Sauveur avec Aaron et Melchisédech à ses côtés ; la Vierge tenant l'enfant Jésus sur ses genoux ; Saint Jérome et Saint François*, de *Palma ;* un *Saint Antoine*, de *Forabosco*, etc., etc. Le baptistère du XIIe siècle, qui est séparé de la cathédrale, offre d'admirables travaux des élèves de *Giotto* ; ils représentent divers sujets tirés de l'Ancien Testament, des Évangiles et de l'Apocalypse.

Saint-Antoine, que le peuple appelle tout simplement *il Santo*, le *Saint*, est la première et la plus merveilleuse basilique de *Padoue ;* elle fut commencée en 1256, sur les plans de *Nicolas de Pise*. Au-dessus de la porte principale, on remarque les deux belles et célèbres figures de saint Bernard et de saint Antoine, peintes par *Mantegna ;* la chapelle du saint patron, une des plus riches du monde, est ornée d'arabesques gracieuses de *Mathieu Allio* et de *Jérôme Piconi*. Le chœur et le maître-autel rassemblent les chefs-d'œuvre des plus grands maîtres : le grand candélabre de bronze de *Riccio*, le *Lysippe* vénitien, est le plus beau peut-être qu'on puisse voir ; il coûta dix années de travail à l'artiste. Les quatre statues des protecteurs de Padoue, le grand *Crucifix de bronze*, la *Vierge* et l'*Enfant Jésus* sont dignes aussi d'admiration,

Saint-Gaetan, église d'une simple et noble architecture, possède trois tableaux de *Palma*, l'*Annonciation*, la *Purification*, la *Résurrection*, et une admirable figure de la *Vergine addolorata* ou *Notre-Dame de Pitié*, attribuée au *Titien*, et qui en est digne.

Sainte-Justine, avec ses huit coupoles à jour, dont la plus élevée est surmontée de la statue de la sainte, est un superbe monument qui date de plus de trois siècles et qui semble neuf. Un bénédictin, *Jérôme de Brescia*, en fut l'architecte. Le *Martyre de sainte Justine*, excellent tableau de *Paul Véronèse*, orne la chapelle principale ; dans les autres chapelles, il y a aussi de fort belles peintures, telles que la *Conversion de saint Paul*, le *Martyre de saint Jacques-le-Mineur*, la *Vision de sainte Gertrude*, *Saint Côme et Saint Damien*, la *Mort de sainte Scholastique*, etc., etc. Les autres églises de *Padoue*, entre lesquelles Saint-Thomas ou les Philippins, possèdent également des richesses artistiques qu'il serait trop long d'énumérer ici.

Il nous reste à dire quelques mots de la fameuse Université, située en face le café *Pedrocchi*, célèbre dans le monde entier par ses

2.

colonnes de marbre et le luxe de son ornementation. Cette antique école, qui remonte au commencement du XIIIe siècle, a compté jusqu'à six mille étudiants ; quoique déchue de son ancienne splendeur, elle montre encore avec une juste fierté les noms et armoiries des maîtres et des élèves qui ont le plus contribué à sa gloire. Elle a même élevé des statues à quelques-uns de ceux qui se sont notablement distingués.

Nous nous remettons en route, et nous nous livrons de nouveau à nos réflexions. Le train s'arrête ; nous prêtons l'oreille et nous entendons répéter : *Rovigo! Rovigo!* Il n'y a là de remarquable que le *Palais communal*, renfermant une galerie de tableaux où se trouvent des toiles de *Paul Véronèse*, du *Guide*, du *Giorgion*, de *Dossi* et autres maîtres, et la bibliothèque publique, qui contient un grand nombre d'ouvrages rares, très-appréciés des connaisseurs.

Nous brûlons, comme on dit vulgairement, les stations d'*Arqua*, de *Pavione*, de *Santa-Maria-Madalena*, et, par un temps splendide, nous entrons à *Ferrare*.

Cette ville triste, déserte, respire encore une sorte de grandeur et de magnificence, qui rappelle de nobles souvenirs ; son château surtout, avec ses ponts, ses tours, ses élégantes balustrades, conserve au dehors un air pittoresque qui plaît à l'œil. La superbe résidence des ducs de la *Maison d'Este* renferme aujourd'hui les bureaux du télégraphe et de l'administration préfectorale. Telle est la vicissitude des choses humaines. Quelques débris de belles peintures subsistent encore au plafond de l'antichambre et de la *Salle de l'Aurore;* elles sont de *Dosso Dossi*, peintre ferrarais célébré par l'*Arioste*.

La CATHÉDRALE, du XIIe siècle, renouvelée au dedans, conserve au dehors son caractère gothique; sa façade est couverte de bas-reliefs intacts, représentant la *Vie de Notre-Seigneur Jésus-Christ*, le *Jugement dernier*, le *Paradis*, l'*Enfer*, les *Sept péchés capitaux*, etc., etc. A l'intérieur, à droite et à gauche de la porte principale, il y a deux belles fresques de *Garofolo*, ayant pour sujet les apôtres saint Pierre et saint Paul; le *Martyre de saint Laurent*, par le *Guerchin*, l'*Annonciation* et le *Saint-Georges*, de *Cosimo Tura*, sont aussi des œuvres fort appréciées. Le campanile, qui se trouve à l'un des angles de l'édifice, a été bâti sous *Hercule II*, dans le style de la *Renaissance*.

A l'église SAINT-FRANÇOIS, dont le célèbre écho répète les sons jusqu'à seize fois et de toutes les parties de l'édifice, on admire plusieurs fresques de *Garofolo*, surtout le *Baiser de Judas* et l'*Arrestation du Sauveur*. D'autres tableaux du même maître, tels que la *Vierge*, l'*Enfant Jésus*, *Saint Jean-Baptiste*, *Saint Jérôme*, la *Sainte Famille*, la *Résurrection de Lazare* et le *Massacre des Innocents*, ont été portés au musée de la ville ; on n'a plus ici que leurs copies. Le déclin de Ferrare est sensible à *Saint-François;* fondée par *Hercule Ier*, cette église renferme quelques tombeaux des princes de la *Maison d'Este*. — SAINT-BENOIT et son monastère comptent parmi les plus beaux monuments religieux de la ville ; le cloître fut transformé successivement en caserne d'*Autrichiens*, de *Russes*, de *Français*, et, plus tard, en hôpital ; telle est encore sa destination actuelle. L'église, longtemps fermée, est redevenue paroisse en 1812. On y remarque un *Saint-Charles* et un *Christ en croix*, de *Dosso Dossi*. SAINT-DOMINIQUE, SAINT-PAUL, SAINTE-MARIE possèdent aussi des statues et des peintures dignes d'intérêt.

A la bibliothèque de l'*Université de Ferrare*, on voit un manuscrit contenant plusieurs chants du *Roland furieux*, de l'*Arioste;* la *Jérusalem délivrée*, avec variantes de la main du *Tasse*, et le *Pastor Fido*, de *Guarini*. Outre ces curieux autographes, il y a une série de missels enrichis de charmantes miniatures, dont quelques-unes remontent au XIIIe siècle ; dans l'une des salles, nous remarquons le tombeau de l'*Arioste*, qui se trouvait autrefois dans l'église *Saint-Benoît*.

Tout près de là, on peut visiter la maison du poëte, devenue propriété de la ville ; la façade porte cette inscription :

Parva, se l apta mihi, sed nulli obnoxia, sed non Soraida, parta meo sed tamen œre domus.

« Maison petite, mais à mon goût, mais ne devant rien à personne, mais propre, mais acquise de mes propres deniers. »

On ne sent point ici le même attrait qu'à *Venise;* on peut néanmoins y utiliser son temps.

Le chemin de fer, en quittant *Ferrare,* s'avance dans des plaines plus riantes et plus fertiles, où le riz croît en abondance ; à la station de *Saint-Georges,* nous nous rappelons que, dans les environs, à *Cento,* en 1590, naquit *Jean-François Barbieri,* célèbre peintre, plus connu sous le nom de *Guerchin,* c'est-à-dire le *louche,* à cause, sans doute, de la difformité de ses yeux. Nous cherchions à classer dans notre esprit ce que nous avions vu de ce grand maître, lorsque tout d'un coup nous sommes arrêté dans ce travail de la pensée ; nous voici à *Bologne.*

Qui n'a entendu parler de la célèbre *Université* de cette ville?... Nous savons qu'elle a eu pour bibliothécaire le savant abbé *Mezzofanti,* si renommé par sa vaste connaissance des langues, et devenu plus tard cardinal de la sainte Église romaine. Cet illustre enfant de *Bologne* fit longtemps l'admiration du monde entier ; lord *Byron* avouait qu'il avait été lui-même confus en le voyant si versé dans la langue anglaise. Philologue et orientaliste, *Mezzofanti* entendait même divers patois ; il était aussi modeste et pieux que lettré et érudit. Puisque nous nous occupons de la bibliothèque de l'université, visitons-la un peu en détail : elle contient cent mille volumes et un très-grand nombre de manuscrits, parmi lesquels nous distinguons un *Lactance* du ve siècle ; et les *Quatre Évangélistes*, ouvrage arménien du xiie siècle, d'une belle écriture, avec des miniatures charmantes, petit volume in-12 trouvé dans le monastère de *Saint-Ephrem*, près d'*Edesse*. Dans les imprimés figure un exemplaire du livre de Henri VIII contre *Luther*, dédié à Léon X, avec la signature autographe *Henricus rex*. A la vue de ce volume que de tristes réflexions se présentent à l'esprit !... Eh quoi, ce monarque qui s'honorait du titre de *Défenseur de la foi*, donnera au monde le triste spectacle de la plus honteuse défection ! C'est bien le cas de dire que le cœur de l'homme est un abîme où l'œil de Dieu peut seul pénétrer.

Située au pied des *Apennins*, dans une riche contrée, *Bologne* a un cachet tout particulier de grandeur; cela tient, sans doute, à ses palais, à ses portiques, à ses nombreuses églises, et à ses antiques souvenirs historiques.

La basilique de SAINT-PÉTRONE, qui date de la fin du XIV° siècle, a été commencée sur les plans d'*Antoine Vincenzi;* elle surpasse la cathédrale au point de vue artistique, mais, malheureusement, elle est demeurée inachevée. Les sibylles des portes, sculptées par le *Tribolo*, ont la pureté et l'élégance des *sibylles de Raphaël;* les bas-reliefs représentant *Adam* et *Ève* sont d'un travail exquis. La *Résurrection du Sauveur*, par *Alphonse Lombardo*, au-dessus de la porte à gauche, a toujours été considérée comme une œuvre admirable de naturel, de noblesse et de simplicité; le dessin des sombres et magnifiques vitraux de la chapelle *Saint-Antoine* est de *Michel-Ange*. Sur un des pilastres, on voit une statue de *saint Pétrone*, regardée comme sa plus ancienne image; l'*Assomption*, bas-relief en marbre, du *Tribolo;* les deux statues de *saint François* et de *saint Antoine;* le tombeau de la princesse *Élise Bacciocchi*, sœur de Napoléon Ier; le *Paradis* et l'*Enfer*, vieilles peintures rappelant le poëme du *Dante;* telles sont, à notre avis, les choses les plus frappantes.

La cathédrale, SAINT-PIERRE, a subi diverses transformations; elle a, pour ainsi dire, été reconstruite par Benoît XIV qui, né à *Bologne* et ayant occupé le siége archiépiscopal de cette ville, eut toujours pour son ancienne église une sorte de prédilection. On lui doit la façade et tout ce qui fait la richesse de l'intérieur. Il est impossible de ne pas admirer l'urne en bronze doré et orné de lapis-lazzuli qui renferme les précieux restes de saint *Procul*, et les belles tapisseries exécutées sur les dessins de *Raphaël Mengs*. A la chapelle du Saint-Sacrement, *la Vierge dans les nuages avec l'Enfant Jésus*, et *saint Ignace entouré d'Anges*, méritent de fixer l'attention ; mais *l'Annonciation*, de *Louis Carrache*, qui décore une des voûtes de l'édifice, est l'œuvre que l'on remarque le plus. Dans la sacristie, un tableau du même maître représente *Saint Pierre pleurant avec la sainte Vierge la mort du Sauveur;* l'église souterraine, dite *la Confession*, possède un *Christ mort pleuré par les Maries*, dû au ciseau d'*Alphonse Lombardo*.

Saint-Dominique, vieil édifice du xiie siècle, a été presque entièrement reconstruit à neuf ; c'est une église splendide par les merveilles de l'art et les illustres tombeaux qu'elle renferme. *Nicolas de Pise* est l'auteur des bas-reliefs qui reproduisent la vie du saint avec beaucoup de naturel, de sentiment et de vérité ; la fresque du *Guide* représentant la *Réception de l'âme de Dominique par Jésus et Marie au milieu des mélodies du ciel,* est admirable de grâce et de poésie. Dans les diverses chapelles, nous remarquons : une *Madone* de *Lippo Dalmasio,* c'est-à-dire de l'ancienne école italienne ; un *Saint Antonin,* auquel apparaissent le Sauveur et sa sainte Mère, de *Pierre Facini ;* un *Saint Thomas d'Aquin écrivant sur l'Eucharistie,* du *Guerchin ;* le *Saint Raymond traversant la mer sur son manteau,* chef-d'œuvre de *Louis Carrache.* Au maître-autel, l'*Adoration des Mages* est de *Barthélemi Cesi ;* les stalles du chœur, de *Damien de Bergame,* sont comptées parmi les plus belles de toute l'Italie.

La superbe chapelle du Rosaire renferme deux tombeaux qui nous intéressent plus que celui du roi *Enzius* qu'on voit dans une autre partie de l'édifice, ce sont les monuments funèbres du *Guide* et de son élève, *Elisabeth Sirani,* grand peintre, femme irréprochable, morte empoisonnée à l'âge de vingt-six ans. Cette chapelle est resplendissante d'admirables peintures qui représentent les quinze mystères du Rosaire ; nous nous contenterons de citer la *Présentation au Temple,* du *Fiammingo ;* la *Descente du Saint-Esprit sur les Apôtres,* de *Cesi ;* la *Visite de Marie à sainte Elisabeth ;* la *Flagellation du Sauveur,* de *Louis Carrache,* et l'*Assomption* du *Guide.* Près de là est le mausolée du célèbre jurisconsulte et professeur

Alexandre Tartagni, excellent ouvrage du sculpteur florentin *Louis di Simoni*.

Les autres églises de *Bologne*, telles que Saint-Jacques, Saint-Martin, Saint-Sauveur, Sainte-Catherine, Saint-Barthélemy, Saint-Paul, Saint-Etienne, Sainte-Lucie, etc., etc., renferment toutes des œuvres d'art remarquables, qu'il serait trop long d'énumérer. Qui n'a entendu parler des deux tours penchées de cette cité?... La plus haute, la tour des *Asinelli*, inclinée d'au moins un mètre, a une plate-forme qui sert quelquefois à des observations astronomiques; l'escalier en est peu praticable. On y jouit d'un bel horizon : ce n'est ni l'immensité de vue du dôme de *Milan*, ni l'horizon unique du clocher de *Saint-Marc*, mais la plaine est riante, et l'*Apennin*, de ce côté, au lieu de ses sommets arides, n'offre qu'une suite de jolies collines boisées et couvertes de charmantes maisons de campagne. L'autre, moins haute quoique plus inclinée, est la tour *Garisenda*, bâtie en 1110, avec déviation de la verticale, faite, dit-on, à dessein. Elle est restée inachevée; le *Dante*, dans une de ses pittoresques images, la compare à *Antée*, fameux géant de la Fable, qui, luttant avec *Hercule*, reprenait des forces nouvelles chaque fois qu'il s'inclinait vers la terre.

L'ancienne Chartreuse de *Bologne* est devenue le *Campo-Santo*, le cimetière de la ville. L'église offre encore quelques ouvrages remarquables : le *Jugement dernier*, de *Canuti*; le *Baptême de Jésus-Christ*, peint par *Elisabeth Sirani*, alors qu'elle n'avait que vingt ans; le *Christ portant sa croix*, fresque de *Louis Carrache*, etc., etc. Les monuments placés sous les arcades nous révèlent des noms illustres ; on y remarque le tombeau de *Létitia Pepoli* et la statue de son père, le roi *Murat*, par *Vincent Vela*. Les bustes de *Costa*, de *Mezzofanti*, de *Mattei*, etc., etc., figurent dans une rotonde destinée aux illustrations modernes.

Sur la montagne de la *Guardia*, à une heure de la ville, est la célèbre église de la MADONE DE SAINT-LUC. C'est là qu'on vénère l'image miraculeuse attribuée au pinceau du troisième Évangéliste, et que, suivant la tradition, un ermite apporta, l'an 1160, de *Constantinople* à *Bologne*. Un arc magnifique sert de propylée ou d'entrée à six cent trente-cinq arcades qui conduisent au sanctuaire de la *Madone*. Le maître-autel ne date que de 1815. On jouit, du sommet de la montagne, d'un magnifique panorama ; la vue s'étend des *Apennins* à la mer Adriatique.

CHAPITRE V

ARRIVÉE A FLORENCE. — ÉGLISES, MUSÉES, BIBLIOTHÈQUES.

La ligne du chemin de fer de *Bologne* à *Florence* traverse presque directement les *Apennins;* c'est une des entreprises les plus hardies de l'industrie moderne. Après avoir franchi le *Reno* et passé les stations de *Borgo Panigale* et de *Casalecchio*, on découvre des horizons superbes. De ce côté, la vue des *Apennins* diffère tout à fait de l'aspect grandiose des *Alpes;* il n'y a là ni le ciel âpre, ni le vert foncé de ces dernières ; on n'y entend ni la chute des torrents et des cascades, ni les détonations des avalanches ; la végétation y est pâle, chétive, et, au lieu de ces pics des *Alpes*, si hardis, si subits, qui s'élancent comme d'un seul jet jusqu'au ciel, les *Apennins* ont l'air de plusieurs monticules entassés les uns sur les autres ; on dirait presque qu'ils ont été construits, et comme ces édifices que la faiblesse de l'homme met plusieurs siècles à terminer, ils semblent aussi avoir été interrompus et repris [1].

Nous avons déjà parlé d'un orage dans les montagnes de la vallée du Rhône ; le bruit du tonnerre, répété par les échos, est ici le même ; mais ce qui change la face du tableau, c'est la plus grande animation de la nature sous le beau ciel de l'Italie, c'est l'arc-en-ciel perçant les nuages en feu sous les rayons d'un soleil ardent.

On a découvert à *Misano*, non loin de la station de Marzabotto, des antiquités étrusques. De là à *Pistoie*, on passe sous quarante-cinq tunnels. *Porretta* est renommé pour ses eaux sulfureuses ; après avoir franchi la station de *Piteccio*, on découvre le beau pays de *Toscane*, avec sa riche végétation, ses jardins et ses villas. *Pistoie*, antique cité aux rues larges et bien alignées, a joué un rôle dans l'histoire : c'est dans son voisinage que *Catilina* trouva la mort. Elle possède de beaux édifices et de grandes manufactures d'armes. Sa cathédrale, fondée au XIIe siècle par la princesse *Mathilde*, a été restaurée en partie par *Nicolas de Pise*.

Prato est connu par les carrières de marbre qui se trouvent dans ses environs ; *Sexto* et

---

1. Voyages historiques et littéraires en Italie, par **M. Valery**. Bruxelles, 1835, p. 245.

Bifredi sont les deux dernières stations que nous rencontrons avant d'entrer en gare de *Florence*.

Au pied des *Apennins*, dont on aperçoit au nord la plus haute cime, le mont *Morello*, sur les bords fleuris de l'*Arno*, s'élève la ville des Médicis, *Florence-la-Belle*, comme on l'appelle ; au point de vue de l'art et de l'importance historique, elle ne le cède qu'à Rome. Son *Vieux-Palais*, ancienne résidence de *Cosme Ier*, grand-duc de Toscane, a un cachet tout particulier. Élevé à la fin du xiie siècle par l'architecte *Arnolfo di Lapo*, il a conservé le caractère sévère de l'époque, malgré les diverses modifications et restaurations qu'il a subies.

A l'entrée de la *place de la Seigneurie*, la statue d'*Hercule* terrassant *Cacus* fixe un moment l'attention ; c'est une œuvre d'art justement renommée, due au ciseau de *Bandinelli*. Tout près on voit la superbe fontaine de l'*Ammanato*, une des plus grandes compositions de la sculpture moderne ; le *Neptune* colossal, traîné par quatre chevaux marins, semble relativement léger, tant les proportions sont bien gardées dans cette vaste conception. La statue équestre de *Cosme de Médicis*, qui figure là aussi, est un travail noble et harmonieux ; elle fait le plus grand honneur à *Jean de Bologne*, son auteur.

La *Loge des Lanciers*, située sur la même

place, et ainsi nommée parce que les lansquenets y avaient autrefois leur quartier, joue un beau rôle dans l'histoire de l'art. On y admire l'élégance, la solidité de la construction et le bon goût des arcades; quoique les pilastres d'ordre corinthien se ressentent de la barbarie du XIV° siècle, tel est le mérite de la sculpture et des corniches, qu'ils semblent d'une harmonie parfaite. *Cosme Ier*, voulant, dans la suite, terminer la décoration de la place, demanda un projet à *Michel-Ange*, qui répondit que ce qu'il y avait de mieux à faire était de continuer l'œuvre d'*Orgogna*. Les deux lions du bas de l'escalier, dont l'un est antique et l'autre de *Flaminio Vacca*; le *Persée*, en bronze, de *Benvenuto Cellini*; la *Judith*, de *Donatello*; les statuettes et les bas-reliefs, etc., etc., tout cela a de quoi intéresser l'homme sérieux et instruit.

Nous ne pouvons jeter qu'un coup d'œil rapide dans les galeries des *Uffizi*, l'un des musées les plus vastes du monde; il y a là une foule de chefs-d'œuvre de peinture et de sculpture. On y est malheureusement trop souvent attristé par des objets respirant le sensualisme païen, auquel la *Renaissance* a trop sacrifié; mais, d'un autre côté, on y jouit de la vue d'un grand nombre de compositions irréprochables sous le rapport de l'art chrétien. Le *Couronnement de la Vierge*, si connu, de *Frà-Angelico*; l'*Adoration des*

Mages, de *Léonard de Vinci;* la *Visitation*, d'*Albertinelli;* la *Vierge aux Rochers*, de *Mantegna;* une petite *Sainte Famille*, de *Rembrandt;* le *Jeune saint Jean*, de *Raphaël; Saint Pierre*, de *Lanfranc;* la *Madone*, du *Guide;* la *Vierge*, du *Corrége;* le *Saint Jacques*, d'*André del Sarto*, etc., etc., suffisent pour donner une idée des sujets religieux qui abondent dans cette immense pinacothèque.

SAINTE-MARIE-DES-FLEURS, ou le *Dôme*, église cathédrale de *Florence*, est un des édifices les plus remarquables de l'Europe ; commencée en 1294, sur les plans d'*Arnolfo di Lapo*, elle ne fut terminée que cent soixante ans plus tard. Quoique dépourvu de façade, ce monument a un aspect très-harmonieux ; le marbre de diverses couleurs dont il est revêtu produit le plus brillant effet. Au-dessus des portes latérales, nous remarquons des bas-reliefs d'une grande beauté ; ce qui nous frappe surtout, c'est une *Vierge* entre deux anges, de *Nino Pisano;* une *Annonciation* en mosaïque, de *Ghirlandajo*, le maître de *Michel-Ange*, et une *Assomption*, connue sous le nom de *Mandoria*, à cause de son médaillon, qui affecte la forme d'une amande. C'est dans l'enceinte de cette basilique qu'eut lieu, en 1438, le concile présidé par le pape Eugène IV.

Le *Dôme* a d'illustres tombeaux : tel est celui

de *Brunelleschi*, qui eut la gloire d'élever dans les airs la magnifique coupole qui couronne la basilique ; et celui de *Giotto*, qui commença le campanile de forme carrée que tout le monde admire. Le savant chanoine *Marcile Ficin*, l'homme le plus versé de son siècle dans la philosophie de Platon, est représenté sur son mausolée tenant un in-folio à la main ; les monuments d'*Antoine d'Orso*, évêque de *Fiesole* ; de *Pierre Farnèse*, général florentin, et la châsse en bronze de saint *Zanobi*, un des premiers prédicateurs du christianisme en Toscane, sont aussi dignes de fixer l'attention du visiteur.

Nous mentionnerons également les grandes statues de *Saint Jacques le Majeur*, de *Saint Jacques le Mineur*, de *Saint Philippe*, de *Saint Jean-Baptiste*, de *Saint Marc* et de *Saint André* ; la balustrade du chœur est fort appréciée pour les quatre-vingt-huit figures en bas-reliefs qui en font l'ornement. Quant aux peintures de la coupole, elles étonnent plus qu'elles ne plaisent ; elles sont si vagues et si confuses, qu'on n'est vraiment frappé que de leur étendue.

Le campanile qui, après cinq siècles, est encore si ferme et si droit, dans un pays et sur un sol où l'on voit plus d'une tour penchée, prouve que *Giotto* n'était pas moins grand architecte que grand peintre. Charles-Quint, dit-on, admirait tant ce beau clocher, qu'il aurait voulu qu'on pût le mettre dans un immense fourreau, pour ne le faire voir qu'à certains jours ; le poëte *Politien* l'a chanté en vers grecs et latins. En un mot, le peuple de *Florence* dit encore avec orgueil : *Beau comme le campanile*, quand il veut louer quelque chose d'extraordinaire.

Nous ne pouvons passer sous silence le baptistère du VIe siècle, qui a servi autrefois de cathédrale. Construit sur les ruines d'un temple païen, cet édifice est célèbre surtout par ses portes de bronze, qui sont au-dessus de toute comparaison. La plus ancienne, au midi, exécutée de 1330 à 1339, est d'*André de Pise;* éclipsée depuis par ses deux voisines, elle n'en est pas moins un chef-d'œuvre. Le jour de son inauguration, la *Seigneurie* partit solennellement de son palais, accompagnée des ambassadeurs de Naples et de Sicile, et accorda à l'artiste l'insigne honneur de citoyenneté. Cette porte, divisée en vingt compartiments, nous offre l'histoire de saint Jean-Baptiste et les figures allégoriques de plusieurs vertus. L'*Espérance*, avec ses bras tendus et ses ailes déployées, est pleine d'ardeur pour atteindre l'objet de ses désirs ; la *Prudence*, au contraire, calme, immobile, ayant une double face, celle d'une jeune fille et celle d'un homme dans sa maturité, tient d'une main un serpent et de l'autre un livre.

Michel-Ange prétendait que la porte du milieu, œuvre de *Ghiberti*, mériterait d'être la porte du paradis ; les dix compartiments qui la composent représentent quelques traits de l'Ancien Testament. La *Création d'Adam et d'Ève; Moïse recevant les tables de la loi; Josué passant le Jourdain;* tels sont les sujets qui nous ont le plus frappé. La porte latérale, du même artiste, nous montre l'histoire de Notre-Seigneur Jésus-Christ, des Apôtres et des Pères de l'Église jusqu'à saint Augustin. La dépense de ces deux portes fut de 40,000 sequins, qui feraient aujourd'hui plusieurs millions. Les bronzes de *Ghiberti*, véritables tableaux auxquels il ne manque que le coloris, sont des modèles de goût, de naturel, de pureté, d'harmonie ; un seul trait suffit à leur gloire : d'après un juge exercé des beaux-arts, *Raphaël* lui-même n'a point dédaigné de les étudier et de s'en inspirer [1].

Entre les autres églises de *Florence* nous remarquons : S<small>AINT</small>-M<small>ARC</small>, avec son grand crucifix peint sur bois à fond d'or, de *Giotto*, et ses belles fresques représentant les funérailles de saint Antoine, par *Passignani ;* là est une simple pierre commémorative indiquant la tombe du fameux *Pic de la Mirandole*, mort à l'âge de trente et un ans, en 1494. Voici son épitaphe :

---

1. *Valery*, Voyages historiques, etc., p. 269.

Joannes jacet hic Mirandula : cetera nôrunt
Et Tagus et Gangus ; forsan et antipodes.

« Ici repose Jean de la Mirandole, dont la renommée a franchi le Tage et le Gange, peut-être même les antipodes. »

Dans le couvent, à côté de l'église, on visite la cellule du célèbre dominicain *Jérôme Savonarole*, si diversement jugé par l'histoire. Cette antique demeure de saint Antonin, de *Frà Angelico*, et de tant d'hommes illustres qui ont brillé par la vertu, la science et le talent, est convertie aujourd'hui en musée ; il faut, excepté le dimanche, payer un franc pour y entrer. Quel que puisse être l'avenir, ce lieu rappellera toujours le souvenir du doux *Giovanni de Fiesole*, surnommé, à cause de sa grande piété, *Angelico*, Angélique, qui a décoré de fresques immortelles les cellules et les cloîtres, asiles naguère de la méditation et du recueillement, rendez-vous maintenant des curieux et des touristes.

Loin de nous, assurément, la pensée de blâmer la création d'établissements favorables à la diffusion des connaissances humaines ; nous sommes ami du véritable progrès, c'est-à-dire de celui qui tend à propager la vertu morale et l'amour de Dieu ; mais, aux yeux de tout esprit sérieux, quelle nécessité y avait-il de déposséder de leur maison des religieux qui se faisaient un devoir et un plaisir de conserver et de montrer les richesses artistiques dont ils avaient la garde? A qui donc fut jamais refusé l'accès de ces chefs-d'œuvre connus dans le monde entier?...

Saint-Laurent, une des plus anciennes églises de l'Italie, fut fondé en 390 et consacré par saint Ambroise trois ans plus tard; il a été presque entièrement reconstruit en 1425 par *Brunelleschi; Michel-Ange* l'a terminé. On y admire la belle disposition des lignes de l'architecture néo-romaine qu'affectionnèrent les *Médicis;* l'ordre corinthien, avec toute la régularité de ses proportions et l'élégance de son chapiteau, apparaît ici dans sa splendeur. Les vingt-quatre chapelles de cette basilique sont ornées de belles peintures dues pour la plupart aux grands maîtres de l'école florentine ; nous signalerons : la *Nativité du Sauveur*, de *Cosimo Rosselli;* l'image de la *Sainte Vierge*, érigée en 1856, en action de grâces de la cessation du choléra ; l'*Annonciation*, de *Filippo Lippi;* le *Martyre de saint Laurent*, d'*Ange Bronzino;* Saint *François et la Madeleine*, de *Dandini*, etc., etc.

L'ancienne sacristie, érigée sur un dessin de *Brunelleschi*, semble former à elle seule un petit temple. Les médaillons de la coupole, les portes en bronze, et surtout l'élégant tombeau de *Jean de Médicis* et de *Riccarda Bueri,* son épouse, excitent l'intérêt du visiteur. Ce *Jean,* père de *Cosme l'Ancien,* peut être regardé comme l'auteur de la fortune de sa race ; ses immenses richesses, acquises par le commerce, et l'usage libéral qu'il en fit, lui donnèrent une grande influence politique. Son fils a été placé au milieu de l'église, sous la coupole ; l'inscription suivante l'atteste clairement : « Ici repose *Cosme de Médicis,* surnommé le *Père de la patrie* par décret public ; il vécut soixante-quinze ans, trois mois, vingt jours. » Le mausolée en porphyre de *Jean* et de *Pierre,* ses enfants, construit sur les ordres de *Laurent le Magnifique* et de son frère *Julien,* est l'ouvrage d'*André de Verrochio* et de *Pollajuolo ;* les ornements en bronze qui le décorent ont été fondus et ciselés avec un art exquis, qu'on n'a point encore surpassé.

La nouvelle sacristie est l'un des premiers et des bons ouvrages d'architecture de *Michel-Ange ;* la lumière douce et paisible qui tombe de la lanterne de l'édifice sur les statues des tombeaux prépare et ajoute à l'impression mélancolique qu'elles produisent. Ces célèbres sarcophages, où sont renfermés les restes mortels de *Julien de Médicis* et de *Laurent,* duc d'*Urbin,* font le plus grand honneur au talent de *Buonarotti,* plus connu sous le nom de *Mi-*

chel-Ange. Ils furent exécutés à la demande du pape Clément VIII qui, avant de monter sur la chaire de Saint-Pierre, s'appelait *Jules de Médicis.* Les figures du JOUR et de la NUIT ont toujours excité l'admiration. Enfin, la *Chapelle des Princes,* construite en 1604, d'après les plans de *Jean de Médicis,* renferme les monuments funèbres des grands-ducs depuis Cosme Ier jusqu'à Cosme III, mort en 1723; la maison des Médicis s'éteignit avec le fils de ce dernier, en 1737.

La *Bibliothèque Laurentienne,* qui se trouve dans le cloître, près de l'église, passa longtemps pour la plus riche de l'Europe; elle possède un grand nombre d'éditions *princeps* des meilleurs auteurs grecs et latins, et, au moins, huit mille manuscrits.

On voit dans l'église SAINTE-CROIX les tombeaux de *Michel-Ange,* de *Machiavel* et de *Galilée.* Les statues de la *Peinture,* de la *Sculpture* et de l'*Architecture,* qui ornent le premier, sont de *Lorenzi,* de *Cioli* et de *Jean d'all' Opera,* qui fut l'élève de l'illustre défunt; le buste est de *Battista Lorenzi.*

Le monument de *Machiavel* ne date que de 1787; il est dû au produit d'une souscription autorisée par le grand-duc *Léopold,* et n'a qu'une seule figure allégorique, qui doit être à la fois la *Politique* et l'*Histoire.* On lit cette inscription : *Tanto nomini nullum par elogium*, c'est-à-dire : « Nul éloge n'est à la hauteur d'un si grand nom. » Est-il parfaitement digne de cette épitaphe glorieuse, celui qui bannit la vertu de la politique?...

Galilée, dont le nom a été jeté si souvent en blâme à l'Église catholique, repose aussi dans cette enceinte. La lumière s'est faite aujourd'hui sur la condamnation de ce célèbre astronome, qui voulait imposer comme un dogme de foi le système du chanoine *Copernic*, alors peu répandu. Or, comme ce dernier avait soutenu librement la thèse du *Mouvement de la terre*, il est certain que *Galilée* ne dut qu'à son immixtion dans les discussions théologiques la sentence qui le frappa.

Quant à sa prison et à ses tourments, il faut singulièrement en rabattre, si l'on consulte ses propres lettres. Le délicieux palais de la *Trinité-des-Monts*, comme il le qualifie lui-même, où il passa cinq mois ; la maison de Mgr *Piccolomini*, archevêque de Sienne, qu'il appelle son meilleur ami ; enfin sa propre campagne d'*Arcetri*, tels sont les lieux qu'il habita après sa condamnation, et où il ne souffrit aucune torture[1]. Le *Dante*, enterré à Ravenne, a néan-

---

1. Lire la lettre de Galilée au père *Recerini*, son disciple, dans l'ouvrage intitulé *Promenades en Italie*, par M. l'abbé Rolland, p. 72.

moins ici un monument commémoratif avec ces mots : ONORATE L'ALTISSIMO POETA, *Honorez le plus sublime des poëtes;* sa statue, exécutée en marbre blanc par *Pazzi*, a été inaugurée le 14 mai 1865 sur la place *Sainte-Croix.*

SAINTE-MARIE-NOUVELLE, commencée en 1278 et achevée en 1357, eut pour premiers architectes deux frères convers de l'ordre de Saint-Dominique, *Frà Sisto* et *Frà Ristoro;* un troisième moine qui s'adjoignit aux deux premiers, *Frà Talenti*, est désigné dans le nécrologe de l'Église sous le titre modeste de *Magister lapidum*, que nous rendrions aujourd'hui par celui de maître maçon. La porte, fort remarquable, est d'*Alberti*, auquel la façade paraît devoir être aussi attribuée. Cette façade offre deux curiosités astronomiques : un cadran de marbre destiné à mesurer la grandeur de l'arc céleste compris entre les tropiques, méridienne la plus ancienne de l'Europe, et l'armille de *Ptolémée;* on les doit au Père *Ignazio Danti*, savant dominicain, mathématicien et astronome, cosmographe de Cosme Ier.

L'intérieur de cette église ne le cède en rien à l'extérieur; il brille par ses peintures et ses sculptures. La grande *Madone*, de *Cimabüe;* le *Martyre de sainte Catherine*, de *Bugiardini;* les fresques de *Filippino Lippi*, représentant les miracles et la mort de saint Jean et de saint

Philippe; le chœur, peint par *Ghirlandajo*, où se voit dans d'immenses compartiments, l'histoire de la sainte Vierge et de saint Jean-Baptiste; le célèbre *Crucifix*, de *Brunelleschi;* le *Jugement dernier*, le *Paradis* et l'*Enfer*, d'*André* et de *Bernard Orcagna*, etc., etc.; telles sont, en partie, les richesses artistiques de *Sainte-Marie-Nouvelle*. Elle renferme des tombeaux remarquables, entre autres ceux des cardinaux *Nicolas* et *Thadée Gaddi*, sculptés à Rome sur les dessins de *Michel-Ange;* des inscriptions grecques et latines indiquent la sépulture du patriarche arménien *Josephus*, mort à *Florence*, après la célébration du concile. *Ghirlandajo* repose là aussi, au milieu de ses admirables peintures.

L'Annonciade, avec son beau portique, sa tribune et sa coupole; Saint-Ambroise et sa magnifique fresque du *Miracle du Saint-Sacrement*, de *Côme Rosselli;* Saint Michel et son *Saint Mathieu*, de *Ghiberti;* Saint-Étienne et ses bas-reliefs en bronze; Sainte-Lucie et la *Nativité*, de *Ghirlandajo;* les Saints-Apotres et la *Couception*, par *Vasari;* Sainte-Marie Majeure et le *Saint Roch*, du *Tintoret;* Saint-Félix; Saint-Nicolas, etc., etc , etc., sont autant d'églises qui ont leur cachet particulier et qui méritent d'être visitées.

Ne pouvant prolonger notre séjour à *Flo-*

rence, nous voulons, du moins, faire une promenade aux environs pour jouir, à la fois, du coup d'œil de la ville et de la campagne. En suivant, sur la rive gauche de l'*Arno*, une très-belle route, nous arrivons, après de longs circuits, à une magnifique terrasse. De là on embrasse la cité et ses monuments, la vallée au milieu de laquelle coule le fleuve, les collines remplies de délicieuses villas, les champs, les vignes, etc., etc. Après avoir quitté la *Porta Romana*, on monte en une heure à la *Chartreuse d'Ema*; ici, comme à *Pavie*, les quelques religieux qui habitent le couvent ne sont pas sûrs du lendemain; cette pieuse maison est sur le point d'être supprimée, si elle ne l'est déjà. Dans l'église, composée de plusieurs chapelles agglomérées, il y a une belle fresque représentant la mort de saint Bruno; le *Jésus en Croix*, qu'on remarque dans la salle du Chapitre, est de *Mariotto Albertinelli*. Du haut de l'édifice, on a une superbe vue sur les *Apennins*; et, dans l'intérieur, on montre les appartements qu'occupait Pie VI pendant son exil.

Une excursion qui demande peu de temps est celle de *San-Miniato*, que l'on aperçoit de plusieurs points de la ville. Arrivé à mi-côte, on remarque les restes des fortifications élevées par *Michel-Ange*; il y a là aujourd'hui une place qui n'est autre que la terrasse dont nous avons parlé, et qui a reçu le nom du grand artiste. L'église SAINT-SAUVEUR, qui se trouve un peu plus loin, a un caractère si noble, en même temps si pur, si simple et si rustique, que *Buonarotti* lui-même l'avait surnommée *la bella Villanella*, la belle villageoise. Elle est l'œuvre de *Cronoca*, et date de l'an 1504.

La majestueuse basilique de SAN-MINIATO AL MONTE fut élevée en 1013 par *Hildebrand*, évêque de *Florence*, aidé de saint *Henri*, empereur d'Allemagne, et de l'impératrice *Cunégonde*. Les deux rangs de colonnes qui divisent les trois nefs sont tirés des ruines d'édifices antiques. A la *Chapelle Saint-Jacques*, le mausolée du cardinal de *Portugal* unit la grâce à la richesse : c'est le chef-d'œuvre de *Rossellini*, artiste florentin fort loué par *Michel-Ange*. La petite coupole de la même chapelle offre des bas-reliefs d'un goût exquis, de *Lucca della Robbia;* on descend sept marches pour arriver à la crypte, dite *la Confession*, qui renferme le tombeau de saint *Miniat* et les précieux restes d'autres martyrs.

Fiesole, l'ancienne *Fœsula* des Romains, qui fut le berceau de *Florence*, n'a guère aujourd'hui d'intéressant que ses pierres étrusques, ses souvenirs littéraires, sa situation et les sculptures de sa cathédrale. Cette basilique, fondée en 1028 par *Jacques Bavaro*, est dédiée à saint Pierre. L'autel, orné de statues d'*André Ferrucci*, et le tombeau de *Léonard Salutati*, évêque de *Fiesole*, sont ce qu'il y a de plus remarquable ; les figures nous ont paru pleines de grâce, de douceur et d'abandon ; le buste du pontife est admirable de vie et de vérité.

Le *couvent des Capucins*, qui domine la ville, possède quelques belles fresques ; un peu plus bas, l'église Saint-Alexandre, bâtie dans le vi^e siècle, ne présenterait aucun cachet d'antiquité sans ses quinze colonnes ioniques de marbre cipollin ; elle a, pour ainsi dire, été refaite à neuf.

Les *Cascines*, charmante promenade sur les bords de l'*Arno*, peuvent avec raison être appelées le *Bois de Boulogne de Florence*.

CHAPITRE VI

ASSISE, ANCÔNE, LORETTE.

A huit heures et demie du matin nous partons pour *Assise*; le soleil n'a point encore dissipé les vapeurs qui obscurcissent l'horizon, mais, à mesure que nous avançons, nous découvrons des sites nouveaux : *Incisa*, avec son château situé sur une hauteur ; *Monte-Varchi*, patrie de l'historien *Benedetto Varchi*; *Arrezzo*, dont la cathédrale renferme le tombeau du pape Grégoire X ; *Castelfiorentino*, qui apparaît sur une espèce de promontoire ; *Cortone*, l'une des plus anciennes villes de l'Italie, non loin du lac de *Trasimène*, célèbre par la victoire d'*Annibal* sur le consul romain *Flaminius*; *Pérouse*, enfin ; tous lieux que nous ne faisons qu'entrevoir et qui, néanmoins, occupent plus ou moins longtemps notre esprit. Cette dernière cité mérite une mention particulière.

Pérouse, sur une montagne, avec sa citadelle

jadis habitée par les papes, et ses fortifications de *San-Gallo*, dont les fossés comblés sont devenus une promenade publique, domine la vallée de *l'Ombrie*. De la ville haute on découvre *Assise* et un grand nombre d'autres localités ; on a, à ses pieds, le *Tibre* et la ville basse. La cathédrale SAINT-LAURENT possède la *Descente de croix* de *Baroccio*, et des vitraux coloriés qui font l'admiration des visiteurs ; le *Sposalizio* du *Pérugin*, qui est maintenant en France, à *Caen*, a été remplacé ici par une bonne copie de l'œuvre du grand maître. Sur la place *del Papa*, ou du Pape, se trouve la statue de Jules III ; la *Vierge* de *Raphaël*, qui se voyait autrefois au *Palais-Connétable*, a été vendue en 1871. La place *Grimana* ou *Sopramuro* présente les plus beaux restes de l'ancien pourtour étrusque de la ville. La porte, grandiose, flanquée de deux tours, dite l'*Arc d'Auguste*, ne doit ce nom qu'à l'inscription *Augusta Perusia*, ajoutée plus tard par les Romains[1].

Nous traversons plusieurs tunnels, nous franchissons le *Tibre* à l'endroit où il formait jadis la limite de *l'Étrurie* et de *l'Ombrie*, et nous arrivons à *Assise*, c'est-à-dire au bas de la montagne sur laquelle est située cette ville.

---

[1]. Personne n'ignore que le cardinal PECCI, aujourd'hui pape sous le nom de Léon XIII, était archevêque de *Pérouse* avant son élévation au suprême pontificat.

Non loin de la station, nous visitons l'église SAINTE-MARIE DES ANGES, qui a pris aussi le nom de *Portiuncule,* du terrain cédé à Saint-François par les Bénédictins pour y fonder son ordre. Cette majestueuse basilique, exécutée par *Galéas Alési* et *Jules Danti,* sur les dessins de *Vignole,* fut très-endommagée par le tremblement de terre qui eut lieu en 1831 ; le chœur et la nef avaient tellement souffert, qu'il fallut les reconstruire. Sous la coupole demeurée intacte, une fresque d'*Overbeck* représente la vision du patriarche séraphique, c'est-à-dire la sainte Vierge et un chœur d'Anges ; la *chapelle des Roses,* décorée par *Tiberio d'Assisi,* en 1518, offre quelques traits de la vie du saint ; et, un peu plus loin, on voit la cabane où, sur la terre nue, il rendit le dernier soupir le 4 octobre 1226.

La ville d'*Assise,* située plus haut sur la colline, est tout embaumée du parfum des vertus du plus humble de ses enfants, devenu l'un des plus grands serviteurs de Dieu. C'est avec bonheur que nous gravissons le chemin si souvent parcouru par saint François, et tout en marchant, nous nous rappelons la bénédiction qu'il donna, sur ses derniers jours, à la cité qui l'avait vu naître.

Le *couvent des Franciscains,* aujourd'hui sécularisé, possède quelques bonnes peintures du xvie et du xviie siècle ; comme il est fort élevé, il offre un point de vue magnifique sur les fertiles vallées qui se déroulent à ses pieds. Il n'a rien de remarquable sous le rapport de l'architecture ; de loin, on le prendrait pour une forteresse ; mais il n'en est pas de même de son église, qui forme comme deux sanctuaires superposés. Lors de la découverte du corps de saint François, en 1818, on a bâti une crypte qui renferme les précieux restes du bienheureux, et qu'on peut considérer en quelque sorte comme un troisième sanctuaire.

Entrons dans quelques détails. L'église inférieure, sombre, austère, respire la pénitence et la mortification. Au-dessus d'un tombeau, que l'on croit être celui de *Jean de Brienne*, roi de Jérusalem, qui mourut franciscain, on voit un superbe vase de porphyre, présent de la reine de Chypre ; les quatre compartiments de la voûte du maître-autel, qui forment autant de triangles, représentent d'une manière allégorique les vertus principales pratiquées par saint François : la *Pauvreté*, la *Chasteté* et l'*Obéissance*. Ces fresques ont mis le comble à la renommée de *Giotto*, qui, en les exécutant, surpassa *Cimabüe*, son maître.

L'église supérieure, brillante, lumineuse, forme un contraste frappant avec celle d'en bas. Destinée à devenir très-prochainement un musée, bientôt il faudra payer un tribut pour la visiter. Au yeux du chrétien, et même de l'artiste ayant le sentiment des convenances, il y a, dans cette transformation étrange, quelque chose qui navre le cœur. N'y a-t-il donc plus en Italie d'architectes, de peintres et de sculpteurs capables de construire et d'orner des palais? Ne pourrait-on trouver d'autres édifices que ceux consacrés au culte de Dieu par la vénération des siècles, quand il s'agit d'aménager des collections et de créer des salles d'étude?... Répandons les lumières, mettons la science à la portée de tout le monde, rien de mieux; mais gardons-nous bien d'oublier que le service de Dieu passe avant tout. Si les *Giotto*, les *Cimabüe*, les *Cavallini*, les *Gaddi*, les *Raphaël* et les *Michel-Ange* avaient pensé que leurs belles créations religieuses seraient un jour destinées à des usages profanes, il est certain que leur zèle en eût été considérablement amoindri et que leur génie n'eût pas pris un si sublime essor. C'est le catholicisme qui a enfanté les chefs-d'œuvre des grands maîtres; on aura beau faire, il en aura toujours la gloire. Dans cette magnifique église, détournée de sa destination véritable, on regarde toujours avec admiration les grandes fresques offrant des sujets de l'Ancien et du Nouveau Testament, et la vie de saint François.

Sainte-Claire, église gothique construite en 1253 par *Frà Filippo da Campello*, a subi des restaurations qui lui ont fait perdre, en grande partie, son cachet antique. Elle renferme le tombeau de la sainte fondatrice des *Clarisses*, décoré de marbres précieux ; on y voit aussi de belles fresques de *Giottino*, et d'autres peintures, plus remarquables encore, attribuées à *Giotto*. Il y a dans le couvent attenant à la basilique de pauvres sœurs laissées là à titre provisoire et exposées à mourir de faim, sans la charité de Pie IX qui leur venait généreusement en aide. Leur maison a été confisquée par la municipalité ; elles ne font point entendre de plaintes, elles se contentent de prier pour leurs ennemis.

Dans notre siècle, où l'amour de l'or domine tout, il est bon de montrer jusqu'où peut aller l'amour de la pauvreté évangélique. Parmi les disciples de saint François, on a vu des princes et des hommes du monde élevés au sein de la mollesse ; sous la bure du *capucin* et du *récollet* se sont cachés de grands noms et de grands talents. C'est donc en vain que, par l'étalage d'un luxe qui souvent n'a rien de réel, on s'efforce de céler les misères sociales ; la parole du Sauveur à ses Apôtres sera toujours vraie : *Il y aura toujours des pauvres parmi vous.* Aux riches du siècle qui oublient trop souvent que leurs trésors ne les suivront pas au delà de la tombe, il nous semble utile de montrer l'humble franciscain se dépouillant de tout avec joie et remettant à la Providence le soin de pourvoir à ses besoins. Il en est peu, sans doute, même parmi les chrétiens fervents, qui soient appelés à ce renoncement parfait, mais puisqu'il en est encore, nous avons lieu d'en rendre grâces à l'Auteur de tout bien. La sollicitude des affaires, la recherche des honneurs, la soif des plaisirs, font oublier au grand nombre l'importante affaire du salut; dans le monde, hélas! qu'il y a peu de gens qui prient!... Dieu est méconnu, oublié, outragé; et, s'il ne nous punit pas plus sévèrement, s'il attend que nous revenions à lui, si, en un mot, il nous traite avec tant de bonté, c'est qu'il a égard à la vie sainte et pénitente de ces âmes d'élite qui, loin du tumulte et des embarras de la terre, lèvent sans cesse vers lui des mains suppliantes pour implorer pardon et miséricorde.

Telles sont les pensées qui se pressent dans notre esprit quand nous quittons *Assise;* elles nous accompagnent jusqu'à *Foligno*, patrie de la Bienheureuse *Angèle*, du tiers-ordre de Saint-François. Nous nous hâtons de prendre le train qui part pour *Ancône*, et bientôt nous roulons en toute vitesse vers les bords de la mer Adriatique. Avant *Fabricino*, nous traversons la chaîne centrale des *Apennins* sous un tunnel d'environ deux kilomètres; nous parcourons, avec de longs circuits, la vallée de l'*Esino;* notre vue est charmée par les échappées de lumière dans les gorges des montagnes ; et, un peu avant la nuit, nous entrons dans l'antique cité des *Doriens*[1].

Malgré le désir que nous avons de visiter au plus tôt la *Santa-Casa*, nom qu'on donne à la maison de la sainte Vierge, nous voulons, au moins, jeter un coup d'œil sur la cathédrale d'*Ancône*, dédiée à saint Cyriaque. De la hauteur où elle est située on domine le port, et le regard embrasse la ville et une vaste étendue de mer. Il fait bon être là, en été, au lever du soleil. L'édifice, bâti sur les ruines d'un temple païen, n'a véritablement de remarquable que son excellente situation, ses belles colonnes antiques, et un superbe sarcophage qui remonte aussi à un âge reculé.

Nous remarquons, en descendant, le riche portail gothique de Saint-François, ancienne église qui sert aujourd'hui de caserne ; et, après avoir parcouru la ville un peu au hasard, nous arrivons à la *Place Majeure*, ou *Saint-Dominique*, sur laquelle s'élève la statue du pape Clément XII. Le *palais de la Bourse*, qui se trouve un peu plus loin, du côté opposé, ne ressemble guère aux constructions de ce genre ; sa façade

---

1. *Ancône* fut fondée par des Grecs de la *Doride;* de là le nom de *Dorica Ancon*, qui lui a été donné.

est à la fois gothique et mauresque, et de grandes fresques de *Tibaldi* décorent sa voûte. Nous parcourons le *cours Victor-Emmanuel*, quartier le plus animé de la ville, et de là nous nous trouvons sur la place où a été érigée, en 1868, la statue de *Cavour*, et qui porte aujourd'hui son nom.

Comme souvenir de l'antiquité, ce qui nous a paru le plus beau, c'est l'*Arc de triomphe de Trajan* ; ce monument, tout en marbre blanc, est très-bien conservé. Il remonte à l'an 112 de l'ère chrétienne, et son inscription marque qu'il a été érigé pour remercier cet empereur de la fondation d'un nouveau môle.

Nous nous mettons enfin en route pour *Lorette* ; nous voyons, à droite et à gauche, de charmants villages situés sur des hauteurs ; et, non loin d'*Osimo*, notre première station, nous découvrons *Castelfidardo*, où *Lamoricière* défendit si vaillamment les droits de l'Église. Honneur au courage malheureux !... Quelques minutes plus tard, nous sommes au but que nous voulions atteindre.

A mesure que nous gravissons la côte qui, de la gare, conduit en ville, l'horizon s'étend à nos pieds ; arrivé sur l'éminence où se trouve *Lorette*, nous jouissons d'une admirable vue sur les *Apennins*, la mer et la *Marche d'Ancône*.

Ne voulant point entreprendre de discussion

théologique dans un simple récit de voyage, nous commençons par déclarer que, pour nous, la translation de la *Sainte Maison de Nazareth* est un fait appuyé sur des témoignages si graves et des autorités si sérieuses, qu'il serait au moins téméraire de la révoquer en doute. On peut lire, à ce sujet, la savante dissertation qui se trouve dans l'ouvrage intitulé : *Instructions historiques, dogmatiques et morales sur les principales fêtes de l'Église,* par un directeur de séminaire (M. Gosselin, de Saint-Sulpice), 3 vol. in-12. Paris, 1850.

La BASILIQUE, qui renferme la SANTA-CASA, attire d'abord nos regards ; au dehors, à l'entrée, on voit la belle statue en bronze de Sixte-Quint, par *Calcagni,* sculpteur du xvie siècle ; c'est au même pape qu'est due l'imposante façade de l'édifice. Les trois superbes portes en bronze, divisées par compartiments, qui représentent des sujets de l'Ancien Testament, sont l'œuvre des fils de *Jérôme Lombardo,* de *Ferrare.* Au-dessus de l'entrée principale, la statue de la *Vierge avec l'Enfant Jésus* est une habile imitation en bronze de la *Madone* en bois de cèdre, vénérée dans le sanctuaire, et faite, dit-on, par saint Luc.

Dans les diverses chapelles, on ne se lasse point de considérer les belles mosaïques qui ont été établies d'après les tableaux des illustres maîtres. La coupole, si grandiose, est le plus beau travail du *Pomarancio*. Mais la merveille de cette église consiste dans le splendide revêtement de la *Sainte-Maison;* elle est entourée d'un superbe baldaquin de marbre, dessiné par *Bramante* et exécuté par les premiers sculpteurs de l'époque. Il suffit de nommer *André Sansovino, Jérôme Lombardo, Bandinelli, Guillaume della Porta,* le *Tribolo, Raphaël da Montelupo, San Gallo* et *Jean Bologne,* pour avoir une idée de ce que peut être cette merveille de l'art, qui, commencée sous Léon X, ne fut terminée que sous Paul III.

La Santa-Casa, petite construction en briques, très-simple, porte en elle-même son cachet d'authenticité ; on ne saurait la considérer sans être profondément ému. Elle a près de neuf mètres de longueur sur quatre de largeur ; sa hauteur est d'un peu plus de quatre mètres.

Prosterné au pied de l'autel de l'*Annonciation*, nous aimons à répéter les paroles de l'ange Gabriel : *Je vous salue, Marie, pleine de grâces,* et nous ressentons au fond du cœur un amour vraiment filial pour la Mère de Jésus ; devant la statue qui surmonte le *Santo Caminno*[1], nous récitons les litanies de *Lorette*.

De quelle émotion ne sommes-nous pas péné-

---

[1] La cheminée.

tré en contemplant les dalles de marbre usées par les pèlerins qui ont fait à genoux le tour de la *Sainte-Maison!* La prière, quand elle est animée d'une foi vive, a, il faut l'avouer, une vertu attractive qui charme l'âme ; et, dans cet auguste sanctuaire, il suffit de voir prier les autres pour prier soi-même. O Marie conçue sans péché ! priez pour nous qui avons recours à vous.

Le plafond de la *Chapelle du Trésor*, représentant divers traits de la vie de la sainte Vierge, est peint par *Pomerancio;* dire en détail ce qu'il y a là de beau, de riche, de touchant, nous entraînerait trop loin. On y voit des *ex-voto* venus de toutes les parties du monde ; les grands et les petits y ont apporté leur tribut, car tous ont ressenti les bienfaits de la Reine du Ciel. On ne l'a jamais invoquée en vain.

Après une courte visite au *Palais-Apostolique*, où se trouve une galerie de tableaux, parmi lesquels nous remarquons : la *Femme adultère devant Jésus*, du *Titien;* la *Descente de Croix*, du *Guerchin*, et la *Nativité du Sauveur*, d'*Annibal Carrache*, nous nous préparons à dire adieu à *Lorette*, ou plutôt au revoir, s'il plaît à la divine Providence de nous donner le temps et la force de faire une seconde fois ce pèlerinage, dont nous conservons un si doux souvenir.

Forcé de revenir sur nos pas, nous profitons de la nuit pour voyager ; nous nous retrouvons au point du jour à *Foligno*, et, après un arrêt de vingt minutes, nous partons pour la *Ville éternelle*.

Bientôt nous arrivons dans la poétique vallée du *Clitumne*, chantée par *Virgile;* la fertilité qui y règne encore nous montre que ce n'est pas sans raison que ses troupeaux étaient renommés[1]. La montagne de la *Summa* offre les beautés grandioses de la nature sauvage.

Disons quelques mots de *Spolète*, que nous apercevons là-haut sur le flanc de la colline; la porte dite d'*Annibal*, ouvrage du temps de *Théodoric*, atteste la résistance de la ville antique au capitaine carthaginois et sa fidélité aux Romains; elle montre encore quelle devait être la forte existence des villes municipales d'Italie, pour avoir pu arrêter et braver un tel vainqueur.

La CATHÉDRALE, monument intéressant des premiers temps de la renaissance de l'art, avec un élégant portique dans le goût de *Bramante*, est ornée de grandes et belles fresques de *Philippe Lippi* l'ancien. A l'église SAINT-DOMINIQUE, on voit une superbe copie de la *Transfiguration* de *Raphaël*, dont les *Spolétains* sont très-fiers, et qu'ils attribuent à *Jules Romain*[2].

1. *Hinc albi, Clitumne, greges, et maxuma taurus*
Victima, sæpe tuo perfusi flumine sacro
Romanos ad templa deûm duxère triumphos.
        Georg., II, 146.

2. *Valery*, Voyages hist., etc., p. 473, 474.

Jusqu'à *Terni,* la voie traverse une campagne plantée d'oliviers, et, avec le double aspect des vertes plaines de l'*Ombrie* et des sommets boisés de l'*Apennin,* garnis tous deux de blanches habitations qui ressortent sur ce fond, le paysage devient de plus en plus gracieux et magnifique.

Terni, ville charmante qui a vainement prétendu à l'honneur d'avoir vu naître *Tacite,* et qui renferme des ruines imposantes et de curieuses inscriptions, est célèbre surtout par ses cascades, formées par la chute du *Velino* dans la *Néra.*

Nous découvrons, non loin de *Narni,* les restes du *pont d'Auguste,* où passait l'ancienne voie *Flaminia,* et bientôt nous franchissons le *Tibre.* A *Orte,* nous rejoignons la grande ligne de Florence à Rome; et, après avoir dépassé la station de *Borghetto,* nous découvrons le mont *Soracte*[1], que nous avait fait connaître l'antiquité classique. Sur un des sommets se trouve le couvent de *Saint-Sylvestre,* fondé par le frère aîné de Pépin-le-Bref, *Carloman,* qui, n'ayant pas encore là toute la solitude qu'il enviait, se retira au *Mont-Cassin.*

Nous arrivons, en suivant la rive gauche du *Tibre,* à *Monte-Rotondo.* A peu de distance de cette localité, située sur une hauteur d'où la vue s'étend sur les montagnes de la Sabine, il y

---

1. *Virgile,* Énéide, vii, 785. *Horace,* Odes, i, 9.

a un village nouvellement connu dans l'histoire ; c'est *Mentana*, devenu célèbre par la défaite de *Garibaldi*, le 3 novembre 1867. Enfin nous découvrons la coupole de SAINT-PIERRE ; nous faisons un long circuit autour des murs de la ville ; nous passons près de la *porte Majeure*, majestueux débris de ces aqueducs qui, selon l'expression de Chateaubriand, amenaient les eaux au peuple-roi sur des arcs de triomphe ; et, à huit heures six minutes du matin, nous sommes dans la gare de Rome.

Après un voyage aussi long, et surtout aussi rapide, nous serions tenté de répéter avec le poëte, mais dans un autre sens :

Tantæ molis erat romanam condere gentem [1]

S'il a fallu tant d'efforts pour constituer le peuple romain, nous avons, nous aussi, eu besoin de beaucoup de courage et de persévérance pour arriver dans cette reine des cités qui domine le monde, et par la majesté des souvenirs et par la présence de l'auguste Vicaire de Jésus-Christ sur la terre.

---

1. *Virgile*, Énéide, I, 33. *Quelle entreprise grandiose que celle de la fondation de Rome !*

DEUXIÈME PARTIE

Rome et ses merveilles.

CHAPITRE PREMIER

Une première visite à *Saint-Pierre*. — Audience solennelle de Pie IX.

Après une nuit et une partie de la matinée passées en chemin de fer, nous éprouvons le besoin de prendre du repos ; c'est pourquoi, malgré notre désir de sortir, nous sommes obligé de sacrifier quelques heures au sommeil. Le soir, à l'entrée de la nuit, nous nous joignons aux *pèlerins d'Angers* réunis dans la basilique de *Saint-Pierre*, nous chantons avec eux le *Credo*, et nous avons le bonheur d'obtenir une carte pour l'audience que doit leur donner le vénéré Pie IX, le lendemain, 8 septembre, à midi.

Si Rome est le grand but du voyageur en Italie, *Saint-Pierre* est la première merveille qu'il recherche et que ses yeux contemplent ; nous voici au comble de nos vœux : nous pouvons prier au tombeau des saints Apôtres et voir le Vicaire de Jésus-Christ. Nous reviendrons souvent dans ce temple auguste remercier Dieu de cette insigne faveur et implorer de nouvelles grâces pour nous et pour toutes les personnes qui nous sont chères. L'heure déjà avancée et le besoin d'épancher notre cœur au pied des saints autels ne nous laissent pas la moindre velléité d'admirer, ce jour-là du moins, les splendeurs semées, comme à profusion, du pavé à la voûte de l'édifice. Nous en sortons tout pénétré de la grandeur du lieu et du sentiment de notre faiblesse.

Au dehors, la fameuse colonnade, chef-d'œuvre du *Bernin*, enveloppe la magnifique place ovale et sert comme d'avant-scène au péristyle colossal de SAINT-PIERRE. L'obélisque, qui s'élève au milieu, a été placé là le 10 septembre 1586, par les ordres de Sixte-Quint, sous la direction de l'habile architecte *Dominique Fontana*. Il est surmonté de la croix et porte à sa base l'inscription que nous avons mentionnée dans notre introduction.

Les deux majestueuses fontaines qui bouillonnent de chaque côté de la place complètent dignement sa décoration, soit qu'on les observe au soleil, dont les rayons y forment de brillants arcs-en-ciel, ou à la clarté de la lune, qui ajoute son pâle reflet à la blancheur de leur onde écumante.

Nous nous endormons dans de pieuses pensées, et, après le sommeil réparateur d'une bonne nuit, nous repartons de grand matin pour *Saint-Pierre;* nous y célébrons la sainte messe et nous assistons à la communion générale des pèlerins français. Quelle délicieuse émotion s'empare de nous, à la vue de ces hommes, de ces femmes, venus de si loin pour protester de leur fidélité à l'Église et à son auguste Chef! Nous nous croyons un instant reporté aux premiers jours du christianisme où tous les Fidèles n'avaient qu'un cœur et qu'une âme; oui, au milieu de l'oubli de Dieu et de l'indifférence religieuse qui désolent notre siècle, il y a encore de l'héroïsme et du dévouement; les plus belles vertus brillent encore à côté des plus généreux sacrifices.

A midi, nous sommes au *Vatican;* arrivé à la *salle du trône,* nous attendons, dans un respectueux silence, l'entrée du *Saint-Père.* Bientôt, porté dans un fauteuil, à cause de ses infirmités, paraît le successeur de saint Pierre; tout le monde se prosterne en présence du Vicaire de Jésus-Christ. Le représentant de monseigneur l'évêque d'Angers, M. le curé de Baugé, se lève et lit une ADRESSE où respirent la pitié filiale et la foi la plus vive. Il remet ensuite l'offrande de ses concitoyens entre les mains de Pie IX qui, alors, prenant la parole, s'exprime ainsi :

« Les nombreux pèlerins qui viennent de tous les points du globe faire halte dans cette Capitale du catholicisme, et se prosterner au pied du tombeau des saints Apôtres et de tant de martyrs qui ont empourpré de leur sang cette grande cité, sont à mes yeux comme une nouvelle échelle mystique de Jacob, par laquelle les anges descendent du ciel et y remontent.

« C'est qu'en effet, après s'être purifiés dans le bain de la pénitence, après s'être confirmés et fortifiés dans le très-saint sacrement de l'Eucharistie, les pèlerins accourent ici pour se fortifier encore dans leurs bons propos, et demander à Dieu les grâces dont chacun n'a que trop grand besoin. Ils retournent ensuite dans leur patrie pour y répandre une partie de cette ferveur dont ils se sont remplis pendant leur pieux pèlerinage.

« Ainsi êtes-vous venus vous-mêmes. Vous aussi, purifiés dans les eaux de la pénitence, fortifiés par le sacrement de l'Eucharistie, vous êtes venus demander à Dieu des secours spéciaux, et, j'aime à le croire, deux dons en particulier : le don de force et le don de conseil. Après quoi vous partirez d'ici pour retourner au sein de vos familles, et en rentrant dans la cathédrale d'Angers, dédiée à saint Maurice, vous tomberez à genoux devant les reliques de ce grand saint pour vous confirmer dans le don de force, dont il a donné lui-même des preuves poussées jusqu'au plus grand héroïsme.

« Mais, direz-vous peut-être, pourquoi sommes-nous venus demander tout particulièrement le don de force et le don de conseil? La raison, chers enfants, en est claire et évidente. Les circonstances particulières où se trouve la France exigeant qu'on descende de nouveau sur le champ des élections, il faut que ces deux dons accompagnent les électeurs et les élus.

« Dieu veuille que, libres et dégagés des liens de tout parti, ceux qui seront appelés à voter dans les nouvelles élections choisissent, sous l'inspiration de Dieu, des hommes qui, étant doués des dons de conseil et de force, puissent résister contre les maux qui menacent la France et la société tout entière. Dieu veuille que les nouveaux élus se tiennent toujours serrés et unis et se montrent dans la nouvelle Assemblée les vrais représentants de la grande nation ; et que celle-ci, étroitement unie au gouvernement et secondée par lui, puisse comprimer les ennemis du dedans et résister aux ennemis du dehors.

« A quoi sert de le dissimuler, chers enfants? Mieux que moi vous voyez combien votre pays est attaqué par des ennemis intérieurs qui le rongent, et par des ennemis extérieurs qui le menacent. Que dis-je? Les ennemis intérieurs de la France ne font pas que la ronger : eux aussi la menacent, tantôt par des discours, tantôt par la presse, tantôt enfin par toutes les iniquités ourdies dans leurs réunions ténébreuses, nourrissant ainsi les espérances des ennemis du dehors qui se réjouissent des divisions de leurs adversaires, parce qu'elles leur fournissent des moyens plus efficaces de les mieux combattre.

« Or ces ennemis, il faut les comprimer, afin que l'ennemi commun ne tire pas profit de la désunion intérieure pour obtenir plus facilement son but et mieux réaliser son projet, qui n'est pas seulement de combattre la France, mais aussi d'attaquer la religion de Jésus-Christ.

« Quant à moi, je ne cesse pas de prier Dieu, comme je l'ai déjà fait aujourd'hui même, de donner à tous les Français la force et le conseil nécessaires pour choisir pour leurs représentants des hommes qui aient pour premier et unique but d'envisager les intérêts de Dieu et de son Église, et qui soient animés de la ferme volonté d'en défendre les droits; c'est-à-dire des hommes disposés à tenir compte de l'honneur, de la dignité, de la grandeur de la France, des vrais intérêts de la patrie, afin de coopérer tous ensemble au bien de cette illustre nation. Plaise à Dieu d'exaucer mes prières ! Et toi ! ô France, pays bien-aimé de Dieu, tourne, sans plus tarder, tourne tes regards vers Lui : prie, aie confiance et agis comme je viens de te l'indiquer.

« Oui, certainement, la voie que tient une partie de la France est la voie que tous les Français devraient suivre aujourd'hui, et aux jours qui, paraît-il, semblent devenir sombres : la voie de la prière et de l'humiliation. Oh! que Dieu aime à voir humiliés devant lui ceux qui ont besoin de secours !

« Mon Dieu ! je vous recommande la France ; et avant de bénir en votre nom ce pays si digne d'intérêt, je donne une bénédiction toute spéciale à ceux qui sont ici présents. Je bénis leurs enfants, leurs familles, leur diocèse tout entier. J'en bénis le premier Pasteur, les deux clergés séculier et régulier, afin que tous, secourus et protégés par saint Maurice, puissent mettre en pratique les conseils que je viens de leur suggérer.

« Mon Dieu, regardez la France, cette France qui a fait tant de bien, qui a accompli tant de bonnes œuvres et érigé tant d'instituts de charité ; mais, hélas ! qui n'a été que trop aussi la cause de tant de maux, et par suite a mérité de voir s'appesantir sur elle le bras de votre justice, qui, tout en la châtiant, frappait en même temps les autres nations non moins coupables. Mon Dieu, bénissez la France, qui est aussi une portion de la vigne mystique que vous avez plantée et arrosée du Sang précieux de votre Fils unique. Bénissez ceux qui la gouvernent, bénissez les représentants de la nation ; bénissez les affligés, les infirmes ; mais surtout faites descendre votre grâce sur les pécheurs, afin qu'ils reviennent à l'accomplissement de leurs devoirs religieux. Enfin, ô mon Dieu ! bénissez tous ceux qui appartiennent à l'Église catholique ; et que ces bénédictions soient le gage de celles qu'à l'article de la mort vous répandrez sur tous ceux qui m'écoutent, et sur tous ceux qui leur sont chers et qui leur sont unis de cœur, bien que séparés par la distance. » *Benedictio*, etc., etc.[1].

Il faut avoir vu Pie IX prononcer en italien ce beau discours pour en saisir tout le mérite et l'à-propos. La figure du Pontife, si suave et si digne, s'illuminait par instants ; elle était pleine de bienveillance et de tendresse quand venait le nom de la France. On eût dit Moïse parlant aux Israélites de la part du Très-Haut ; bien plus, on eût dit Jésus-Christ parlant lui-même par la bouche de son Vicaire. Si ces sages conseils ne sont pas compris des ennemis de l'Église, du moins, les Français qui les ont entendus n'en perdront jamais le souvenir. Pour nous, nous

---

1. *La Voce della Verità*, Roma, mercoledi 12 settembre 1877.

sommes heureux de les rappeler ici, afin que chacun de nos lecteurs puisse s'en pénétrer et les mettre à profit. Si Dieu n'est pas consulté quand il s'agit d'ériger ou de relever l'édifice social, les hommes s'agitent en vain.

Nous quittons le *Vatican*, pénétré d'admiration et d'amour pour l'auguste Vieillard préposé au gouvernement de l'Église, et, comme les apôtres au sortir du Cénacle, nous sommes plein de force et de courage. Lorsque nous rencontrons quelqu'un ayant eu la même faveur que nous, nous ne pouvons nous empêcher de répéter ce que disaient du Sauveur les disciples d'Emmaüs : *N'est-il pas vrai que notre cœur était plein d'ardeur pendant qu'il nous parlait*[1] ?

1. Luc, xxiv, 32.

CHAPITRE II

Place du Peuple, Sainte-Marie, Saint-Charles, palais *Ruspoli*, Saint-Laurent-*in-Lucina*, place *Colonna*, place du *Monte-Citorio*, Saint-Ignace, Saint-Marcel, Sainte-Marie *in-Via-Lata*, palais *Doria*, palais de Venise, Saint-Marc, le *Gesù*, Sainte-Marie *in-Ara cœli*, Capitole, palais Sénatorial, palais des Conservateurs, musée du Capitole, Roche-Tarpéienne.

Quel est le Français, ou même l'étranger, qui, visitant Paris, néglige de se rendre sur la place de la Concorde, de monter l'avenue des Champs-Élysées et d'examiner attentivement l'arc de triomphe de l'Étoile? Il faut n'être jamais venu dans la capitale de la France pour ne pas avoir une idée nette du célèbre monument élevé à la mémoire de la Grande Armée par Napoléon Ier. Eh bien! quand on visite Rome, on tient aussi, avec raison, à voir la *Porte-du-Peuple*.

On appelle ainsi l'édifice grandiose élevé à l'entrée de la ville éternelle, par Pie IV, sur les dessins de *Michel-Ange*. Les statues de saint Pierre et de saint Paul, qui ornent cette porte, sont dues au ciseau de *Mochi*; l'obélisque qui se trouve en face, sur la place, provient d'*Héliopolis*, où le roi *Ramsès Ier* l'avait fait dresser pour décorer le temple du Soleil. Transporté à Rome sous Auguste, ce superbe monolithe, tout couvert d'hiéroglyphes, fut placé au point le le plus en vue du *Grand-Cirque;* Sixte-Quint le retira des ruines pour le mettre là où il est. Il a été, comme celui de la *place Saint-Pierre,* érigé sous la direction de l'architecte *Fontana.*

Nous ne nous arrêterons pas à décrire les statues allégoriques de la place du Peuple ; aux quatre angles, des lions déversent l'eau dans des vasques splendides. — Il y a tout près quelque chose qui nous intéresse davantage, c'est la belle église Sainte-Marie-du-Peuple. Fondée, selon la tradition, en 1099, par Pascal II, elle a été reconstruite en 1471 par Sixte IV sur les dessins de *Baccio Pintelli,* embellie par Jules II et Alexandre VII, et est devenue fort remarquable sous le rapport de l'art. Les fresques du *Pinturicchio,* restaurées par *Camuccini,* sont d'un effet ravissant ; la *Conception,* chef-d'œuvre de *Carlo Maratta;* l'*Assomption,* par *Annibal Carrache; sainte Catherine entre saint Antoine de Padoue et saint Vincent, martyr,* bas-relief du xve siècle ; l'image vénérée de la Vierge, attribuée à saint Luc, tel est ce qui nous a d'abord frappé. Les tombeaux des cardinaux *Ascanio Sforza* et *Hieronimo Basso* sont décorés de statues et d'ornements exquis dus au célèbre sculpteur *André Sansovino.* La *chapelle Chigi,* une des plus renommées de Rome, est du dessin de *Raphaël*, qui, dit-on, a même exécuté les cartons des quatre mosaïques de la coupole, des peintures de la frise et du tableau de l'autel, ouvrages terminés par *Sébastien del Piombo, François Salviati* et *Vanni*. On est saisi d'admiration en voyant les statues de *Daniel*, le grand prophète, d'*Habacuc*, qu'un ange emporte par les cheveux, et surtout de *Jonas* assis sur la baleine. On prétend que ce dernier sujet a été modelé par *Raphaël* lui-même, mais il est plus probable qu'il en aura seulement communiqué le dessin à *Lorenzetto*, son élève chéri. Le monument funèbre de la princesse *Odelcaschi Chigi*, par *Paul Posi*, est tout à la fois gracieux et bizarre.

Nous suivons la belle *rue du Corso*, et, dans l'impossibilité où nous sommes de tout voir, nous nous arrêtons d'abord à l'église SAINT-CHARLES. Sa façade est du style de la décadence, mais, à l'intérieur, elle est splendidement décorée : marbres précieux, peintures, stucs dorés, rien n'y manque. *Saint Charles présenté à Jésus-Christ par la Vierge*, grand tableau du maître-autel, est une des œuvres les plus estimées de *Charles Maratta;* c'est dans cette enceinte que repose le comte *Alexandre Verri*, l'auteur des *Nuits Romaines*.

En sortant, nous rencontrons bientôt le *palais*

Ruspoli, dont l'escalier est formé de cent quinze marches de marbre blanc d'une seule pièce. Nous allons rendre visite à Son Éminence le cardinal *de Falloux du Coudray*, qui habite le second étage, et qui nous accueille avec une affabilité dont nous ne perdrons jamais le souvenir. Tout près de là, à l'église SAINT-LAURENT-IN-LUCINA, nous voyons le tombeau de l'illustre peintre français *Nicolas Poussin*, construit aux frais de Chateaubriand, et le beau tableau de *Jésus en Croix*, par le *Guide*.

Sur la *place Colonna*, nommée ainsi de la colonne érigée à *Marc-Aurèle* par le sénat et le peuple romain, se trouvent la poste centrale et le *palais Chigi*. Tous les soirs, il y a affluence sur cette place pour entendre la musique militaire. Nous nous rendons de là au *palais de la Chambre des Députés*, qui passe pour un des meilleurs édifices élevés sous la direction du *Bernin;* il est situé sur la *place du Mont-Citorio*, où l'on voit un obélisque de granit rouge sur lequel le roi d'Égypte, *Psammitichus Ier*, est représenté sous la forme d'un sphinx, ayant une tête et des bras humains. C'est au pape Pie VI que l'on doit la restauration et l'érection de ce beau monolithe, retiré sous Benoît XIV des ruines d'un ancien amphithéâtre. Un peu plus loin, nous apercevons la *Douane*, qui, par un de ces hasards qui n'appartiennent qu'à l'Italie, est un ancien temple païen ; et ce dépôt de marchandises a pour façade onze majestueuses colonnes de marbre, du style corinthien.

L'église SAINT-IGNACE, sur la place de ce nom, a été bâtie sur les plans du Père *Grossi* de la Compagnie de Jésus, et, malgré son ornementation surchargée, elle a ses beautés. Les fresques du Père *Pozzi*, qui décorent la voûte de la tribune, offrent d'habiles effets de perspective. On vante à bon droit le tombeau de Grégoire XV et le bas-relief de saint Louis de Gonzague, par *Legros*, sculpteur français du xviie siècle. Les deux superbes autels ornés de bronze doré et de quatre colonnes antiques ont également fixé notre attention. — Tout récemment, le *Collège Romain* a été enlevé aux Jésuites par l'État; quoi que l'on puisse dire pour ou contre cette mesure, il est certain que le souvenir des maîtres illustres qui ont professé dans cette grande académie catholique y demeurera ineffaçable. Les *Piancini*, les *Crassi*, les *Benci*, les *Kircher*, les *Contucci*, et, de nos jours, les *Perrone*, les *Tongiorni*, les *Secchi*, etc., etc., ont acquis des droits à l'admiration et à la reconnaissance du monde entier. Ces hommes, distingués par le savoir et la piété, s'étaient préparés par de fortes études à la grande mission de l'enseignement; ils ont doté la science d'une foule de documents nouveaux, ils ont reculé les bornes des connaissances humaines... On les chasse aujourd'hui de leur demeure. N'est-ce pas le cas de répéter le mot fameux : La *Roche Tarpéienne* est bien près du *Capitole?* mais qu'importe? ils ont mis en Dieu tout leur espoir, et ils sont sûrs d'en être généreusement récompensés.

La cour de ce collége est une des plus belles de Rome : elle étonne par ses immenses proportions. Quant à la bibliothèque, on passerait longtemps à la visiter sans éprouver d'ennui, tant elle est riche en livres rares et en éditions précieuses; les Jésuites y ont laissé soixante-trois mille volumes et deux mille manuscrits. Le musée *Kircher*, devenu aussi la propriété du gouvernement, est curieux par ses antiquités en marbre, en bronze et en terre cuite ; par ses camées, ses médailles et ses inscriptions.

Revenu à la grande voie du *Corso*, nous entrons dans l'église SAINT-MARCEL, dont la façade nous paraît disgracieuse ; nous admirons, à la *Chapelle du Crucifix*, les belles peintures de *Daniel de Volterre* et le tombeau du cardinal *Consalvi*, célèbre ministre de Pie VII ; ce monument a été exécuté par *Rinaldo Rinaldi*, de Padoue.

SAINTE-MARIE-IN-VIA-LATA, que nous apercevons à droite, a été bâtie sur le lieu où habita saint Paul pendant deux ans, et où il vécut probablement prisonnier. On y remarque, au-dessus du maître-autel, une image de la sainte Vierge attribuée à saint Luc; les douze colonnes antiques de la nef sont de marbre cipollin. On visite dans la crypte la source où l'apôtre des Gentils baptisait les nouveaux convertis. Pie IX a été chanoine de cette église.

Le *palais Doria*, qui se trouve à côté, renferme une galerie de tableaux où presque toutes les écoles sont représentées; nous voyons là une *Fuite en Égypte*, du *Poussin*; une *Sainte Agnès*, du *Guerchin*, et une *Vierge*, du *Guide*. Louis XIV avait fait l'acquisition du *palais Salviati*, situé en face, pour y établir l'Académie de France, fondée par lui et transférée depuis à la *villa Médicis*. A l'angle du *Corso* et de la *place de Venise*, s'élève le *palais Bonaparte*, où mourut en 1836 la mère de Napoléon Ier. Sur cette place, station centrale des *Omnibus*, il y a toujours un grand mouvement; le *palais de Venise*, où réside l'ambassadeur d'Autriche, et le *palais Torlonia*, demeure du duc de *Bracciano*, sont d'imposants édifices que le public n'est point admis à visiter; pour y entrer, il faut y avoir affaire, ce qui n'est point notre cas.

L'église SAINT-MARC, adhérente au palais de Venise, possède quelques bons ouvrages, entre autres: le *Christ ressuscité*, de *Palma*; l'*Adoration des Mages*, de *Charles Maratta*; Saint

Marc, pape, et *Saint Marc*, évangéliste, du *Pérugin*; *Saint Michel*, de *Mola*.

Non loin de là, nous visitons le *Tombeau de Publicius Bibulus*, édile romain qui, contre l'usage des anciens, fut, à cause de ses services éminents, inhumé dans l'enceinte de la ville. Ce monument, enchâssé dans un mur, consiste en un soubassement de travertin que surmontent des pilastres de l'ordre dorique.

Quoique déjà un peu fatigué, nous entrons dans l'église du Gesù, construite de 1568 à 1578, sur les dessins de *Vignole* et de *Jacques della Porta*, son élève, aux frais du cardinal *Alexandre Farnèse*. Elle est citée comme une des plus vastes et des plus riches de Rome. Rien de merveilleux et de splendide comme l'*autel de Saint-Ignace*, dont le dessin est dû au Père *Pozzi;* le globe de lapis-lazuli, que tient le Père éternel, est, dit-on, le plus gros qui existe. On remarque les fresques de la voûte, de la coupole et de la tribune, par *Baciccio;* la *Mort de saint François Xavier*, par *Maratta;* le *Triomphe de la Religion*, par *Legros;* la statue en argent de saint Ignace, du même sculpteur, a disparu au siècle dernier. Le corps du saint fondateur est renfermé, au-dessous de l'autel, dans un sarcophage de bronze doré. Là, se trouve aussi le tombeau du savant cardinal *Bellarmin*, avec les figures allégoriques de la

Religion et de la *Sagesse*, par le *Bernin*. La maison professe des Jésuites a été transformée en caserne.

Nous sortons par la porte principale, et, tournant à gauche, nous nous trouvons au pied du Capitole, à la place *Ara-Cœli*. L'église SAINTE-MARIE occupe l'emplacement de l'ancien temple de Jupiter Capitolin, mais ses vingt-deux colonnes de granit égyptien ne peuvent en provenir, puisque, selon Plutarque, les colonnes du temple étaient de marbre pentélique. On y monte par un escalier de cent vingt-quatre marches, au bas duquel on voit deux lions en granit noir, vomissant l'eau dans un vaste bassin. Les fresques, représentant la vie de saint Bernardin de Sienne, sont un des meilleurs ouvrages du *Pinturicchio*; une *Madone*, de l'école de *Raphaël*, paraît être l'œuvre de *Jules Romain;* le célèbre mausolée de la famille des *Savelli*, dessiné par *Giotto* et exécuté, en style gothique, par *Augustin* et *Ange de Sienne;* il a pour base un sarcophage antique. Une *Ascension*, de *Muziano*, et une *Transfiguration*, de *Jérôme de Sermoneta*, méritent de fixer l'attention, ainsi que la voûte de la chapelle de saint Antoine de Padoue, décorée par *Nicolas de Pesaro*. C'est dans cette église que l'on conserve la célèbre image de l'enfant Jésus, si connue sous le nom populaire de *Santissimo*

Bambino. Nous empruntons au chanoine de Bleser le récit suivant sur la touchante dévotion à cette sainte représentation du Sauveur dans l'étable de Bethléem :

« C'est, dit-il, une statuette de 60 centimètres de longueur, recouverte de soie blanche, ornée de perles et de pierres précieuses. Le jour de Noël, on l'expose dans une crèche, couchée sur la paille. Ses langes sont couverts de diamants et de pierres précieuses qui lui ont été offerts en *ex-voto*. Cette exposition dure plusieurs jours, pendant lesquels de jeunes enfants, montant sur une espèce de *palco* ou chaire placée en face de la crèche, viennent fêter par leurs discours enfantins la naissance du petit Jésus. Ces sermons ont lieu de midi à quatre heures, les jours de fête. Le jour de l'Épiphanie, à trois heures et demie, il y a vêpres, procession dans l'intérieur de l'église et bénédiction du peuple du haut du grand escalier avec le *Santissimo Bambino;* puis on ferme définitivement la crèche. Les personnes mourantes se font apporter à leur lit de douleur cette sainte image ; elle a une voiture qui lui appartient, et quand on la conduit quelque part, le religieux laisse pendre par la portière un coin de son étole ; le peuple romain, en la voyant passer, ne manque jamais de se mettre à genoux [1]. »

1. *Rome et ses monuments*, p. 292.

La tradition donne cette statuette comme provenant d'un arbre de la montagne des Oliviers; elle serait l'ouvrage d'un moine du xvie siècle. Les protestants et les prétendus esprits forts ont souvent attaqué le pieux enthousiasme des Romains pour le *Santissimo Bambino;* mais, quand on considère les choses sans prévention, on est profondément touché de ces pieuses démonstrations qui, en fin de compte, se rapportent directement au Rédempteur, à Jésus, notre Maître à tous.

Nous voici enfin au *Capitole :* que ce nom rappelle de souvenirs!... C'est à l'histoire qu'il appartient de les retracer; pour nous, simple observateur, nous ne racontons que ce qui frappe nos yeux; et si, quelquefois, nous nous laissons entraîner à des réflexions, nous faisons en sorte de ne pas trop nous y appesantir. Au haut de l'escalier, dont nous avons parlé, il y a deux statues colossales qui représentent *Castor* et *Pollux* prêts à conduire leurs coursiers. Les *Trophées de Marius*, élevés en mémoire de la défaite des *Cimbres* et des *Teutons*, ont été transférés en ce lieu par l'ordre de Sixte-Quint.

La statue équestre de Marc-Aurèle, l'unique grande statue de bronze que nous ayons de l'ancienne Rome, et dont la tête seule est restée un peu dorée, respire la majesté la plus simple, la plus naturelle; son piédestal est de *Michel-*

Ange. On reconnaît l'œuvre du même artiste dans le beau perron à deux rampes du *palais Sénatorial;* les deux figures allégoriques du *Tibre* et du *Nil* remontent aux *Antonins*, et à la statue de Minerve, dite de *Rome triomphante*, on a adapté une tête et des bras modernes. C'est dans ce palais que sont aujourd'hui les bureaux de l'administration municipale.

Pour jouir d'un horizon encore plus étendu, nous montons à la *tour du Capitole*, surmontée de la statue de Rome chrétienne. De cette hauteur, la masse immense du *Colisée* semble élégante et légère. Les sept fameuses collines ne sont pas aujourd'hui très-faciles à reconnaître, tant les aspérités du sol se sont altérées, et la *Roche Tarpéienne*, dans sa plus grande élévation, ne paraît pas avoir plus de vingt mètres.

La contemplation de Rome, le soir, par un beau jour d'été, de cinq à sept heures, quand on est au sommet de ce mont célèbre, produit l'effet d'une vaste et solide lecture; mais cette étude n'est point triste, pénible, renfermée comme sous nos climats du Nord; là, elle est dans l'air qu'on respire; le livre de l'antiquité est toujours ouvert, et il suffit de regarder pour s'instruire [1]. La Rome des rois, celle de la république et celle des empereurs, toutes les

---

1. *Voyages en Italie*, etc., p. 398.

trois se déroulent à nos yeux avec leurs phases diverses pour faire place dans notre esprit à la Rome chrétienne qui, seule, a résisté aux barbares, aux sophistes et à toutes les attaques de l'impiété.

Sous le portique du *palais des Conservateurs*, aujourd'hui du *Conseil municipal* on voit la statue de *César*, l'unique portrait authentique du plus grand homme de la Rome ancienne. Dans la cour, le beau groupe, exposé à tort à l'injure du temps et fort endommagé par la pluie, du lion déchirant un cheval, passe pour avoir été restauré par *Michel-Ange*. Dans les diverses salles de ce palais, il y a des œuvres d'art très-remarquables; les bustes du *Dante*, de *Pétrarque*, de l'*Arioste* et d'autres italiens illustres dans les lettres, les sciences ou les arts, donnent une sorte de relief à ceux des étrangers admis à figurer dans la *Promothèque* fondée par Pie VIII. Le *Poussin*, *d'Agincourt*, *Raphaël Mengs*, *Vinckelmann*, *Angelica Kauffmann* et *Savé*, directeur de l'Académie de France à Rome, ont été jugés dignes de cet honneur. L'ancienne chapelle possède une *Vierge* du *Pinturicchio*. Nous entrons de là dans le *Musée du Capitole*, fondé par Clément XII et enrichi par Benoît XIV et Clément XIII.

Voici quels sont les tableaux qui nous ont le plus frappé : le *Couronnement de sainte Cathe-*

rine, du *Garofolo*; la *Vierge*, l'*Enfant Jésus et Saint Jean*, du même; *Sainte Pétronille*, du *Guerchin*; *Madeleine pénitente*, du *Tintoret*; la *Femme adultère*, du *Titien*; le *Romulus et Rémus*, de *Rubens*; la *Sibylle de Cumes*, du *Dominiquin*; enfin le *Portrait de Michel-Ange*, que l'on dit être de lui-même.

A gauche du Capitole, sur le mamelon au Sud-Est, on nous montre la *Roche Tarpéienne*, fameuse dans l'histoire, et du haut de laquelle, à commencer par *Manlius Capitolinus*, furent précipités les citoyens accusés, sous la république, de vouloir opprimer leur patrie.

Il serait téméraire de chercher à visiter, en un seul jour, tous les lieux que nous venons de décrire sommairement en ce chapitre; aux voyageurs pouvant disposer de plus de temps que nous, nous conseillons de faire choix de ce qui les intéresse davantage pour se livrer à leurs études favorites; aux personnes privées de voir par elles-mêmes ces souvenirs vivants de l'antiquité, ce que nous en disons suffit pour leur en donner une idée. Nous allons continuer nos studieuses promenades, et, tout en rappelant le passé, nous ne négligerons pas ce qu'il y a de beau et de remarquable dans le présent.

CHAPITRE III

Forum, Tabularium, prison Mamertine, Saint-Joseph-de Falegnami, temple de la Fortune, école *Xancta*, galerie des Consents, arc de Septime-Sévère, Saint-Luc, Saint-Adrien, colonne de Phocas, basilique *Julia, Grecostasi, Curia Hostilia*, Saint-Théodore, Voie-Sacrée, Saint-Laurent *in Miranda*, Saint-Côme et Saint-Damien, basilique de Constantin, Sainte-Françoise-Romaine, arc de Titus, mont Palatin, palais des Césars, Jardins-Farnèse, villa Palatine, *Mela Sudans*, colosse de Néron, Colisée, arc de Constantin, Saint-Grégoire-le-Grand, mont Célius, Saint Jean et Saint-Paul, arc de Dolabella, Sainte-Marie *in Dominica* Saint-Étienne-le-Rond, Saint-Clément.

Le *Forum*, c'est-à-dire le lieu le plus illustre de l'univers, où retentissait autrefois la magnifique parole de l'orateur romain, a subi l'injure du temps et des révolutions. Là où s'élevait la tribune aux harangues on a vu un marché de bestiaux, et, à la voix de *Cicéron*, ont succédé les cris tumultueux d'un peuple de commerçants. On travaille en ce moment à lui rendre ses anciennes limites et son antique aspect. Le *Tabularium* était le lieu où se conservaient les tables de bronze contenant les sénatus-consultes et autres actes publics ; ce qui en reste suffit à montrer la sévérité de l'édifice.

Nous arrivons à la *Prison Mamertine* ou *prison de saint Pierre*, qui remonte à une époque très-reculée. Sous le premier cachot, il y en avait un second de quatre mètres de profondeur, au fond duquel les condamnés étaient descendus par un trou pratiqué au milieu de la voûte, et que l'on voit encore aujourd'hui ; c'est là que furent étranglés les complices de *Catilina;* là que périrent *Jugurtha, Séjan, Vercingétorix* et d'autres prisonniers de guerre ; là que furent enfermés saint Pierre et saint Paul. On ne peut visiter sans une émotion profonde ces obscurs cachots, et, à la lueur pâle de la lampe du guide, il semble qu'on va voir apparaître les anciens habitants de ce lieu formidable, qu'on va entendre leurs gémissements ; mais, à la vue de la colonne où furent attachés les apôtres et de la source miraculeuse qui jaillit à la demande de saint Pierre, on se sent réconforté. On veut goûter l'eau où fut régénéré le gardien de la prison, et l'on sort avec un nouveau zèle pour la gloire de Jésus-Christ.

La petite église Saint-Joseph, qui se trouve au-dessus de la prison, possède une *Nativité*, considérée comme le premier tableau de *Charles Maratta*. Les trois colonnes cannelées, d'ordre corinthien, que l'on voit à gauche en sortant, ne peuvent avoir appartenu, comme on l'a cru longtemps, au temple *de Jupiter Stator* ; il a été reconnu qu'elles provenaient plutôt du temple de *Saturne*, qui était contigu au *Tabularium*.

Il ne reste du *Temple de la Fortune* que huit colonnes ioniennes avec leurs chapiteaux et une architrave. L'*Ecole Xancta*, dont les ruines ont été dégagées en 1858, formait comme le greffe des archives de l'État, où étaient logés les officiers ministériels; du *Portico degli Dei Consenti* ou *Galerie des Consents*, situé au dessus, il ne reste que sept chambres découvertes en 1834 et dix colonnes corinthiennes.

On est frappé de l'aspect imposant, quoique lourd, de l'*Arc de triomphe de Septime Sévère*. Il fut élevé, ainsi que le constate son inscription, par le sénat et le peuple romain à cet empereur et à ses fils *Caracalla* et *Géta*, pour rappeler la victoire remportée sur les *Parthes*, les *Arabes* et les peuples d'*Adiabène*. Dégagé à moitié de ses ruines au commencement du XVIIe siècle, ce monument fut entièrement mis à découvert par Pie VII, en 1803.

SAINT-LUC, église du XIIIe siècle, rebâtie en 1588, offre une riche chapelle souterraine érigée par *Pierre de Cortone* et à ses frais. L'*Assomption*, de *Conca*, nous a paru le meilleur tableau. Sous l'autel de la crypte repose le corps de sainte Martine, vierge et martyre. L'*Académie*, fondée par Sixte-Quint, en l'honneur de l'Évangéliste que les peintres et les sculpteurs ont pris pour patron, a été longtemps célèbre; les artistes les plus fameux ont contribué à sa gloire. On y admire les œuvres de *Salvator Rosa*, de *Van-Dyck*, de *Vernet*, de *Paul Véronèse*, de *Gerard de Notti*, du *Guerchin*, du *Titien*, du *Guide*, de *Murillo* et de *Raphaël* lui-même. Elle a changé d'organisation en 1874 et n'offre plus qu'un intérêt secondaire.

Nous apercevons devant nous l'église Saint-Adrien, bâtie sur l'emplacement de la basilique *Émilia*, selon plusieurs antiquaires. Elle possédait une magnifique porte de bronze qui a été transportée à *Saint-Jean-de-Latran*. La *Colonne Phocas*, isolée au milieu du *Forum*, fait face à cette église, qui n'a rien de remarquable. Elle fut élevée à l'empereur grec de ce nom, en 608, et dégagée des ruines en 1813.

Entre le temple de *Castor* et la pente du *Capitole*, on a découvert, en 1834, les degrés antérieurs de la *Basilique Julia;* plus tard, en 1850, on a mis à nu presque tout le plan de ce vaste édifice décoré de marbre de différentes espèces. C'est au gouvernement de Pie IX, comme le constatera l'histoire, que l'on doit l'impulsion donnée aux archéologues et aux savants pour la recherche des monuments intéressants au point de vue de l'art et de l'esthétique.

Le *Grecostasi*, ou Grécostase, était un édifice

consacré à la réception des ambassadeurs étrangers dès le temps de *Pyrrhus;* il en reste trois colonnes corinthiennes avec leurs architraves. Tout près se trouvait la *Curia Hostilia*, élevée par le troisième roi de Rome, dont elle prit le nom, et destinée aux assemblées du sénat. On y montait par un grand nombre de marches; c'est du haut de ce palais que *Tarquin* précipita *Servius Tullius*. Ses débris consistent en trois murs de bonne construction, qui devaient être recouverts de marbre.

Continuant notre chemin vers le *Vélabre*, nous rencontrons d'abord le temple de *Vesta*, dont on voit quelques restes dans l'église SAINT-THÉODORE, bâtie sur le même emplacement. Les mosaïques de la tribune remontent au VIIIe siècle. En sortant, on aperçoit l'antique pavé de la *Voie sacrée*, ainsi appelée parce que ce fut là que *Romulus* et *Tatius* conclurent la paix et firent un traité d'alliance, après l'accomplissement des rites réputés sacrés à cette époque.

A la place du temple d'Antonin et de Faustine s'élève aujourd'hui l'église SAINT-LAURENT-IN-MIRANDA. Le portique est orné de dix colonnes magnifiques, en marbre cipollin, hautes de quatorze mètres; les bas-reliefs de l'entablement et de la frise sont de toute beauté. A deux pas, nous voyons SAINT-CÔME ET SAINT-DAMIEN, édifice bâti sur les ruines du temple de *Romulus* et de *Rémus*. On arrive, par un escalier pratiqué au-dessous d'une chapelle souterraine, jusqu'au pavé de l'ancien temple. C'est ici que, dans le xve siècle, on trouva le vieux plan de Rome que l'on montre maintenant au *Capitole*. Des mosaïques du vi^e siècle, la porte de bronze de l'antique trésor public, la crypte où sont les corps des saints martyrs, et la fontaine miraculeuse, forment ce qu'il y a de plus intéressant à voir dans cette église. Du premier édifice, il ne reste que deux colonnes en cipollin devant la chapelle du Chemin de la Croix. Les trois majestueuses arcades, qui nous frappent un peu plus loin, sont les restes de la *Basilique de Constantin*.

Ce superbe monument, élevé par le premier empereur chrétien après sa victoire sur *Maxence*, avait près de cent mètres de longueur sur soixante-seize de largeur; la voûte d'un bas-côté, qui existe encore, mesure plus de vingt-cinq mètres de hauteur. Nous nous dirigeons, par la rue du *Temple de la Paix*, vers celle du *Colisée*, où, dans le jardin d'une pension, se trouve un escalier qui nous conduit au sommet de la basilique; de là nous découvrons les montagnes de la *Sabine*. Le *Palatin*, *Saint-Pierre-aux-Liens*, le *Capitole*, *Sainte-Marie-Majeure*, l'*Esquilin*, le *Célius*, la *villa Panfili* et la *vallée du Tibre*, nous offrent leurs aspects variés et nous reposent un peu de la vue attentive des œuvres d'art.

Après avoir joui de ce beau panorama, nous descendons pour nous rendre à SAINTE-FRANÇOISE-ROMAINE, église bâtie par Léon IV et restaurée par Paul V. Elle possède le riche tombeau de la sainte patronne par le *Bernin*, et le mausolée de Grégoire XI par *Olivieri*, sculpteur du siècle dernier. On voit, sur un bas-relief, le pape, ou plutôt, sous sa figure, la papauté revenir d'Avignon après une absence de soixante-douze ans. En sortant, nous examinons l'*Arc de Titus*, érigé en mémoire de la prise de Jérusalem.

Il est situé au point culminant de la *Voie sacrée;* construit en marbre pentélique, c'est le plus beau monument de ce genre qui soit parvenu jusqu'à nous. Pour ne parler que des deux principaux bas-reliefs, l'un représente *Titus* sur un char de triomphe conduit par la figure allégorique de Rome ; l'autre, les soldats juifs emmenés prisonniers, la table d'or, le chandelier à sept branches et les diverses dépouilles du temple saint. Lorsqu'on se rappelle que cet empereur, surnommé *les Délices du genre humain*, livra une partie des captifs aux barbares amusements du Cirque, on est moins porté à louer sa clémence. Il est vrai que toutes ses propositions de paix furent maintes fois repoussées et que, imbu des idées païennes, il se crut dès lors tout permis ; le *Væ Victis!* Malheur aux vaincus ! n'est pas chrétien.

Nous voici arrivé au *Palatin*, la plus célèbre des sept collines ; ce lieu, à la fois le berceau et le trône de Rome, n'offre plus que quelques ruines incertaines, au milieu desquelles poussent au hasard le chêne-vert, le laurier, le lierre et le cyprès. Il compta parmi ses habitants les *Gracques*, *Crassus*, *Scaurus*, *Cicéron*, *Marc-Antoine*, et une foule d'autres personnages illustres. A son sommet s'élevait le *Palais des Césars*, plusieurs fois démoli, rebâti, agrandi ou diminué par ses divers maîtres, jaloux de se signaler en architecture. Les premières constructions de cette demeure impériale remontent à *Auguste* ; *Tibère* et *Caligula* lui donnèrent de l'extension ; vint ensuite *Néron*, ce monstre couronné, que rien ne pouvait satisfaire. Le *Palatin* tout entier ne lui semblant pas suffisant pour se loger, il prolongea jusqu'à l'*Esquilin* sa maison d'or, où régnaient avec lui tous les crimes. De toutes ces magnificences, il ne reste aujourd'hui que des ruines ; ainsi passe la gloire du monde, *Sic transit gloria mundi*[1]. Les *Jardins Farnèse*, établis par Paul III sur les débris de la grandeur romaine, ont subi de

---

1. *Imitation de Jésus-Christ.*

nombreuses vicissitudes. Devenus la propriété des rois de Naples, ils sont tombés en décadence; achetés par l'empereur Napoléon III, ils ont servi à d'intéressantes études archéologiques; possédés aujourd'hui par le gouvernement italien, ils sont de nouveau explorés au point de vue de la science, sous la direction de l'architecte *Rosa*.

Nous allons à l'église SAINT-BONAVENTURE vénérer les précieux restes de saint Léonard-de-Port-Maurice, canonisé en 1867 par Pie IX; puis nous nous rendons à la *Villa Palatine*, occupée par les Religieuses de la Visitation. Il y a là trois chambres souterraines de la maison d'Auguste et une ancienne arène de jeux athlétiques.

Revenant à l'*Arc-de-Titus* et continuant notre route sur la *Voie Sacrée*, nous rencontrons les vestiges du bassin et de la borne dite *Meta Sudans*, qui existait déjà du temps de Sénèque. C'est là, selon toute apparence, que les gladiateurs se lavaient lorsque, couverts de poussière, de sueur et de sang, ils quittaient les jeux de l'amphithéâtre. A gauche, sur le même plan, près du *Colisée*, on voit la base du piédestal en travertin du *Colosse de Néron*. Cette statue, haute de quarante mètres, était l'œuvre du célèbre sculpteur *Zénodoro*, et figurait dans le vestibule de la maison d'or. Elle existait encore au ve siècle.

Le *Colisée*[1] représente la Rome ancienne et païenne, comme *Saint-Pierre* la Rome nouvelle et chrétienne : il n'est, en aucun lieu du monde, de monuments qui parlent plus vivement à l'âme. Cette vaste ruine est une des merveilles de Rome et de l'univers ; son histoire montre les changements divers de la société depuis près de dix-huit siècles : cirque de gladiateurs sous *Titus*, arène de martyrs sous *Dioclétien*, le *Colisée* devient au moyen âge un poste militaire, une espèce de redoute que se disputent les familles rivales des *Frangipani* et des *Annibaldi* ; à la fin du xive siècle, époque de sa principale destruction, il n'est plus qu'une carrière de pierres, qui sert, jusqu'au milieu du siècle suivant, à la construction de plusieurs grands palais de Rome[2]. *Flavius Vespasien* le fit bâtir sur l'emplacement de la piscine et des jardins de Néron ; il l'inaugura par des jeux où furent tués cinq mille animaux sauvages et dix mille captifs. Il se composait extérieurement de trois ordres d'architecture ayant chacun quatre-vingts arcs et autant de demi-colonnes, et était couronné d'une terrasse garnie de fenêtres et de pilastres ; ce qui en reste suffit pour en avoir une idée exacte. Voici ses dimensions : il a 535 mètres de circuit et 49 de hau-

[1]. Voir notre *Dictionnaire pratique de l'antiquité*, article *Colisée*. Paris, Eugène Bélin, éditeur, 52, rue de Vaugirard.
[2]. *Voyages en Italie*, etc., 395

teur. Les papes Pie VII, Léon XII, Grégoire XVI et Pie IX ont grandement contribué à sa restauration et à sa consolidation, mais c'est à ce dernier que l'on doit l'heureux achèvement de l'entreprise.

L'effet du *Colisée*, lorsque l'on monte et parcourt ses divers étages, est merveilleux ; la variété des vues se renouvelle à chaque arcade et offre mille détails de ruines qui ne sauraient se rendre. Ce premier des amphithéâtres pouvait contenir plus de cent mille spectateurs, quatre-vingt-sept mille sur les gradins, et vingt mille sous les portiques. Le calvaire et les quatorze petites chapelles inaugurées là par le grand pontife Benoît XIV, en l'honneur de la Passion du Sauveur, ont été démolis en 1874.

Jetons, en passant, un regard sur l'*Arc de Triomphe* élevé à Constantin le Grand, par le sénat et le peuple romain, en mémoire de ses victoires sur *Maxence* et *Licinius;* on y remarque trois arceaux et huit colonnes corinthiennes ; les sculptures de la partie supérieure ont trait à l'empereur *Trajan*. La route, qui passe sous cet arc, est l'antique *Voie triomphale;* elle conduit à l'église Saint-Grégoire-le-Grand, au *Mont-Célius*.

La façade et le double portique de cet édifice passent pour des ouvrages remarquables ; il y a, à l'intérieur, seize colonnes antiques qui le partagent en trois nefs. *Saint-Grégoire* doit principalement sa réputation aux fresques rivales, du *Dominiquin* et du *Guide*, que l'on voit à la chapelle Saint-André. De là, nous avons une vue magnifique sur le palais des Césars. On vante encore la statue du saint patron de l'église, ébauchée par *Michel-Ange* et terminée par *Cordieri*, son élève.

Quelques auteurs prétendent que le *Mont Célius* tire son nom de *Celi Vibenna*, capitaine des Étrusques, qui l'habita ; quoi qu'il en soit, il est aujourd'hui aussi désert que l'*Aventin* et le *Palatin*. En gravissant la colline du côté de la place Saint-Grégoire et en prenant à droite, on passe sous plusieurs arches qui servent d'appui à l'église Saint-Jean et Saint-Paul, dont nous allons dire un mot.

Érigée au IVe siècle par saint Pammaque, ami de saint Jérôme, en l'honneur des deux frères martyrisés par l'ordre de Julien l'Apostat, elle a été restaurée par divers papes et remise aux *Passionnistes*, dans l'état où elle est actuellement, par Clément XIV. Les cendres de saint Jean et de saint Paul, son frère, sont renfermées dans une urne de porphyre, sous le maître-autel. Il n'y a pas là de peintures remarquables ; mais on aime à voir les colonnes de l'ancien portique et des nefs, ainsi que la chapelle de Saint-Paul-de-la-Croix, fondateur de l'ordre qui dessert cette église. Dans le jardin du couvent, on remarque les restes d'un édifice appelé à tort le *Vivarium*, où l'on gardait, dit-on, les animaux destinés aux jeux du Cirque ; il est plus probable que dans ces lieux, qui communiquent avec le Colisée, languissaient les pauvres prisonniers qu'on devait livrer aux bêtes. En marchant tout droit devant soi, on arrive bientôt à l'*Arc de Dolabella et de Silanus*, qui remonte à l'an 10 de l'ère chrétienne; on aperçoit quelques traces de l'aqueduc que Néron y avait fait appuyer. L'église Sainte-Marie-in-Dominica s'élève sur la place de la *Navicella*, ainsi nommée du petit vaisseau de marbre que Léon X fit mettre au devant de l'édifice. Construite primitivement sur le terrain qu'occupait la maison de sainte *Ciriaca*, elle a été refaite à neuf, sur les dessins de Raphaël, par l'ordre du pape que nous venons de désigner. La frise, peinte en clair-obscur par *Jules Romain* et *Piérin del Vaga*, a été retouchée plus tard.

Non loin, nous trouvons Saint-Étienne-le-Rond. C'est, selon les uns, un ancien temple païen, et, selon d'autres, un édifice chrétien bâti en 467 par le pape *Simplice*. Quelle que soit son origine, cette église a un grand cachet d'antiquité ; les nombreuses colonnes de granit et les fresques de *Pomarancio* et de *Tempesta*, qui la décorent, en font un monument digne d'intéresser l'archéologue et l'historien. On remarque dans le vestibule un ancien siége épiscopal, qu'on croit être celui d'où saint Grégoire prononça une de ses homélies.

Nous revenons sur nos pas pour nous rendre à la Basilique de Saint-Clément, l'une des plus anciennes et des mieux conservées de la Ville éternelle. Cette église nous offre le modèle le plus parfait de la disposition des vieilles basiliques; une double chaire, servant à la lecture de l'Épître et de l'Évangile; un vaisseau à trois nefs séparées par des colonnes de marbres divers; le sanctuaire isolé du chœur par des marches et une balustrade; l'abside entièrement réservée aux prêtres; et, au fond de l'hémicycle, sur trois degrés, le siége épiscopal; tout cela nous rappelle la régularité des premiers siècles. Le caractère distinctif de chaque époque se déduit facilement de la forme de ses monuments religieux. Les fresques de la chapelle Sainte-Catherine et le tombeau du cardinal *Roverella* ont surtout attiré notre attention.

CHAPITRE IV

Le Latran, palais et musée du Latran, baptistère de Constantin, basilique de Saint-Jean-de-Latran, *Scala Santa*, porte Saint-Jean, basilique de Sainte-Croix-de-Jérusalem, jardins d'Héliogabale, Amphithéâtre militaire, Porte-Majeure, voie Labicane, voie Prénestine, temple de Minerve *Medica*, Trophées de Marius, Sainte-Bibiane, Saint-Eusèbe, arc de Galien, Très-Saint-Rédempteur et Saint-Liguori, porte Saint-Laurent, basilique de Saint-Laurent-Hors-les-Murs, Sainte-Marie-Majeure, Sainte-Praxède, Saint-Martin, Sainte-Pudentienne, Saint-François-de-Paule, Saint-Pierre-aux-Liens, thermes de Titus, *Sette Sale*, forum de Pallas et de Neron, *Transitorium*, forum de Trajan, Notre-Dame de Lorette, palais *Colonna*, Saints-Apôtres.

Nous avons, comme le sommaire l'indique, bien des choses à passer en revue dans ce chapitre; cependant qu'on ne s'effraye pas trop à l'avance, nous avons eu soin de les classer par ordre topographique, et, de même que nous avons épargné nos pas, nous nous efforcerons d'éviter au lecteur l'ennui, qui naquit un jour de l'uniformité, si l'on en croit un philosophe moderne.

L'origine du nom de *Latran* paraît venir de *Plantius Lateranus*, qui avait son palais là où s'élève aujourd'hui la superbe basilique dont nous allons parler tout à l'heure. Impliqué dans la conspiration de *Pison*, cet homme fut mis à mort, et ses biens devinrent la propriété de l'État. Constantin donna à l'Évêque de Rome, c'est-à-dire au Pape, successeur de saint Pierre, le domaine de *Lateranus* pour y établir sa résidence, et, jusqu'à la translation du Saint-Siége à Avignon, les Souverains Pontifes l'ont toujours occupé. Au milieu de la place de Saint-Jean-de-Latran s'élève le plus colossal et le plus beau des obélisques connus; on le fait remonter au roi *Mœris*, créateur du lac de ce nom, qui régnait sur l'Égypte plus de 1500 ans avant Jésus-Christ. Ce splendide souvenir de l'antiquité, tout couvert d'hiéroglyphes, a été chanté par le *Tasse*, qui, à la vue d'un monument si gigantesque, se sentit inspiré[1].

Le vieux *Palais de Latran* a été détruit en 1308 par un incendie; celui qui frappe nos regards aujourd'hui ne date que de Sixte-Quint, il a été converti en musée par Grégoire XVI, en 1843. Si l'on n'y rencontre point une grande variété d'objets, il y en a, du moins, de fort remarquables, tels que statues, bas-reliefs, sarcophages, colonnes tumulaires, fragments d'architecture, mosaïques, inscriptions et autres curiosités artistiques. Nous devons au pape

---

1. *L'obelisco di note impresso interno.* Rime, part. II, v. 345.

Pie IX la création de la pinacothèque chrétienne établie au premier étage; on y admire, entre autres, une *Vierge* de *Frà Angelico;* le *Sauveur,* attribué à *Caravage;* le *Sixte-Quint,* de *Sassoferrato;* la *Sainte Famille,* d'*André del Sarto;* le *Saint Jérôme,* du père de *Raphaël;* une copie du *Saint André,* du *Dominiquin,* par *Silvagni;* et le *Couronnement de la Vierge,* de *Filippo Lippi.* Nous ne saurions entrer dans le détail des bustes, statues et haut-reliefs plastiques, qui forment ici une intéressante collection.

Avant d'entrer dans la basilique, nous voulons visiter le *Baptistère de Constantin.* C'est là où, suivant la tradition, le pape saint Sylvestre régénéra le vainqueur de Maxence; là où l'empereur, devenu chrétien, fut animé de la force d'en haut et prit la résolution de combattre désormais sous l'étendard de la croix. Le monument, de forme octogone, a beaucoup souffert lors des invasions des barbares; il a été restauré dans les IXe et XVIIe siècles. Au centre de huit colonnes de marbre blanc s'élèvent les fonts baptismaux, formés d'un grand bassin de porphyre antique avec un couvercle en bronze; les Juifs et les infidèles convertis au christianisme y sont solennellement baptisés le Samedi-Saint. Ce baptistère, qui a servi de modèle à une foule d'autres, est décoré de huit tableaux rappelant les principaux traits de la vie de

Jean-Baptiste, et d'une statue du saint Précurseur.

Nous voici arrivé à la métropole de la chrétienté, à la cathédrale du Pape, qui en prend possession dès qu'il est élu; examinons-la attentivement. La façade, élevée par Clément XII, sur les dessins de *Galilei*, architecte florentin, est vraiment imposante, quoique d'une architecture massive; elle est surmontée de cinq tribunes; c'est de celle du milieu que le Souverain Pontife donnait autrefois la bénédiction *urbi et orbi*, à la Ville et à l'Univers. Sous le portique latéral, érigé par Sixte-Quint, on voit une grande statue en bronze d'Henri IV, roi de France; elle est l'œuvre de *Nicolas Cordieri* et ne s'élève point au-dessus du médiocre au point de vue de l'art, d'après les connaisseurs. Le titre de chanoine-bienfaiteur de la basilique fut décerné à ce prince et à ses successeurs. La statue colossale de Constantin, qui se trouve au fond du grand portique de l'entrée principale, a un cachet antique; elle a été trouvée dans les fouilles faites sur le mont *Quirinal*. Des cinq portes qui correspondent aux cinq tribunes de la façade, celle de droite est murée et ne s'ouvre que l'année sainte du Jubilé; celle du milieu, en bronze supérieurement travaillé, provient de la basilique *Emilienne* du Forum; elle est l'unique modèle des portes antiques, dites *quadrifores*, ou à quatre baies.

Après nous être prosterné dans cet auguste sanctuaire qui rappelle tant de souvenirs, nous nous recueillons pendant quelque temps et nous prions pour la France et pour les besoins de l'Église universelle. Nous vénérons à l'autel papal les têtes des saints apôtres Pierre et Paul; puis, l'esprit et le cœur pénétrés de saintes pensées, nous considérons l'intérieur de la basilique.

La nef principale, couverte par un des plus splendides plafonds connus, quoique de l'architecture recherchée de *Borromini*, ne manque point de grandiose. Dans les intervalles des pilastres, il y a douze niches à frontons supportés par des colonnes de vert antique, et contenant les statues des douze Apôtres, hautes de près de cinq mètres; elles sont de l'école du *Bernin*, et laissent à désirer sous le rapport de l'exécution. Les figures, selon le genre de cette époque, sont drapées et non habillées; les plis de la robe de saint Philippe ressemblent à des éclats de rocher; saint Jacques-le-Mineur, d'*Ange Rossi*, fait une heureuse exception. Les *Prophètes*, peints sur des médaillons placés en haut, se ressentent aussi du mauvais goût dominant alors, et, malgré les éloges donnés au *Jérémie* de *Sébastien Conca* et au *Daniel* d'*André Procaccini*, l'ensemble est lourd et maniéré.

Notre critique s'arrête devant la chapelle

Saint-André-Corsini, qui se distingue par un bon genre d'ornementation et une grande sagesse d'ordonnance. La célèbre urne de porphyre du magnifique tombeau de Clément XII (*Laurent Corsini*) vient du *Panthéon;* la statue de bronze est de *Maini*.

Le tombeau de Martin V, dont la partie supérieure en bronze est l'œuvre de *Simon*, frère de *Donatello*, est fort remarquable. Le tabernacle gothique du maître-autel, monument curieux de l'histoire de l'art au xive siècle, est dû à la munificence du pape français Urbain V, dont il porte les armes, ainsi que celles du roi de France, Charles V, qui l'avait secondé. Ce pontife, dont la foi vive égalait les lumières et la charité, eut le bonheur, au commencement de l'année 1368, de retrouver les chefs de saint Pierre et de saint Paul.

On voit, au bas autel du Saint-Sacrement, chef-d'œuvre de *Paul Olivieri*, quatre colonnes antiques de bronze doré que l'on croit provenir du temple de *Jupiter Capitolin*, et faites, d'après l'ordre d'Auguste, du bronze enlevé des rostres des vaisseaux égyptiens pris à *Actium*, ou bien transportées de la Judée à Rome par Vespasien; les avis sont partagés. Dans l'abside, on remarque les mosaïques exécutées en 1291 par *Jacques Turrita*, religieux de l'ordre des *Frères Mineurs*, et son compagnon *Jacques de Came-*

rino; les deux colonnes de jaune antique qui soutiennent l'orgue passent pour les plus belles de ce marbre précieux. Un des premiers monuments de l'art, dans cette basilique, est la peinture attribuée à *Giotto*, qui représente Boniface VIII entre deux cardinaux, publiant le Jubilé de l'an 1300.

Parmi les objets les plus précieux qu'on y conserve avec vénération, on voit la table qui servit à Notre-Seigneur Jésus-Christ lors de la dernière Cène. Il y a dans la sacristie de très-belles peintures, parmi lesquelles nous distinguons le tableau de l'*Annonciation*, exécuté sur un dessin de *Michel-Ange*.

En sortant par la porte principale, nous trouvons à gauche la *Scala Santa*, ou *Saint-Escalier*, que la tradition nous donne comme ayant appartenu au palais de Pilate, à Jérusalem. Un beau portique, de l'architecture de *Fontana*, conserve les vingt-huit degrés en marbre blanc de la maison du gouverneur romain, montés et descendus par notre divin Maître pendant sa Passion. Ces degrés, que l'on ne monte qu'à genoux, ont tellement été usés par la piété des fidèles, qu'il a fallu les recouvrir de planches épaisses, qui, usées elles-mêmes, ont été plusieurs fois renouvelées. Il y a dans cette pratique un acte d'humilité et de respect qui n'a rien de blâmable, quoi qu'en disent certaines gens ; il est conforme aux sentiments de notre nature : César lui-même montait à genoux les marches du temple de Jupiter Capitolin.

Dans la chapelle, au haut de la *Scala Santa*, il y a une image du Sauveur, qui est en grande vénération ; on la porte processionnellement de l'oratoire *Sancta Sanctorum* à la basilique de *Sainte-Marie-Majeure*, à des époques solennelles ou dans les grandes calamités. « Au VIIIe siècle, dit le chanoine de Bleser, que nous aimons à citer, saint Léon III enrichit cette chapelle de nouvelles reliques renfermées dans une châsse en bois de cyprès sur laquelle on lisait *Sancta Sanctorum;* de là l'origine du nom donné au sanctuaire[1]. » Pie IX en a fait orner les côtés par *Jacometti*.

La *Porte Saint-Jean*, qui frappe nos regards, est l'ancienne porte *asinaria*, refaite sous Grégoire XIII par *Jacques della Porta*. C'est de ce côté que *Totila* pénétra dans Rome, par la trahison des soldats isauriens ; c'est par là aussi que Bélisaire y fit son entrée.

Continuant notre route à l'intérieur de la ville, nous arrivons bientôt à la BASILIQUE DE SAINTE-CROIX-DE-JÉRUSALEM, fondée par sainte Hélène sur les ruines des jardins de l'infâme Héliogabale et de l'amphithéâtre *Castrense*. Elle est divisée

---

[1]. *Rome et ses Monuments*, p. 148.

en trois nefs par des pilastres et huit colonnes de granit d'Égypte; le baldaquin du maître-autel est soutenu par quatre colonnes de marbre à taches corallines. Une urne antique de basalte, ornée de quatre têtes de lion, renferme les restes des saints martyrs Anastase et Césaire. Quant aux peintures, nous n'avons remarqué que l'*Invention de la Sainte-Croix*, du *Pinturicchio*, à la voûte de la tribune ; les mosaïques de la chapelle souterraine, dédiée à sainte Hélène, sont de *Balthazar Peruzzi*. Cette église renferme beaucoup de reliques, entre autres, l'inscription de la Croix du Sauveur. L'ancien couvent des *Cisterciens* est, en majeure partie, occupé par de la troupe.

L'*Amphithéâtre militaire*, qui se trouve tout près, était jadis destiné aux exercices de la garde prétorienne ; on y trouva, au XVIIe siècle, l'obélisque que Pie VII fit placer en 1822 à la promenade du *Pincio*. Nous passons sous les arcades de l'aqueduc de Néron, et nous arrivons à la *Porte-Majeure*, qui n'est autre que l'arc de triomphe de Claude. Elle s'appelait autrefois *porte Prénestine;* elle s'ouvre sur la *Voie Labicane*, dont nous allons maintenant dire quelques mots.

Cette voie fut ainsi nommée parce qu'elle conduisait à *Labico;* quand on l'a suivie pendant une heure environ, on rencontre les ruines du mausolée de sainte Hélène, et, un peu plus loin, les catacombes de Saint-Pierre et Saint-Marcelin, sur lesquelles s'élève la petite église de la *Torre Pignattara*[1], dédiée à ces deux martyrs. Retournant sur nos pas et revenant à la *Porte-Majeure*, nous entrons dans la *Voie Prénestine* qui, comme son nom l'indique, conduisait à l'ancienne *Préneste*, aujourd'hui *Palestrina*. On aperçoit, à la distance de quatre kilomètres, des ruines ayant appartenu à la villa des Gordiens, et l'ancien *Temple de Minerve Médica*, qui remonte, dit-on, à Gallien. On y a découvert les statues d'*Esculape*, de *Pomone*, d'*Hercule* et d'*Antinoüs*. En continuant le même chemin, nous arrivons aux débris d'une fontaine communément appelée *les Trophées de Marius*. Ce nom lui vient des deux panoplies en marbre qui l'ornaient autrefois, et qui se trouvent maintenant au *Capitole*. La route opposée à ces ruines nous conduit à l'église SAINTE-BIBIANE.

Construite en 363, consacrée par le pape *Simplice* en 470, restaurée en 1224, elle fut achevée par Urbain VIII, qui en fit dessiner le frontispice par le *Bernin*. La statue de la sainte patronne, par le même maître, est une des plus belles productions de l'art moderne ; elle est à la fois

---

1. A cause des vases d'argile (*pignatte*) qu'on a mis dans la voûte pour la rendre plus légère.

simple, gracieuse et digne. Nous revenons à la fontaine des Trophées de Marius, et, à peu de distance, nous trouvons l'entrée de la cour qui précède l'église SAINT-EUSÈBE.

Cet édifice n'a de remarquable que sa voûte peinte par *Raphaël Mengs*, quelques beaux marbres et de riches stalles en bois sculpté. Sous le maître-autel sont déposés les corps de saint Eusèbe, saint Orose et saint Paulin. La rue qui se trouve en face de cette église nous mène directement à l'*Arc de Gallien*, dont il ne reste que deux pilastres corinthiens supportant un entablement.

Tournant à gauche, nous visitons, près de là, l'église moderne du TRÈS-SAINT RÉDEMPTEUR ET DE SAINT-LIGUORI. Unique à Rome par son architecture purement gothique, cette nouvelle *Chiesa*, comme disent les Italiens, fut bâtie sur les dessins de l'architecte anglais *Georges Vigley* et terminée en 1859. La fresque de l'abside représente le Rédempteur avec la sainte Vierge et saint Joseph; il y a dans la sacristie un magnifique *Christ au tombeau*, de *Schubert*.

Nous prenons la rue Saint-Antoine (pas celle de Paris, bien entendu) et nous nous trouvons à la *Porte Saint-Laurent*. Elle tire son nom de l'église voisine; c'était anciennement la *Porte Tiburtienne*. Nous nous hâtons d'arriver à la grande basilique bâtie par Constantin, en 330 et augmentée par Honorius III, de 1216 à 1227.

Saint-Laurent-hors-les-Murs est, comme *Saint-Clément*, caractéristique par ses chaires ou ambons. Cette église, dans laquelle le pape Honorius III a couronné empereur de Constantinople un Français, *Pierre de Courtenay*, comte d'Auxerre, rend de grands services aux gens de la campagne qui viennent à Rome vendre leurs denrées; aussi les messes y commencent-elles de très-grand matin. Pie IX, dont la touchante sollicitude pourvoyait à tout, s'est occupé d'embellir ce temple qui remonte à la plus haute antiquité, et a fait élever en face une belle colonne sur laquelle figure le saint martyr avec l'instrument de son supplice. A l'intérieur, près de la porte, on voit un mariage romain sur le bas-relief d'un antique sarcophage qui sert de tombeau au cardinal *Fieschi*, neveu d'Innocent IV. Les douze colonnes antiques, presque enfouies depuis que le pape Honorius fit exhausser le pavé de l'église, offrent des chapiteaux corinthiens richement ornés. Les peintures modernes nous ont paru médiocres, si l'on en excepte les nouvelles fresques de l'entablement, par *Fracassini;* elles représentent quelques scènes de la vie de saint Laurent et de saint Étienne. L'autel papal est sous un baldaquin de style byzantin; au-dessous reposent les corps des saints martyrs Laurent, Étienne et Justin. Nous jetons un coup d'œil rapide sur le cimetière contigu à la basilique, et, le jour baissant, nous rentrons dans Rome pour recommencer demain notre pèlerinage historique par la visite de SAINTE-MARIE-MAJEURE.

Le 5 août de l'an 352, dans la nuit, le pape *Libère* et *Jean Patrizi*, noble romain, virent simultanément en songe le sommet de l'*Esquilin* recouvert d'une quantité de neige, circonscrite dans des limites parfaitement déterminées. Le lendemain, de grand matin, ils constatèrent la réalité du prodige, comprirent que c'était là une révélation, et que, dans le lieu où s'élevait jadis le temple de l'impure *Junon Lucina*, ils devaient bâtir une église à la plus pure des Vierges, à l'auguste MARIE. Telle est, selon la tradition, l'origine première de la basilique dont nous allons parler.

Fondée en 352 et successivement agrandie, *Sainte-Marie-des-Neiges*, *Sainte-Marie-à-la-Crèche*, *Sainte-Marie-Majeure*, ou la *Basilique Libérienne*, car l'église qui nous occupe en ce moment a porté tous ces noms, n'a reçu son achèvement que sous Benoît XIV. La raison de ces diverses dénominations est facile à comprendre : le miracle du mont Esquilin couvert de neige au cœur de l'été ; la crèche de Bethléem transportée là ; le plus important des sanctuaires élevés en l'honneur de la sainte Vierge ; enfin la mémoire vénérée du pape Libère, qui s'occupa de son érection, disent assez pourquoi la piété des siècles l'a désignée ainsi tour à tour.

La façade de Sainte-Marie-Majeure, refaite sous Benoît XIV par *Ferdinand Fuga*, est d'une architecture incorrecte; mais l'intérieur, décoré d'un superbe plafond en caissons dorés et d'un baldaquin soutenu par quatre colonnes corinthiennes de porphyre, rachète l'extérieur. On croit que les trente-six belles colonnes ioniques de marbre blanc qui se trouvent dans la grande nef proviennent du temple de *Junon Lucina*. Le baptistère, formé d'un magnifique vase de porphyre appartenant autrefois au musée du *Vatican* et richement orné, est un don de Léon XII. On doit à Sixte-Quint la chapelle du Saint-Sacrement, dont la forme et la proportion sont admirables; il l'avait commandée, n'étant encore que cardinal, au célèbre *Fontana* qui, les ressources manquant, y consacra ses propres économies. Le cardinal de *Montalte*, devenu pape, se souvint du désintéressement de l'architecte et l'honora de son amitié. Cette chapelle représente à elle seule une église; elle a sa coupole, sa confession, sa sacristie. On y voit le tombeau du pontife qui, de simple pâtre, arriva, par sa vertu et ses talents, à la chaire de *Saint-Pierre;* l'ornementation consiste en quatre colonnes de vert antique, en bas-reliefs symbolisant la justice et la charité de Sixte-Quint, et dans les statues de saint François d'Assise et de saint Antoine de Padoue, qu'on voit de chaque côté.

Quoique remontant réellement au xiiie siècle, les mosaïques du chœur, ouvrage de *Jacques de Turrita*, paraissent supérieures à tout ce qui a été fait à la même époque. Celles que l'on aperçoit au-dessus de l'arc et des colonnes de la nef du milieu, représentant divers sujets de l'Ancien Testament, remontent au ve siècle et furent commandées par Sixte III, l'ami de saint Augustin, qui, malgré sa pauvreté tout évangélique, préludait déjà aux nobles encouragements que devaient donner aux arts ses successeurs plus favorisés que lui des biens de la terre. On a souvent cherché à tourner en dérision la prétendue richesse des pontifes romains ; quand on songe aux charges qui leur incombent et à la protection qu'ils n'ont cessé d'accorder à tout ce qui intéresse la foi, la science et la civilisation, on se demande si, pour créer tant de grandes choses, ils n'ont pas reçu le don des miracles. Pie IX, à lui seul, a plus fait dans l'intérêt de l'histoire et de l'archéologie qu'une foule de souverains ; il a mérité le titre de protecteur des artistes et des savants. Puisque le nom de ce vénéré Père, que nous avons eu le bonheur de voir et d'entendre plusieurs fois pendant notre séjour à Rome, revient sans cesse à notre esprit, nous croyons devoir mentionner ici le monument qu'il a établi à *Sainte-Marie-Majeure*. Il s'agit de la *Confession de Saint-Mathias*, construite sur les dessins de *Poletti*, aux frais de Sa Sainteté ; on a cru que ce grand pape désirait que sa dépouille mortelle reposât en ce lieu en attendant la résurrection générale, mais nous savons aujourd'hui que la volonté de l'illustre défunt, que nous pleurons, est d'être inhumé à *Saint-Paul-hors-les-Murs*. Cette *Confession* est riche en pierres précieuses, en marbres, bronzes fondus ou ciselés, colonnes, statues et bas-reliefs ; le fondateur, en un mot, s'est efforcé de la rendre digne du saint apôtre dont les précieux restes sont conservés sous l'autel.

La *Chapelle Borghèse*, dédiée à la sainte Vierge, est d'une prodigieuse richesse de décoration, mais elle donne à regretter que les détails ne soient pas aussi corrects que son caractère est grandiose. On remarque la coupole et les colonnes de style corinthien ; les tombeaux de Clément VIII et de Paul V sont du *Bernin* ou de son école. Nous empruntons au chanoine de Bleser la description de l'*autel de la Sainte-Vierge* :

« Il consiste en une urne de lapis-lazuli, élevée sur trois marches de marbre blanc. Quatre superbes colonnes de jaspe oriental, à cannelures dorées, soutiennent un entablement dont la frise est d'agate, ainsi que les piédestaux des colonnes. L'image miraculeuse, placée sur un énorme fond de lapis et dominée par le symbole du Saint-Esprit, est enchâssée dans un cadre d'améthyste à marges de vermeil, enrichies de rubis, d'émeraudes, de topazes et de grenats. Sept anges dorés soutiennent ce cadre. Sur l'entablement de l'autel est un bas-relief, également en bronze doré, représentant le miracle de la neige.

« Quelle est donc cette image pour laquelle Paul V a bâti la plus riche chapelle de tous les sanctuaires romains?... Cette antique peinture est une des sept que la tradition attribue à saint Luc. Les auteurs ne sont pas d'accord sur le temps auquel elle a été déposée à *Sainte-Marie-Majeure.* Quelques écrivains croient que ce fut au moment même de la fondation de la basilique par *Libère;* d'autres affirment qu'on l'y plaça au ve siècle, lorsque Sixte III fit reconstruire l'édifice. Quoi qu'il en soit, il est avéré au moins que, depuis quatorze siècles, elle est l'objet d'une grande vénération de la part des souverains-pontifes, des saints inscrits sur les diptyques de l'Église, du peuple de Rome et des étrangers. C'est à ses pieds que les saints papes Symmaque, Grégoire III, Adrien Ier, Léon III, Pascal Ier, passaient les nuits en prières; c'est devant elle que Clément III venait, dès l'aurore, pieds nus, offrir l'auguste sacrifice; c'est à elle que le savant Benoît XIV ne manquait aucun samedi de rendre ses hommages, en assistant au chant des Litanies Lorétaines. Une foule d'éclatants miracles, authentiquement constatés, ont imprimé une sanction divine à cette dévotion[1]. »

Cette image, peinte sur une plaque épaisse de bois de cèdre, a été si souvent reproduite, qu'elle est aujourd'hui connue du monde entier. Nous examinons ensuite le beau tableau de l'*Annonciation*, de *Battoni;* le tabernacle en bronze doré représentant une basilique portée par les anges; la belle urne de vert antique renfermant le corps de saint Pie V; l'autel de Saint-Charles Borromée; la chapelle Sforza, dessinée par *Michel-Ange;* et nous revenons nous prosterner aux pieds de la *Crèche du divin Maître* pour y apprendre de lui le détachement des biens de ce monde, l'humilité et la mortification, vertus opposées à cette triple concupiscence que saint Jean appelle *convoitise des yeux*, *convoitise de la chair* et *orgueil de la vie*.

Cette précieuse relique ne conserve plus sa forme primitive. Les cinq petites planches qui

---

1. *Rome et ses Monuments*, p. 157 et 158.

en formaient les parois sont réunies ensemble ; elles sont minces et de bois noirci par le temps ; les plus notables peuvent avoir quatre-vingt-dix centimètres de longueur sur quinze de largeur. Nous voudrions décrire plus longuement chacune des parties de la basilique de *Sainte-Marie-Majeure;* mais, pressé par le temps, nous en sortons pénétré d'admiration. Ce que nous en avons dit suffit pour inspirer le désir de la visiter, ou, du moins, pour en donner une idée nette. Au bout de la rue qui se trouve vis-à-vis la façade principale, nous rencontrons l'église Sainte-Praxède, bâtie en 822 pour remplacer l'oratoire élevé dans le IIe siècle par saint Pie Ier sur les ruines des thermes de *Novatus,* petit-fils du sénateur *Pudens.*

Il n'y a véritablement que Rome pour allier à un tel point, dans le même édifice, la simplicité et la plus rare magnificence. Ainsi, à l'ancienne et petite église *Sainte-Praxède,* l'on monte au maître-autel, que soutiennent quatre colonnes de porphyre, par un double escalier de rouge antique regardé comme le bloc le plus considérable de ce marbre précieux. A la chapelle des martyrs saint Zénon et saint Valentinien, un gros fragment de colonne de jaspe oriental, rapporté de Jérusalem en 1223, provient, selon la tradition, comme d'autres fragments d'une colonne de *Saint-Antoine-de-*

Padoue, de celle à laquelle le Sauveur fut attaché et flagellé. La mosaïque de l'abside, qui date de plus de dix siècles, représente l'agneau mystique au milieu de vingt-quatre vieillards ; les peintures, presque toutes de la fin du xviie siècle ou du commencement du xviiie, méritent d'être examinées avec attention. Il y a, dans la sacristie, un beau tableau de *Jules Romain*, élève de *Raphaël;* on voit, dans la crypte, quatre urnes antiques en marbre contenant les restes du sénateur *Pudens*, de sainte Praxède et une partie de ceux de sainte Pudentienne.

Nous trouvons, à peu de distance, l'église Saint-Martin, érigée en 500 par le pape Symmaque et restaurée en 1650 sous la direction de *Pierre de Cortone.* Elle est une des plus belles de Rome.

Cet antique sanctuaire, avec son oratoire souterrain, sa vénérable *Madone* et ses embellissements modernes, semble un poëme qui a sa marche et son action. Quoique endommagée par le temps, sa collection de paysages peints à fresque par *Guaspre Dughet* est admirable et unique dans les églises[1]; les figures sont de *Nicolas Poussin*, beau-frère du précédent, à qui l'on attribue souvent le même nom, sinon le

---

1. *Valery,* Voyages en Italie, etc., p. 410.

même talent. Vingt-quatre colonnes corinthiennes séparent les trois nefs; le beau plafond a été fait aux frais de saint Charles Borromée. La chapelle de Notre-Dame-du-Mont-Carmel, et la tribune où l'on arrive par un double escalier de marbre, œuvre de *Pierre de Cortone*, ont été ornées de peintures par *Antoine Cavallucci*, qui a là son tombeau. Deux fresques représentant l'intérieur des basiliques de *Saint-Pierre* et de *Saint-Jean de Latran* avant leur reconstruction, attirent un moment notre attention; et, dans la chapelle souterraine, qui date de Constantin et où saint Sylvestre tint le concile de l'an 324, nous vénérons le corps de ce bienheureux pape.

Après avoir traversé la place de la *Suburra* et suivi la rue *Urbana*, nous arrivons à l'église SAINTE-PUDENTIENNE, qui est peut-être la plus ancienne de Rome. Construite, dit-on, sur l'emplacement de la maison de saint Pudent où logea saint Pierre, elle a été rebâtie plusieurs fois; sa principale restauration date de 1598. Les mosaïques du IVe siècle, que l'on remarque à l'abside, représentent le Christ avec sainte Praxède, sainte Pudentienne et les Apôtres; les peintures de la coupole sont de *Pomarancio*. Dans la chapelle, à gauche du maître-autel, on voit la table sur laquelle la tradition rapporte que saint Pierre célébra la sainte messe. Le beau groupe en marbre du *Sauveur donnant les clefs à saint Pierre*, est de *Jean-Baptiste della Porta*.

Revenu à la place de la *Suburra*, nous montons la rampe de Saint-François-de-Paule, et, quittant l'escalier à gauche, nous rencontrons l'église dédiée au fondateur de l'ordre des *Minimes*. Érigée en 1623 par *Jean Pizzulla*, prêtre calabrais, elle possède le crucifix, le cilice et la discipline du bienheureux *Nicolas de Longobardi*.

La montée qui conduit à cette église est l'ancien *Vicus Sceleratus*, le chemin maudit, ainsi appelé à cause du crime de *Tullia*, qui, en ce lieu, fit passer son char sur le corps de *Servius Tullius*, son père. Au bout de la première rue à droite, nous prenons un escalier qui nous conduit directement à Saint-Pierre-aux-Liens[1].

Cette église fut élevée par l'impératrice Eudoxie, femme de Valentinien III, sous le pontificat de saint Léon le Grand, afin de conserver précieusement les chaînes avec lesquelles saint Pierre avait été attaché dans la prison de Jéru-

---

1. Nous avons reçu un excellent accueil au *Collége des Maronites*, situé sur la place, en face de l'église, et nous conservons précieusement le portrait de Mgr l'archevêque d'*Adana*, qui nous a été remis par Sa Grandeur elle-même, avec quelques mots de sa main. Nous venons d'apprendre la mort de ce digne prélat, dont la perte sera vivement sentie à Rome et en Orient.

salem. Elles sont exposées à la vénération des fidèles le jour de la fête du prince des Apôtres. Refaite par Adrien I*er* et restaurée par Jules II, la *basilique Eudoxienne*, comme on appelle aussi cette église, a été mise en l'état où elle est maintenant, en 1705, par *François Fontana.*

Le tombeau de Jules II, quoique inachevé et bien éloigné des immenses proportions qu'il devait avoir, est le plus important qu'ait créé l'art moderne. Il faut convenir qu'il existait une analogie peu commune entre le génie de *Michel-Ange* et le caractère du pontife qui l'avait si activement employé. Voici les détails que donne un auteur anglais au sujet de ce mausolée célèbre et de la statue de Moïse, dont il est ici question.

« Cette statue devait faire partie du magnifique tombeau de Jules II, dont le plan était si imposant, qu'on dit qu'il détermina ce pontife à entreprendre la construction de l'immense basilique de *Saint-Pierre-du-Vatican.* Ce plan consistait en un parallélogramme surmonté de statues et couvert de bas-reliefs et d'autres ornements. Les vicissitudes de ce monument forment un curieux épisode de l'histoire de l'art au XVI*e* siècle. Le différend qui s'éleva entre *Michel-Ange* et le pape arrêta l'exécution de ce projet pendant deux ans. Quand l'accord eut été rétabli, le grand artiste retourna à Rome et continua à travailler à son œuvre jusqu'en 1513.

Les travaux restèrent suspendus pendant une grande partie du règne de Léon X, et ne furent repris sérieusement qu'après la mort de ce pontife. On conçoit qu'après une si longue interruption, le plan original n'ait pas été exécuté. A sa mort, *Michel-Ange* avait terminé son *Moïse* et deux statues qu'on suppose représenter la *Religion* et la *Vertu*. Deux des trois figures d'esclaves qui devaient servir de cariatides font actuellement partie du *Musée du Louvre;* la troisième orne les *Jardins Boboli* à Florence. Pour compléter l'histoire de ce monument, nous ajouterons que Jules II ne put être enterré dans la tombe qu'il voulait se préparer. Il repose aujourd'hui à côté de son parent Sixte IV dans la chapelle du Saint-Sacrement à *Saint-Pierre-du-Vatican*, et une humble pierre recouvre ses derniers restes. Peu d'œuvres d'art ont été critiquées plus sévèrement que la statue de Moïse. Mais, en dépit de tout ce que l'on en a dit, il est impossible de ne pas être frappé par ces traits imposants, malgré les proportions colossales qui les distinguent. Les mains et les bras sont extrêmement beaux, et rivalisent avec les plus sublimes productions du ciseau grec[1]. »

Il est certain que cette statue est placée trop bas, eu égard à ses proportions gigantesques;

---

1. *Murray,* Handbook of Rome, p. 181.

mais, ce qu'il y a de certain aussi, c'est que, quand on l'a vue une fois, on désire la revoir. Nous ne nous lassons point de contempler l'expression guerrière, trop guerrière même, selon nous, du législateur des Hébreux, qui, malgré cela, conserve, sur son visage martial, un air inspiré. Ce *Moïse*, si souvent reproduit par la sculpture et la plastique, a fourni aux poëtes *Zappi* et *Alfieri* le sujet de deux sonnets, qui ne sont pas sans mérite[1]. Nous renonçons à les reproduire en français, de crainte de ne pas nous en acquitter à notre honneur. Les quatre médiocres statues des niches sont de *Raphaël de Montelupo*, l'élève de *Michel-Ange*. Le mausolée, d'une architecture tourmentée comme celle de ce grand maître, est couvert de figures mythologiques, exemple singulier de la prolongation du choquant usage de placer des emblèmes profanes sur les monuments chrétiens. La statue de Jules II est l'œuvre de *Maseda Bosco*.

Sainte Marguerite vue de profil, dans la chapelle suivante, passe pour un des ouvrages les plus soignés du *Guerchin*. La célèbre *Délivrance de saint Pierre*, à la sacristie, est de la jeunesse du *Dominiquin*. Les chaînes de l'Apôtre sont conservées dans un tabernacle en bronze,

---

1. *Valery*, Voyages en Italie, etc., p. 410.

ciselé par *Pallajuolo*. En sortant de cette église, nous prenons à gauche la rue de la *Polveriera*[1] qui nous conduit aux *Thermes de Titus*.

Les Romains, qui primitivement descendaient se laver dans les eaux du *Tibre*, firent de leurs bains, sous les empereurs, de vastes édifices, de véritables monuments ornés de statues et de peintures, qui réunissaient tout ce qui peut contribuer au bien-être du corps et au délassement de l'esprit. C'est ainsi qu'à côté des pièces destinées aux diverses ablutions, se trouvaient des galeries et des bibliothèques consacrées aux entretiens littéraires et philosophiques. *Titus* éleva ses thermes près de sa demeure, sur le *Mont Esquilin* et sur l'emplacement des jardins de l'ancien palais de Néron; mais, de ces thermes, il ne reste que le nom. Quelques corridors et chambres, ornés de belles arabesques, suffisent pour donner une idée du luxe et du genre de décoration de ces salles de bains.

Un architecte français de la plus haute distinction, qui a fait sur les lieux une étude approfondie des monuments de la Grèce et de l'Italie, ne pense point que, malgré l'opinion de plusieurs antiquaires, les corridors et chambres dont il s'agit puissent dépendre des constructions de Néron ou de quelque autre palais;

---

[1]. Fabrique de poudre à canon.

peut-être avaient-ils fait partie de la maison de *Mécène*, qui était sur le *mont Esquilin*, et dont les jardins furent possédés depuis par le rhéteur *Fronton*[1]. Les artistes de la fin du xve siècle, et *Raphaël* lui-même, dans les *Loges du Vatican*, imitèrent ces élégantes arabesques; mais le grand artiste ne fit point boucher ensuite, comme on l'a calomnieusement prétendu, les galeries souterraines, afin de dérober la trace de son plagiat, puisque, longtemps après sa mort, elles restèrent accessibles. Une telle barbarie était également indigne soit de son généreux caractère, soit de son talent, qui n'avait point à rougir de ses ingénieuses imitations. Le déblaiement de sept à huit galeries, fait en 1812 et 1813, et dans lesquelles on peut circuler au jour, est un des plus utiles travaux de l'administration française. Du haut des *Thermes de Titus*, on a une vue remarquable du Colisée, qui, de ce côté, paraît tout à fait intact.

La solide et curieuse construction des *Sette Sale*, ou Sept-Salles, quoiqu'il y en ait neuf, paraît avoir servi de réservoir aux *thermes*[2]. Les pavés sont recouverts de mosaïques.

C'est sur le *mont Esquilin* qu'était la maison

---

1. Voir ses *Lettres*, liv. I, 1.
2. *Valery*, Voyages en Italie, p. 438.

d'*Horace*, devenue depuis propriété de *Juvénal* ; *Virgile* et *Properce*, poëtes d'un caractère plus doux, habitèrent aussi cette colline qui, de nos jours encore, constitue un des quartiers les plus salubres de Rome, comme au temps du grand satyrique qui disait :

« *Nunc licet Esquiliis habitare salubribus*[1]. »

« On peut aujourd'hui habiter l'*Esquilin* devenu le séjour de la santé. »

Après plusieurs détours et circuits, nous arrivons à la place *Colonnacce* pour voir les restes du *Temple de Minerve*, qui consistent en une corniche ornée de bas-reliefs et deux colonnes corinthiennes, à moitié enfouies ; c'est là qu'était situé le *Forum de Pallas et de Nerva*, appelé aussi *Transitoire*, parce qu'il était traversé par une voie principale. Il ne reste du temple de Nerva, un des plus élégants édifices de l'ancienne Rome, que trois superbes colonnes, hautes de seize à dix-huit mètres, et un pilastre du portique.

En prenant la *voie Alexandrine*, nous sommes bientôt au *Forum de Trajan*, le plus splendide et le mieux conservé des forums antiques. Déblayé par l'administration française, il présente aujourd'hui l'aspect imposant d'une espèce de

---

[1]. *Satyr.*, I, viii, 14.

cirque creux, entouré d'une balustrade en fer, et couvert de colonnes brisées, remises, dit-on, à leur ancienne place. Ces débris sont de granit, de brèche violette et autres matières. Au milieu s'élève la colonne dédiée à Trajan par le sénat et le peuple romain, pour ses victoires sur les Germains et les Daces. Cet admirable monument, très-bien conservé, dont les bas-reliefs variés comptent jusqu'à deux mille cinq cents figures, et qu'imitèrent les premiers artistes de la *Renaissance*, est maintenant surmonté de la statue en bronze de saint Pierre, placée par Sixte-Quint en regard du *Vatican*. Le piédestal, orné de trophées, d'aigles, de guirlandes de chêne, est le plus beau qui existe. On voit encore quelques vestiges du *Temple de Trajan* et de la *bibliothèque Ulpienne*.

Sur la place du *Forum de Trajan*, nous visitons l'église SAINTE-MARIE-DE-LORETTE, construite, en 1507, par la confrérie des boulangers. Elle fait le plus grand honneur à l'architecte *Antoine Sangallo*. Le principal mérite du dôme, œuvre de *Julien Sangallo*, oncle du précédent, est d'avoir été la première coupole qui ait été construite à Rome dans le système de double voûte. Le style général n'est pas sans quelque lourdeur, défaut aggravé par l'énorme et vicieuse lanterne dont *Jacques del Duca* a depuis couronné l'édifice. Au maître-autel, il y a un beau tableau du *Pérugin*, représentant la sainte Vierge entre saint Jacques et saint Sébastien; la statue de sainte Suzanne, au deuxième autel, est le chef-d'œuvre de François de Quesnoy, dit *le Fiammingo* ou *le Flamand*.

Les deux rues latérales qui avoisinent cette église conduisent à la *place des Saints-Apôtres*, où se trouve, à droite, le *Palais Colonna*, résidence de l'ambassadeur français près le roi d'Italie. L'extérieur n'a rien de saillant, mais les appartements sont magnifiques; on y voit de superbes fresques du *Poussin*, de *Tempesta*, de *Pomarancio* et d'*Arpino*. La galerie de tableaux se compose d'œuvres des meilleurs maîtres, tels que *Lippi*, *Botticelli*, *Luini*, le *Panaletto*, *Guido*, l'*Albano*, le *Passignano*, le *Parmésan*, *Rubens*, *Van-Dyck*, le *Titien*, *Carrache* et beaucoup d'autres. A la première salle, nous remarquons plusieurs *Madones*, entre autres une de *Jean Santi*, père de Raphaël; à la seconde, appelée *Salle du trône*, on voit un tapis antique d'un grand prix; à la troisième, le plafond, peint par *Battoni*, a pour sujet l'apothéose de Martin V, fondateur de ce palais; à la quatrième, une série de paysages charmants fixe l'attention; à la cinquième, nous voyons à la voûte la bataille de Lépante retracée avec beaucoup de talent; à la sixième, les portraits de plusieurs membres de la famille *Colonna*, et, au milieu, une colonne en marbre rouge avec des bas-reliefs rappelant de hauts faits d'armes, nous arrêtent pendant quelque temps. Nous nous rendons, en sortant, à l'église des SAINTS-APÔTRES, qui se trouve tout près, et qui nous rappelle aussi le souvenir d'un *Colonna*, devenu pape sous le nom de Martin V.

On fait remonter à Constantin la fondation de cette église, que, pour cela, on a appelée *basilique Constantinienne*; restaurée à plusieurs époques, elle a été reconstruite en 1420, sous Martin V, par *François Fontana*. La façade du portique, exécutée sur les dessins de *Valadier*, ne date que de 1827.

Les talents, la reconnaissance, les qualités du cœur de *Canova* brillent aux *Saints-Apôtres*. On y voit le cénotaphe qu'il a consacré au graveur *Volpato*, son compatriote et compagnon d'études; pour honorer à son gré la cendre de son ami, il avait refusé la commande de la statue de l'empereur Alexandre, que lui proposait le sénat de Corfou. *Canova* n'était âgé que de vingt-cinq ans lorsqu'il fit le mausolée du pape Clément XIV; les figures de la *Tempérance* et de la *Douceur*, qui décorent ce monument, annoncent la fin du mauvais goût qui régnait depuis un siècle entier, et la renaissance de la vraie sculpture. Parmi les peintures de cette église, on estime le *Saint Antoine*, de *Luti;* le *Martyre de saint Philippe et de saint Jacques*, de *Dominique Muratori*, au maître-autel. Ce tableau est le plus grand, peut-être, qu'il y ait à Rome.

Le couvent voisin, qui appartenait aux *Franciscains conventuels*, est affecté aujourd'hui aux bureaux du *Ministère de la Guerre*. On voit, dans le cloître attenant à l'église, le tombeau du cardinal *Bessarion* et le monument provisoire où reposa le corps de *Michel-Ange*, avant qu'il fût emporté à Florence, sa ville natale.

« On entend souvent demander en France, dit M. de Genoude, pourquoi la lecture de tous les livres d'Athènes et de Rome remplit nos premières études. Rien n'est mieux imaginé pour nous donner une grande idée de la religion chrétienne. C'est la même pensée qui a fait conserver avec soin tous les souvenirs de la république et de l'empire romain. Plus on montre la grandeur de Rome, plus on fait comprendre le miracle de l'établissement du christianisme[1]. »

---

1. Exposition du dogme catholique, *Avant-propos*, p. xiii.

CHAPITRE V

Place du Quirinal, Palais apostolique, palais *Rospigliosi*, Saint-Sylvestre, Sainte-Catherine-de-Sienne, Saint-Dominique et Saint-Sixte, Saint-Vital, Saint-Denis, Saint-Charles, Saint-André, Saint-Bernard, Fontaine-de-l'*Acqua-Felice*, Sainte-Marie-des-Anges, Sainte-Marie-de-la-Victoire, porte Pie, Sainte-Agnès, Sainte-Constance, Mont-Sacré, porte *Salara*, villa *Albani*, Pont-Salaro, jardins de Salluste, villa *Ludovisi*, Saint-Nicolas de *Tolentino*, place Barberini, Notre-Dame de la Conception, Saint-Isidore, palais *Barberini*, fontaine de *Trevi*, Saint-André *delle Fratte*, place d'Espagne, Obélisque, Trinité-des-Monts, villa Médicis, promenade du *Pincio*, villa et musée Borghèse, porte *Pinciana*.

La *Place du Quirinal,* ou de *Monte-Cavallo,* agréablement située, ornée de beaux édifices et d'une charmante fontaine, brille surtout par ses deux superbes colosses de *Castor* et *Pollux,* selon l'opinion la plus probable, mais qu'on désigne aussi sous le nom de *Dompteurs de chevaux.* Ces deux cavaliers, chefs-d'œuvre du ciseau grec, de l'âge d'or de la statuaire antique, ne sont, quoi qu'en dise l'inscription latine, ni de *Phidias,* ni de *Praxitèle.* Au milieu de cette place s'élève l'obélisque, haut de quinze mètres, trouvé au mausolée d'Auguste ;

l'établissement de la fontaine est dû à Pie VII.

Le *Palais apostolique*, commencé en 1574 par Grégoire XIII et continué jusque sous Sixte-Quint, est habité aujourd'hui par le roi d'Italie. On y tenait naguère les conclaves. La chapelle, peinte à fresque par le *Guide*, possède, au maître-autel, une *Annonciation*, aussi de lui, très-estimée. Dans le jardin, le petit Casino renferme deux vues de la place Sainte-Marie-Majeure et de celle de *Monte-Cavallo*, exécutées avec beaucoup de talent par *Pannini*. Nous n'avons, dans la partie du palais accessible au public, remarqué que quelques tableaux, qui ne nous ont point paru de premier ordre. *Overbeck* a peint un plafond représentant *Jésus-Christ s'échappant des mains des Juifs*, en mémoire de la fuite de Pie IX en 1848.

Nous trouvons à gauche, en sortant, le *palais de la Consulte*, où siégeait la congrégation de ce nom. Il est l'œuvre de *Fuga*, l'un des derniers architectes célèbres du xviiie siècle ; le gouvernement italien y a installé le *Ministère des Affaires étrangères*. Plus loin, sur la même place, nous apercevons le *Palais Bospigliosi*, précédé d'une grande cour.

Ce vaste édifice, commencé par le cardinal *Scipion Borghèse*, sur les dessins de *Flamminio Ponzio*, et élevé au-dessus des thermes de Constantin, fut acheté de la famille des *Bénti-*

voglio, par *Mazarin*, pour devenir le palais de l'ambassade de France, et il eut cette destination jusqu'en 1704. A l'exception de l'Aurore, ouvrage du *Guide*, peut-être imité d'un bas-relief antique du cloître de Saint-Paul, ce palais n'offre aucun tableau vraiment remarquable. Plusieurs même, tels que la plupart des *Rubens*, et une *Sainte Famille*, attribuée à *Raphaël*, ne sont que des copies. Le grand cadre d'*Adam et Ève dans le Paradis* est bien certainement de la première manière du *Dominiquin*.

Il était de tradition que les cardinaux se réunissent à l'église Saint-Sylvestre pour se rendre processionnellement au conclave ; le palais du Quirinal ayant changé de destination et de maître, l'élection du successeur de Pie IX a eu lieu à la *Chapelle Sixtine*. Nous prions Dieu de répandre sur Notre Saint-Père Léon XIII ses plus abondantes bénédictions et de le conserver longtemps à notre amour.

Ce qui nous frappe le plus dans cette église si féconde en souvenirs, c'est le tableau de l'*Assomption*, de *Scipion Gaëtani*, dont le dessin et le coloris sont admirables ; et les quatre pendentifs de la coupole où nous voyons *David, Salomon, Judith et Holopherne*, et *Esther devant Assuérus ;* ces figures font le plus grand honneur au talent du *Dominiquin*. La *Nativité de Notre-Seigneur*, de *Venusti ; la Vierge*,

Saint Dominique et *Sainte Catherine de Sienne*, de *Mariotto Albertini*; enfin les peintures latérales, exécutées par les *Caravages*, et celles de la voûte de l'avant-dernière chapelle, par le chevalier d'*Arpino*, méritent d'être examinées avec attention.

Au bout de la petite rue qui fait face à *Saint-Sylvestre*, nous trouvons la *villa Aldobrandini*, décorée de statues et d'autres monuments antiques; nous retournons à la rue du Quirinal, et, descendant un peu à droite, nous arrivons à l'église ¡Sainte-Catherine-de-Sienne, bâtie en 1575 aux frais d'une dame romaine d'illustre origine, nommée *Porzia Massimi*. Elle est, à l'intérieur, toute resplendissante de marbres précieux. Nous y avons remarqué une *Madeleine*, de *Luti*, et une *Résurrection du Sauveur*, de *Genga*, compatriote de *Raphaël*, et, comme lui, élève du *Pérugin*. Dans la cour du monastère des *Dominicaines*, attenant à l'église, s'élève la fameuse *tour des Milices*, connue aussi sous le nom de *tour de Néron*, parce que c'est de là, si nous en croyons les *Ciceroni*, que ce monstre contempla l'incendie de Rome. Il est possible que ce soit de cet emplacement que le cruel empereur ait assisté, le luth à la main, à l'embrasement de la ville, mais, ce qui nous paraît impossible, c'est qu'il l'ait fait de la plate-forme de cette tour, qui porte le cachet du moyen âge.

9

Tout près, nous voyons l'église SAINT-DOMINIQUE ET SAINT-SIXTE, élevée en 1640 sur les plans de *Grega*. « La façade, une des meilleures de Rome, au témoignage du chanoine de Bleser, est composée de deux ordres de pilastres corinthiens et composites avec niches, statues et un double escalier [1]. » Nous remarquons : dans la première chapelle à droite, le groupe du *Sauveur* et de *Marie-Madeleine;* dans la deuxième, le *Martyre de saint Pierre*, copie du tableau du *Titien*, dont l'original est à Venise; plus loin, le *Saint Dominique*, de *Mola;* enfin les peintures de l'abside et de la voûte, de *Canuti*. Nous tournons à gauche par la *voie des Serpenti*, et nous trouvons, dans un enfoncement de la rue Saint-Vital, l'église du même nom.

Construite en 416 sous le pontificat d'Innocent Ier, elle possède de belles fresques représentant le martyre de saint Gervais et de saint Protais. La porte intérieure, en bois sculpté, est d'une beauté frappante. Saint Grégoire le Grand fait mention de cette église dans plusieurs de ses écrits, et, de nos jours, Pie IX l'a fait réparer et embellir à ses frais. Près de là se trouvait anciennement le *temple de Quirinus*, dont les marbres ont servi à la construction du bel escalier de l'*Ara-Cœli*.

1. *Rome et ses Monuments*, p. 249

Nous nous rendons par la rue des *Quatre-Fontaines* à l'église Saint-Denis, bâtie en 1619 par les Trinitaires français. Là où était le couvent, il y a aujourd'hui une maison d'éducation. Nous vénérons l'image miraculeuse de la sainte Vierge, ayant appartenu, selon la tradition, à saint Grégoire le Grand; et, continuant notre route sur le sommet du Quirinal, nous arrivons à la place des *Quatre-Fontaines*, ainsi appelée des quatre bassins surmontés de monuments qui en décorent les angles. De là, nous apercevons les trois obélisques du *Monte-Cavallo*, de *Sainte-Marie-Majeure* et de la *Trinité-des-Monts*. Nous entrons dans la petite église Saint-Charles pour voir les peintures de *Mignard*, artiste français, qui s'est surtout illustré dans l'*Annonciation*, tableau du maître-autel ; et, poursuivant notre chemin en ligne droite, nous sommes bientôt à Saint-André, où se trouvait naguère le noviciat des *Jésuites*. Cet édifice, construit par le *Bernin* en 1678, forme un ovale orné de marbres, de colonnes et de fresques; on y remarque, à la chapelle Saint-François-Xavier, un tableau pathétique de *Baciccio*, qui nous montre l'apôtre des Indes mourant dans l'île chinoise de Sancian. L'urne de lapis-lazuli renfermant les restes de saint Stanislas-Kostka, et la statue, en marbre de couleur, du jeune religieux à son lit de mort, par *Legros*, ont aussi attiré notre attention.

L'église Saint-Bernard, que nous rencontrons avant d'arriver à la fontaine de l'*Eau Félice*, est une des deux rotondes qui se trouvaient aux angles des thermes de Dioclétien. Ce fut la comtesse de *Santa-Fiora*, Catherine Sforza, qui, en 1598, fit convertir ce monument profane en temple chrétien, et qui, en le donnant aux moines de *Cîteaux*, le dédia à saint Bernard. Le Vénérable *Jean Barrère*, de Toulouse, réformateur de l'ordre des *Cisterciens*, a été inhumé à gauche du maître-autel. Les colonnes de vert antique et les belles statues, parmi lesquelles nous distinguons celles de saint François d'Assise, de sainte Catherine et de saint Bernard, sont demeurées dans notre souvenir.

Sur la place *di Termini*, ou des Thermes, nous admirons la fontaine construite par l'ordre de Sixte-Quint, sur les dessins de *Dominique Fontana*. C'est une des plus belles de Rome. Le *Moïse* colossal, sculpté par *Prosper de Brescia*, qui figure dans l'arcade du milieu, est tout simplement ridicule; son auteur, dit-on, mourut de chagrin des risées qu'il excita. Sixte-Quint se servit des anciens aqueducs pour y amener l'eau appelée de son nom *Acqua Felice*, qui est la même que l'*Eau Alexandrine*, conduite à Rome par Alexandre-Sévère. Les statues d'*Aaron* et de *Gédéon*, qui ornent les deux côtés du monument, sont de *Jean-Baptiste Porta* et de *Flaminio Vacca;* deux des lions, de marbre noir, et d'un beau travail égyptien, proviennent du *Panthéon.* L'*Acqua Felice* a été chantée par le *Tasse.*

La salle principale des vastes thermes de Dioclétien, où nous nous trouvons en ce moment, a été convertie en église par *Michel-Ange.* Ce grand maître avait plus de quatre-vingts ans lorsqu'il entreprit ce travail. Sainte-Marie-des-Anges, dont il s'agit ici, mérite un examen sérieux. On voit sous le vestibule quelques tombeaux d'hommes célèbres, entre autres ceux de *Charles Maratta,* de *Salvator Rosa,* et du cardinal *François Alciati,* qui a laissé une réputation de littérateur et de jurisconsulte. Les huit colonnes de granit, d'un seul morceau, n'ont point été changées de place; mais, pour préserver l'église de l'humidité, il a fallu exhausser le pavé de deux mètres, et, par conséquent, enterrer les bases. Diverses modifications importantes, et non toujours heureuses, ont été apportées à cet édifice sous Benoît XIV. Parmi les œuvres d'art qu'il renferme, nous remarquons : le *Saint Jérôme,* de *Muziano ;* le *Saint Sébastien,* du *Dominiquin ;* la *Mort d'Ananie et de Saphire,* du *Pomarancio ;* la *Chute de Simon-le-Magicien,* de *Bottoni ;* et l'*Empereur Valens, partisan des hérétiques, s'évanouissant pendant que saint Basile célèbre la messe*. Cette dernière peinture, exécutée par le Languedocien *Subleyras*, est réputée pour l'ordonnance, la couleur et les draperies.

La chartreuse voisine, occupée aujourd'hui en partie par la troupe, a été élevée par *Michel-Ange* sur les thermes mêmes de Dioclétien, dont quelques salles font encore partie des bâtiments actuels. La seconde cour, en face le grand jet d'eau, où l'on voit une sentinelle, est entourée de portiques que soutiennent cent colonnes de travertin ; ce lieu, grave et silencieux, inspire l'oubli des choses de la terre et explique la vie pénitente, contemplative des religieux qui l'habitent. Au milieu se trouve une fontaine, autour de laquelle *Michel-Ange* a planté quatre cyprès, arbre sombre, immobile, monumental, et qui semble en rapport avec l'austérité du cloître. A l'entrée, la grande, noble et touchante statue de *Saint Bruno*, par *Houdon*, fait le plus grand honneur à l'artiste français. « Elle parlerait, disait le pape Clément XIV, si la règle de son ordre ne lui prescrivait le silence. »

Nous retournons un peu sur nos pas, et, de l'autre côté de la *voie Pia*, nous voyons l'église SAINTE-MARIE-DE-LA-VICTOIRE, érigée en 1605 sur les dessins de *Jean-Baptiste Soria* et de *Charles Maderna*. Elle doit son nom à l'image miraculeuse de la sainte Vierge, dont l'intercession fit gagner en Allemagne plusieurs batailles sur les Turcs et les hérétiques. Les drapeaux suspendus à la voûte furent pris à l'ennemi lors de la levée du siége de *Vienne*, le 12 septembre 1683, dans l'octave de la Nativité. Les fresques latérales de la seconde chapelle, ainsi que la *Vierge offrant l'Enfant Jésus à saint François*, sont du *Dominiquin; Saint Joseph voyant l'ange en songe*, par le *Guide*, est placé entre quatre belles colonnes de vert antique. Ce qui nous a ensuite le plus frappé, c'est la coupole décorée par le *Pérugin* et la *Sainte Thérèse*, du *Bernin*. On regarde cette statue comme le chef-d'œuvre de l'artiste napolitain, quoique les connaisseurs ne la trouvent pas irréprochable au point de vue de l'esthétique.

En sortant, nous apercevons, au bout de la rue, la *Porta Pia*, ouverte par Pie IV, restaurée et terminée par Pie IX. C'est par là que, le 20 septembre 1870, entrèrent dans Rome les troupes qui dépossédèrent le Souverain Pontife du reste de ses États. C'est là que, dans l'antiquité, on enterrait les *Vestales* qui avaient manqué à leur vœu. Quand on a dépassé cette porte, on a une vue magnifique sur les montagnes de la Sabine.

A la suite des villas *Patrizi*, *Torlonia* et *Massimi*, qu'on ne visite point sans permission, on arrive à Sainte-Agnès-hors-les-Murs.

Cette église a, mieux qu'aucune autre, conservé la forme des anciennes basiliques romaines; elle est d'ailleurs un des plus vieux monuments du christianisme. Élevée par Constantin, à la prière de sa fille Constance, au lieu même où le corps de sainte Agnès avait été retrouvé, elle a été restaurée par le pape Symmaque au vi[e] siècle, et réédifiée, dans le même style, par Honorius Ier. On y arrive par un escalier de quarante-cinq marches en marbre blanc, situé dans la cour; à l'une des trois nefs, quatre superbes colonnes, dont deux de marbre dit *Porta-Santa* et deux de *Panozavetto*, ou marbre violet, qui comptent jusqu'à cent quarante cannelures, sont uniques au monde. Le baldaquin du maître-autel est appuyé sur quatre colonnes de porphyre; à la chapelle de la Sainte-Vierge, on voit une belle tête de *Christ*, attribuée à *Michel-Ange*, et un candélabre qui paraît remonter à une époque reculée. La statue de sainte Agnès est formée d'un torse antique d'albâtre oriental, avec une tête, des mains et des pieds modernes, en bronze doré.

Les restes de la jeune sainte ont été déposés sous le maître-autel avec ceux de sa sœur de lait, sainte Émérentienne, qui fut lapidée pendant qu'elle priait sur la tombe de son amie d'enfance. Cette église fut restaurée en 1856 par Pie IX, en mémoire de l'événement du

12 avril 1850. Le plancher de l'appartement où se trouvait le Pape s'étant effondré, celui-ci tomba avec les cardinaux, les prélats et les autres personnes de sa suite, dans la cave de dessous, sans qu'il en résultât aucun accident. Ce fait est retracé dans un tableau commémoratif que l'on voit à la place même où il eut lieu. C'est à *Sainte-Agnès* que, le 21 janvier de chaque année, on bénit les agneaux dont la laine doit servir à la confection des *palliums*, ornement que le Souverain Pontife envoie à tous les archevêques après leur préconisation, et à quelques évêques, par un privilége spécial attaché à leur siége.

L'église ronde de SAINTE-CONSTANCE n'a point été un temple de *Bacchus*, ainsi qu'on l'a cru, parce que les mosaïques de la voûte offraient des feuilles de vigne et des grappes de raisin; ces emblèmes étaient aussi en usage parmi les premiers chrétiens. Elle paraît avoir été bâtie par Constantin, à la même époque que *Sainte-Agnès*, pour servir de mausolée aux deux Constances, sa sœur et sa fille[1]. Alexandre IV convertit le monument funèbre en église, en 1256. La coupole repose sur l'ancien portique, c'est-à-dire sur les vingt-quatre colonnes de granit qui en proviennent; nous allons y vénérer les précieux restes de sainte Constance. Un peu

---

1. *Valery*, Voyages en Italie, p. 413.

plus loin, nous voyons les ruines d'un ancien cimetière chrétien, où nous remarquons un grand nombre de chapelles souterraines qui ont dû servir au culte ; on l'appelle *Cimœterium Ostrianum*. Ne pouvant décrire toutes les catacombes, ce qui nous entraînerait trop loin et nous obligerait à beaucoup de répétitions, nous parlerons, quand notre itinéraire nous y amènera, de celles de *Saint-Calixte*, qui sont les plus visitées.

Poursuivant notre route, nous traversons l'*Anio* sur le pont *Momentano*, et bientôt nous apercevons le *Mont Sacré*, si célèbre dans l'histoire du peuple romain. A une faible distance, entre les voies *Momentana* et *Salara*, on voit les ruines de la villa de *Phaon*, affranchi de Néron, où ce monstre courut se cacher lâchement et se donner la mort. Plus loin, à la *Pietra Aurea*, furent découverts, en 1854, l'oratoire et les catacombes de Saint-Alexandre.

Nous ne poursuivons pas notre excursion de ce côté ; et, revenant sur nos pas, au lieu de rentrer en ville par la *porte Pia*, nous suivons les murs extérieurs jusqu'à la *porte Salara*, ainsi nommée, dit-on, parce que c'est par là que les Sabins emportaient leur sel. Elle était flanquée naguère de deux tours rondes. Cette porte, qu'Honorius substitua à la *Collina*, semble une porte funeste, et avoir été, dans tous les temps, le côté faible de Rome; Annibal voulait, s'il n'en eût été empêché par les ouragans, l'attaquer de ce côté, et ce fut par là qu'Alaric et ses Goths firent leur irruption. Elle a été très-endommagée au siége de 1870, mais elle est aujourd'hui réparée; la démolition des tours a donné lieu à la découverte d'un tombeau antique qui ressemble à celui de *Bibulus*.

Nous ne pouvons, malgré l'approche de la chute du jour, résister au désir, sinon de visiter, nous n'en aurions pas le temps, du moins de parcourir la *villa Albani*, l'une des plus belles des environs de Rome. Elle fut fondée, il y a un peu plus d'un siècle, par le cardinal *Alexandre Albani*, grand amateur de l'antiquité, sur les dessins de *Marchioni*, et ornée de statues, tableaux, bas-reliefs et autres objets d'art, par les soins du célèbre *Winckelmann*, l'un des hommes les plus versés dans l'archéologie, à cette époque. Arrivé à la terrasse, on a devant soi un panorama magnifique : on découvre les églises *Sainte-Agnès* et *Sainte-Constance*, et le mont *Gennaro*. Les collections réunies à grands frais à la *villa Albani* ont subi les vicissitudes des événements politiques; plusieurs choses ont disparu, d'autres ont été vendues et se trouvent aujourd'hui au musée de Munich; ce qui reste a encore une valeur très-considérable. Nous y remarquons : les statues de *Marc-Aurèle*, d'*Antonin le Pieux* et d'*Adrien*; le plafond peint par *Raphaël Mengs* et représentant *Apollon et les Muses*; et, parmi les œuvres chrétiennes, la *Vierge, Saint Laurent et Saint Sébastien, Joseph et Marie adorant l'Enfant Jésus*, le *Christ en croix* et le *Christ mort pleuré par les Anges*.

Nous trouvons, à deux kilomètres plus loin, le pont *Salaro*, qui fut détruit par *Totila*, refait par *Narsès* et restauré par Nicolas V. Cet antique pont avait été témoin du combat de *Manlius* et du soldat gaulois qui l'avait fièrement provoqué. Le pont moderne a été détruit en 1867 par l'armée de *Garibaldi* et reconstruit depuis. Nous revenons à la *porte Salara* et nous voyons, à droite, les ruines des *Jardins de Salluste*.

Situés dans une partie de la vallée qui s'étend entre le *Quirinal* et le *Pincio*, ces jardins, vaste marais cultivé, furent construits par l'historien latin au retour de son proconsulat de Numidie, où il avait refait sa fortune dissipée dans les plaisirs, et amassé d'immenses richesses par ses dilapidations. C'est dans cette superbe retraite, qui depuis fit partie du domaine impérial, et qu'habitèrent *Néron, Vespasien, Nerva, Aurélien*, qu'il écrivait éloquemment contre le luxe et vantait la simplicité des vieilles mœurs républicaines. Ces jardins furent incendiés par *Alaric* à son entrée dans Rome. On y retrouve encore la forme d'un cirque, les restes de la maison de *Salluste*, un temple, et même, dit-on, le fameux champ du crime, *Campus sceleratus*, où l'on enterrait les *Vestales* infidèles à leur vœu.

A peu de distance s'élève la *Villa Ludovisi*, qui appartient au prince de *Piombino*. Elle se compose de trois *casinos* dispersés dans un vaste jardin; quelques-unes des sculptures qui frappent nos regards sont au premier rang des chefs-d'œuvre antiques. Tels sont : la statue d'*Apollon*, très-bien conservée; une superbe tête de *Junon; Mars au repos*, et une tête en bronze de *Marc-Aurèle*. Parmi les peintures à fresque, nous avons remarqué le plafond représentant l'Aurore assise sur son char et répandant des fleurs, par le *Guerchin ;* une autre fresque, du même maître, la Renommée, s'impose aussi très-vivement à l'admiration. Quand on est arrivé aux balcons supérieurs, on a une belle vue de Rome et des montagnes.

Nous suivons la rue *Saint-Nicolas-de-Tolentin*, et bientôt nous arrivons à l'église du même nom, bâtie en 1614 aux frais du prince *Panfili*, sur les dessins de *Jean-Baptiste Baratti*. Il y a, dans une chapelle, à droite, un *Saint Jean-Baptiste* qui passe pour un des meilleurs ouvrages de *Baciccio*, peintre de l'école romaine au xviie siècle. Le maître-autel, dont les sculptures sont dues à l'*Algardi*, est orné des statues du ***Père Éternel*** et de *saint Nicolas*, de *Hercule Ferrata;* le tableau de *sainte Agnès* est une copie du *Guerchin*, dont l'original se trouve au palais *Doria*. Nous voyons à la voûte de belles peintures de **Pierre de Cortone.**

Continuant la même rue, nous sommes, au bout de quelques minutes, à la place *Barberini*, établie sur les ruines du *Cirque de Flora*, fameux par l'abomination des fêtes qu'on y célébrait la nuit aux flambeaux en l'honneur de cette courtisane divinisée, à la honte du peuple romain. Au milieu s'élève la *Fontaine du Triton*, composée de quatre dauphins soutenant une conque où siége le demi-dieu marin, qui tient à la bouche une coquille par laquelle il lance de l'eau. C'est une composition poétique, et, de plus, habile du *Bernin*, puisqu'il ne pouvait disposer que d'un petit filet d'eau.

A l'un des angles de la place, on voit l'église des *Capucins*, ou Notre-Dame-de-la-Conception, élevée aux frais du cardinal *François Barberini*, frère du pape Urbain VIII, sur les plans d'*Antoine Casoni*. Nous remarquons, en y arrivant, une copie de la *Navicella*, barque de saint Pierre, qui se trouve au-dessus de la porte d'entrée du milieu, à l'intérieur de la basilique Vaticane. Dans la première chapelle, à droite, nous examinons attentivement le *Saint Michel*, du *Guide;* ce tableau, sur soie, jouit d'une réputation qui, cependant, ne saurait faire oublier l'œuvre de *Raphaël*, bien mieux exécutée, ce nous semble. Celui-ci a peint un véritable archange ; celui-là a produit quelque chose d'approchant ; mais il n'est pas donné à tous d'atteindre à la perfection de l'illustre *Sanzio*. Nous nous arrêtons aussi devant le *Saint François en extase*, présent du *Dominiquin* aux *Capucins;* devant une *Pietà*, de *Camassei*, élève de ce grand maître ; et devant le *Saint Paul guéri par Ananie*, un des meilleurs ouvrages de *Pierre de Cortone*. La simple pierre tombale du fondateur de l'Église porte, cette inscription : *Hic jacet pulvis, cinis et nihil*, « Ci-gît de la poussière, de la cendre, et rien de plus. » Dans le cimetière souterrain, on voit d'énormes amas d'ossements rangés avec symétrie et formant de petites chapelles comme dans les catacombes.

En sortant de là, nous prenons la rue contiguë à l'horloge et nous voyons tout en face l'église Saint-Isidore, fondée en 1622. Les peintures qui frappent nos regards, dans l'intérieur, appartiennent aux premiers maîtres de l'époque de la décadence, fort peu estimés aujourd'hui des artistes. Une *Conception*, de *Charles Maratta;* et *Saint Isidore*, d'*André Sacchi*, sont ce qui nous a paru le plus digne d'intérêt.

Nous revenons sur la place, nous entrons dans

la rue des *Quatre-Fontaines*, et nous trouvons, à gauche, le *Palais Barberini*, commencé en 1624 par *Charles Maderna* et achevé par le *Bernin*. Ce palais est un des premiers de Rome pour quelques-unes de ses sculptures et pour ses peintures. Sans nous attacher à l'ordre du catalogue, que nous avons eu la chance de rencontrer, nous ne pouvons passer sous silence le superbe *Lion*, bas-relief antique, qui orne l'escalier principal; le *Faune dormant*, dont nous avions entendu parler, est aujourd'hui à *Munich*. *Pierre de Cortone* a peint le *Triomphe de la Gloire* à la voûte du grand salon, ce qui forme un des plus vastes plafonds connus. Cette œuvre, bizarre allégorie semi-païenne et semi-chrétienne, passe pour une des meilleures de ce maître, moins estimé de nos jours, mais dont l'énorme composition atteste la fécondité. Les portraits attribués au *Titien*, entre autres, celui d'un cardinal, ne sont pas ce qu'il a fait de mieux en ce genre; l'authenticité d'une *Pietà*, de *Michel-Ange*, ne paraît point prouvée; le *Christ et la Madeleine*, du *Tintoret*, sont bien moins remarquables, selon nous, que le petit tableau de la *Vierge et de l'Enfant Jésus*, d'*André del Sarto*. En le voyant, nous sentons, en quelque sorte, toutes les qualités d'un talent doux et correct. Le *Sacrifice d'Abraham*, de *Caravage;* le *Christ au milieu des Docteurs*, d'*Al-*

bert Dürer, et la *Madone*, de *Francia*, ont de quoi fixer l'attention du visiteur. Nous trouvons là aussi la célèbre *Fornarina*, de *Raphaël*, qui nous a un peu désillusionné, sans doute à cause des retouches qu'elle a subies.

La bibliothèque du palais *Barberini* possède environ 50,000 volumes ; les manuscrits grecs, au nombre de plus de 1,000, passent pour les plus importants. Les miniatures et les caractères d'un *Exultet*, manuscrit latin du xie siècle, déconcertent par leur variété et leur bizarrerie les conjectures de la science paléographique. Les manuscrits du *Dante*, du *Tasse* et de *Pétrarque* attirent surtout notre attention. On trouve d'intéressants détails sur l'histoire des deux premiers *Stuarts* et les tentatives du rétablissement du catholicisme en Angleterre, dans une multitude de pièces, documents et rapports, écrits la plupart en français et adressés au pape Urbain VIII. Nous regrettons de ne pouvoir rester plus longtemps au milieu de ces précieux bouquins que dédaigne le profane vulgaire, mais que nous aimons tant ; il nous faut faire ce sacrifice.

Nous nous engageons dans la rue du Triton, qui nous conduit directement à la *Fontaine de Trevi*. L'*Acqua vergine* ou *Eau vierge*, qui tire son nom de l'origine qu'on lui attribue, est la meilleure de Rome. La tradition rapporte qu'une jeune fille découvrit aux soldats d'*Agrippa* la source qui alimente l'immense bassin que nous avons sous les yeux. Commencée par Clément XII et achevée par Benoît XIV, la *fontaine de Trevi* étonne par ses vastes proportions; elle est même trop grande pour la place où elle se trouve. *Neptune*, entouré de tritons et de chevaux marins, par *Pierre Bracchi;* les statues de la *Santé* et de l'*Abondance*, de *Pierre Valle*, et les bas-reliefs de *Grossi*, frappent tout d'abord, quoique l'ensemble architectural soit d'un mauvais goût. En somme, l'effet du monument est merveilleux par l'art avec lequel les eaux jaillissent et se répandent.

Nous ne faisons qu'une très-courte visite à la petite église de Sainte-Marie-in-Trivio, bâtie par *Bélisaire* en expiation des mauvais traitements qu'il avait fait subir au pape *Sylvère*. Nous y remarquons un beau *Christ*, de *Palma*. Nous n'avons que quelques pas à faire pour arriver au *palais Poli*, dont une partie est occupée par une école libre dirigée par les bons frères de la doctrine chrétienne. Les disciples du vénérable de La Salle sont là, comme partout, simples et serviables; nous craindrions de blesser la modestie du frère *Gemelius*, si nous en disions tout le bien que nous en pensons. Nous espérons pouvoir, un jour, mettre encore à contribution son obligeance et sa connaissance de la Ville éternelle.

Nous passons devant le *palais del Bufalo*, nous prenons la rue qui s'ouvre en face, et nous arrivons à l'église Saint-André-delle-Fratte, construite sous Léon XI sur les dessins de *La Guerra*. La façade, qui ne date que de 1825, a été édifiée aux frais du cardinal *Consalvi* par l'architecte *Valadier*. On est frappé du mauvais goût du campanile que le mouvement des cloches fait trembler, et de la disgracieuse coupole, qui, tous deux, sont de *Borromini*. Nous admirons les deux *Anges*, du *Bernin*; la statue de *Sainte Anne*, de *Paccetti*; les fresques de *Marini* et la *Vierge Immaculée*, de *Carta*.

N'oublions pas que c'est dans cette église que s'opéra la conversion miraculeuse de M. *Alphonse Ratisbonne*, en 1842. On nous saura gré, sans doute, de rapporter succinctement ce fait d'après le baron de Bussière, qui en fut, pour ainsi dire, le témoin oculaire.

« Alphonse Ratisbonne appartenait à une famille israélite de Strasbourg, distinguée par sa position et par l'estime dont elle jouissait. Il venait d'arriver à Naples, afin de poursuivre jusqu'en Orient un voyage de santé et de plaisir. Destiné à une position brillante, il se promettait de consacrer tous ses efforts à la régénération de ses coreligionnaires ; il rapportait à ce but toutes ses pensées et toutes ses espérances, car il s'indignait de tout ce qui pouvait rappeler la malédiction qui pèse sur les descendants de Jacob.

« Cependant le moment de partir pour l'Orient était venu ; Ratisbonne sortit donc pour aller, sans plus bref délai, fixer sa place sur le bateau à vapeur qui devait le conduire à Palerme. Chemin faisant, il changea de résolution et se rendit à Rome, où il séjourna quelque temps.

« Un jour, après une vive discussion qu'il eut avec moi, il consentit de porter au cou la médaille miraculeuse de l'Immaculée Conception et même à réciter le *Memorare*.

« Vers ce même temps, un de mes amis intimes, le comte de la Ferronays, vint à mourir. Sa famille m'avait prié de m'occuper de ses funérailles. Le 20 janvier, vers une heure, je devais prendre encore quelques arrangements à l'église de *Saint-André-delle-Fratte* pour la funèbre cérémonie du lendemain. Je rencontrai Ratisbonne qui descendait la *via Condotti*, je l'engageai à venir avec moi. Nous entrâmes à l'église. Apercevant les préparatifs du service, il me demanda pour qui ils étaient destinés : — « Pour un ami que je viens de perdre, M. de la Ferronays, que j'aimais extrêmement. » Alors il se mit à se promener dans la nef; son regard froid et indifférent semblait dire : « Cette église est bien laide. » Je le laissai du côté de l'épître près d'une petite enceinte disposée pour recevoir le cercueil, et j'entrai dans l'intérieur du couvent. Je n'avais que quelques mots à dire à un des religieux ; je voulais faire préparer une tribune pour la famille du défunt ; mon absence dura à peine dix ou onze minutes.

« En rentrant dans l'église, je n'aperçois pas d'abord Ratisbonne ; puis je le trouve bientôt agenouillé devant la chapelle de Saint-Michel, placée à gauche en entrant. Je m'approche, je le pousse trois ou quatre fois avant qu'il s'aperçoive de ma présence. Enfin il tourne vers moi un visage baigné de larmes, joint les mains, et me dit avec une expression impossible à rendre : « Oh ! comme ce monsieur a prié pour moi ! »

« J'étais moi-même stupéfait d'étonnement ; je sentais ce qu'on éprouve en présence d'un miracle. Je relève Ratisbonne, je le garde, je le porte, pour ainsi dire, hors de l'église ; je lui demande ce qu'il a, où il veut aller. « Conduisez-moi où vous voudrez, s'écrie-t-il ; après ce que j'ai vu, j'obéis. » Je le presse de s'expliquer, il ne le peut pas, son émotion est trop forte. Il tire de son sein la médaille miraculeuse qu'il couvre de baisers et de larmes. Je le ramène chez lui, et, malgré mes instances réitérées, je ne puis obtenir de lui que des exclamations entrecoupées de sanglots. « Ah ! que je suis heureux! que Dieu est bon! quelle plénitude de grâces et de bonheur! que ceux qui ne savent pas sont à plaindre! » Puis il fond en larmes en pensant aux hérétiques et aux mécréants.

« Lorsque cette délirante émotion commence à se calmer, Ratisbonne, avec un visage radieux, me serre dans ses bras, m'embrasse, me demande de le mener chez un confesseur, veut savoir quand il recevra le baptême, sans lequel il ne saurait plus vivre, soupire après le bonheur des martyrs, dont il a vu les tourments sur les murs de Saint-Étienne-le-Rond. Il me déclare qu'il ne s'expliquera qu'après en avoir reçu la permission d'un prêtre, « car ce que j'ai à dire, ajoute-t-il, je ne dois, je ne puis le dire qu'à genoux. » Je le conduis au Gesù, près du Père de Villefort, qui l'engage à s'expliquer.

« Alors Ratisbonne tire sa médaille, l'embrasse, nous la montre et s'écrie : *Je l'ai vue! je l'ai vue!!!* et son émotion le domine encore; mais, bientôt plus calme, il put s'exprimer.

« J'étais depuis un instant dans l'église, dit-il, lorsque tout d'un coup je me suis senti saisi d'un trouble inexprimable. J'ai levé les yeux, tout l'édifice avait disparu à mes regards; une seule chapelle avait pour ainsi dire concentré toute la lumière, et au milieu de ce rayonnement a paru debout, sur l'autel, grande, brillante, pleine de majesté et de douceur, la Vierge Marie, telle qu'elle est sur ma médaille : une force invincible m'a poussé vers elle. La Vierge m'a fait signe de la main de m'agenouiller, elle a semblé me dire : « C'est bien ! » Elle ne m'a point parlé, mais j'ai tout compris [1]. »

Le baptême de M. Ratisbonne eut lieu dans l'église du *Gesù* et fut administré par le vicaire général du Pape, le cardinal *Patrizi*, le 31 janvier 1842 ; le néophyte était assisté par le Père de Villefort, qui l'avait préparé, et le baron Théodore de Bussière, protestant converti, qui lui servit de parrain. M. l'abbé Dulanloup, aujourd'hui évêque d'Orléans, qui se trouvait alors à Rome, prononça, à la sainte Messe, une de ces chaleureuses allocutions dont il a toujours le secret. Après le baptême eurent lieu la confirmation et la première communion du nouveau chrétien [2].

La chapelle de l'église *Saint-André-delle-Fratte*, où s'est opérée la conversion de M. Ratisbonne, a reçu le nom de *Chapelle du Miracle*. Un tableau placé sur l'autel rappelle l'événement, dont la mémoire est solennellement célébrée chaque année le 20 janvier. Parmi

---

1. *Rome et ses monuments*, p. 193, 194.
2. Pour plus de détails, voir le *Dictionnaire encyclopédique de la théologie catholique* de Goschler, article **Sion** (*Notre-Dame d•*).

plusieurs tombeaux qui se trouvent dans cette église, nous remarquons ceux de *Angelica Kauffmann*, peintre distingué, et du savant danois *Zoega*, célébrités du Nord, qui prouvent l'invincible attrait de Rome et de l'Italie pour tous les amis des arts et de l'antiquité.

Tout près de là, nous voyons le *Collége de la Propagande*, destiné à préparer des missionnaires pour toutes les parties du monde. Sa façade, œuvre du *Bernin*, donne sur la *Place d'Espagne* qui, sans la grande et noble construction de l'escalier de la *Trinité-des-Monts*, et la colonne de l'Immaculée-Conception, érigée par Pie IX, paraîtrait, avec ses nombreux hôtels, propres, neufs, sans caractère, une véritable place de ville de province. Nous nous trouvons ici dans le quartier des étrangers; on y entend parler toutes les langues. Rome avec ses monuments, ses ruines et les personnages importants qu'elle reçoit, est le lieu de la terre où l'on s'étonne le moins; il serait inutile et maladroit de chercher là à produire de l'effet, et bien des gens d'esprit, non prévenus, en ont été pour leurs frais de dissertations, de sentences et de bons mots[1]. La fontaine du milieu, dite la *Barcaccia*, ou la *Barque*, à cause de sa forme, fait peu d'honneur au *Bernin*, car on s'accorde

---

1. *Valrey*, Voyages en Italie, p. 429.

généralement à la trouver d'un mauvais goût.

Au haut de l'escalier monumental, sur la terrasse de la Trinité-des-Monts, on voit le bel obélisque, en granit rouge, chargé d'hiérographes, élevé en ce lieu par les soins et aux frais de Pie VI, qui le fit retirer de la place de *Saint-Jean-de-Latran*, où il gisait sans utilité. L'église, fondée par Charles VIII, roi de France, en 1494, à la prière de saint François de Paule, fut consacrée par Sixte-Quint, et ornée de peintures exécutées aux frais du cardinal de *Lorraine*. Abandonnée en 1798, elle doit sa restauration à Louis XVIII et aux talents de *Mazois*, qui déjà avait travaillé à la restauration de Saint-Germain-des-Prés, à Paris. La fresque de l'*Assomption*, par *Daniel de Volterre*, a beaucoup souffert; il ne reste rien des *Apôtres*, et l'on peut juger à peine de l'ensemble de la composition; le cercle des petits *Anges* qui environne la *Vierge* est d'un bon effet. Le *Massacre des Innocents*, dont le carton seul est de *Daniel de Volterre*, et qui fut coloré par son élève le Florentin *Michel-Ange Alberti*, a de fort belles parties bien conservées. Nous donnons une attention toute particulière à la *Descente de Croix*, du même, citée par le *Poussin* comme un des trois premiers tableaux de Rome. Malgré les changements fâcheux qu'elle a subis, il en reste encore assez pour reconnaître que le

Poussin l'avait parfaitement classée. On y admire l'expression, le naturel du groupe de la Vierge et des saintes femmes, l'élévation, le dessin de la figure du *Christ*, qui tombe véritablement comme tombe un corps mort, *como corpo morto cade*, pour parler le langage du *Dante*. Cette église a été, de plus, ornée de peintures par des élèves de l'*Académie de France*, devenus depuis d'habiles maîtres. Nous remarquons : un *David*, un *Daniel* et un *Saint Victor*, de *Dupré*; *Saint Louis déposant sur l'autel la couronne d'épines rapportée de la Terre-Sainte*, de *Thévenin*; le *Repos en Égypte*, de *Schnetz*; la *Flagellation*, de *Léon Pallière*; et le *Christ donnant les clefs à saint Pierre*, de *Ingres*; c'est un des bons ouvrages de ce peintre célèbre.

Le couvent, attenant à l'église, où se trouve un pensionnat de jeunes filles, est, depuis 1827, la propriété des *Dames du Sacré-Cœur*. Une de ces bonnes religieuses françaises veut bien nous accompagner pour nous faire voir, dans un cloître converti en chapelle, l'image miraculeuse si connue sous le nom de *Mater admirabilis*. On nous dit que Pie IX, lorsqu'il sortait, venait souvent vénérer cette sainte Madone. La fête de la *Mère admirable* se célèbre le 20 octobre, jour anniversaire de la première visite de Sa Sainteté.

Au bout de l'allée d'arbres qui se trouve à droite en sortant de l'église, nous voyons la *villa Médicis* et le palais de l'*Académie de France*, à Rome.

Cette villa, élevée sur le *Pincio*, vers 1550, par le cardinal *Jean Ricci de Montepulciano*, sur les plans d'*Annibal Lippi*, à l'exception de l'élégante façade attribuée sans preuve à *Michel-Ange*, devint la propriété du cardinal *Alexandre de Médicis*, avant son avénement à la papauté sous le nom de Léon X. Elle appartient aujourd'hui à la France et est devenue, depuis Louis XIV, le siége de son académie des beaux-arts, généralement connue sous le nom d'*École de Rome*. Nous commençons par admirer les bas-reliefs antiques de la façade du palais, puis nous nous rendons à la galerie où se trouvent les plâtres des chefs-d'œuvre de l'ancienne sculpture. Un de nos chers compatriotes, un grand prix, veut bien nous communiquer le catalogue manuscrit de toutes ces copies dont les originaux sont dispersés dans le monde entier, et, grâce à cette obligeance, nous nous rendons compte de ce que nous avons sous les yeux. Nous montons ensuite au belvédère, en gravissant soixante marches, et, de là, nous avons un panorama splendide. D'un côté, l'aspect complet de Rome, *Saint-Pierre*, le *Vatican*, etc., etc.; et de l'autre, la solitude et les pins de la *villa Borghèse*;

tout cela est bien propre à ranimer les souvenirs historiques et à donner une grande idée de la Ville par excellence. A chaque monument, à chaque ruine qui se déroule sous nos yeux, il nous revient à l'esprit une foule de choses que nous avions oubliées ; nous redisons avec le poëte : *Tantæ molis erat Romanam condere gentem !* « Qu'il a fallu de temps, de génie et d'efforts pour créer toutes ces merveilles ! »

Le *Mont Pincius*, vulgairement le *Pincio*, qui tire très-probablement son nom de la famille des Pincii, célèbre vers la fin de l'empire romain, était anciennement appelé la Colline des Jardins, *Collis hortorum*, sans doute à cause des superbes parcs de *Salluste*, de *Lucullus* et de *Domitien*. Il est redevenu digne de cette dernière dénomination depuis qu'il a sa promenade publique, l'unique de Rome, commencée et très-avancée par l'administration française, et terminée sous Pie VII. C'est là que, le soir, on vient respirer le frais ; c'est le rendez-vous de la société élégante, comme, à Paris, les Champs-Élysées et le Bois de Boulogne, à certaines heures du jour.

Nous descendons sur la place du Peuple, et, après avoir franchi la porte dont nous avons parlé au commencement de nos promenades dans Rome, nous voyons bientôt, à notre droite, l'entrée de la *Villa Borghèse*, un des lieux les plus populaires des environs de la ville, à cause de sa renommée et de sa proximité. A partir de midi, on y entre librement certains jours de la semaine et le dimanche.

Cette belle propriété, qui a plus de quatre kilomètres de tour, atteste la magnificence héréditaire de la famille *Borghèse*. Créée par le cardinal *Scipion*, sur les dessins de *Jean Vansanzio*, dit *le Flamand*, elle fut considérablement accrue vers la fin du dernier siècle par le prince *Marc-Antoine*, et, plus tard, elle reçut sa dernière splendeur du prince *Camille* qui, en 1803, épousa *Pauline Bonaparte*, sœur de Napoléon Ier. A cette époque, l'Empereur des Français acquit de son beau-frère, au prix d'estimation, c'est-à-dire, moyennant huit millions[1], une grande partie des sculptures antiques qui ornent si bien notre musée du Louvre. L'Italie est tellement riche en chefs-d'œuvre, que, en fort peu de temps, cette perte fut réparée. Nous avons remarqué : sous le portique du palais, un torse semi-colossal d'*Apollon* tendant l'arc, et un autre torse de statue impériale assise, trouvés à *Frascati;* dans le salon, une tête de *Vespasien* et une tête colossale d'*Isis;* à la salle de *Cérès*, la statue de cette déesse, de grandeur naturelle, la

---

[1]. On a quelquefois dit 13 ou même 15 millions, nous prenons le chiffre le plus répandu.

mieux exécutée que l'on connaisse ; un portrait d'*Alcibiade* et le fameux bas-relief de l'*Éducation de Téléphe,* ouvrage du temps d'Adrien, qui semble un camée. Le groupe d'*Énée portant Anchise* se trouve au grand salon du premier étage, ainsi que *David* avec sa fronde. Nous voyons en outre, dans les différentes salles, quelques sculptures modernes et des tableaux qui ne nous semblent pas d'un grand mérite, si nous en exceptons un portrait de Paul V, par le *Caravage*. Le *Casino*, dit de *Raphaël*, a été démoli, mais ses délicieuses arabesques ont été transportées dans le palais, où on peut les examiner.

A notre sortie, nous allons voir l'ancienne *Porte Pinciana,* flanquée de deux tours, qui tire son nom du voisinage du *Pincio*, et qui fut bâtie par *Honorius*. Elle est maintenant fermée. On lui a donné aussi le nom de *porte de Bélisaire,* soit parce que ce général la restaura; soit parce que, selon la légende, il y fut vu demandant l'aumône.

CHAPITRE VI

Ateliers de l'Académie de Saint-Luc, mausolée d'Auguste, Saint-Roch, port de la *Ripetta*, Saint-Jérôme-des-Esclavons, palais Borghèse, *Campo-Marzo*, Sainte-Marie-Madeleine, Sainte-Marie-*in-Aquiro*, place de la Rotonde, Panthéon, place de la Minerve, Sainte-Marie-sur-Minerve, Sacrés-Stigmates, Séminaire français, Saint-Eustache, Université, palais Madame, palais *Giustiniani*, Saint-Louis-des-Français, Saint-Augustin, bibliothèque Angélique, Saint-Antoine-des-Portugais, Saint-Apollinaire, Saint-Sauveur-*in-Lauro*, Sainte-Marie-*in-Vallicella* ou Église-Neuve, Sainte-Marie-de-la-Paix, Sainte-Marie-*dell'Anima*, place Navone, Sainte-Agnès, palais *Braschi*, place Pasquin, Saint-Pantaléon, palais *Massimi*, Saint-André-de-la-Vallée, théâtre de Pompée, palais *Vidoni*, temple d'Hercule-le-Grand, palais *Mattei*, cirque Flaminien, palais *Costaguti*, Sainte-Catherine-des-Cordiers, Sainte-Marie-*in-Campitelli*, portique d'Octavie, théâtre de Marcellus, forum *Olitorium*, Saint-Nicolas-*in-Carcere*, Notre-Dame-de-la-Consolation, Saint-Éloi-des-Forgerons.

En quittant la *place du Peuple*, nous entrons dans la rue de la *Ripetta* et nous rencontrons, à droite, un grand bâtiment érigé par le pape Grégoire XVI, sur les plans de *Pierre Camporèse;* c'est dans une de ses ailes que sont établis les ateliers de l'*Académie de Saint-Luc*. Cet établissement[1], créé en 1595 par Sixte-Quint pour

---

1. Le siége de l'Académie de Saint-Luc est *Via Bonella*, près du *forum d'Auguste.*

l'enseignement des beaux-arts, a eu pour premier directeur *Frédéric Zuccheri;* il a changé d'organisation en 1874, et est actuellement dirigé par le sculpteur *Émile Wolff.* Ses salles, situées *rue Bonella,* contiennent peu de chefs-d'œuvre, quoique l'on y trouve quelques ouvrages des grands maîtres italiens et des artistes de notre temps. *Saint Luc faisant le portrait de la Vierge avec l'Enfant Jésus, et Raphaël considérant ce travail,* est un tableau dont nous avions souvent entendu parler, et où, malgré les remaniements fâcheux qu'il a subis, on reconnaît les admirables qualités du peintre d'*Urbin*[1]. La chaste *Suzanne,* de *Paul Véronèse;* le *Saint Jérôme,* du *Titien;* et plusieurs sujets maritimes de *Joseph Vernet,* ont aussi fixé notre attention.

Continuant la rue de *Ripetta,* nous trouvons à gauche la *voie des Pontifes,* où nous visitons les restes du *Mausolée d'Auguste.* De ce monument célèbre, qui avait la forme d'une tour à trois étages concentriques, et qui était tout revêtu de marbre blanc, nous ne voyons plus que quelques murs de soubassement et les traces de treize chambres sépulcrales. *Sic transit gloria mundi,* ainsi passe la gloire du monde ; sur la cendre du plus renommé des empereurs, il y a aujourd'hui des spectacles populaires. Le pa-

---

1. Ville d'Italie où naquit *Raphaël,* en 1483.

ganisme a créé des grands hommes dont le souvenir et la gloire se sont affaiblis avec le temps; le christianisme seul a fait des saints dont la mémoire et les vertus vivront éternellement. Aussi l'Église conserve-t-elle avec une pieuse vénération les ossements de ses martyrs et de ses héros. Les dépouilles mortelles de *César* et d'*Auguste* n'intéressent aujourd'hui nullement le peuple romain, tandis qu'on le voit prosterné, avec tous les catholiques, au pied du tombeau des saints Apôtres.

Nous revenons sur nos pas, et, poursuivant notre route dans la même direction, nous arrivons à l'église Saint-Roch, bâtie en 1645 sur l'emplacement d'un ancien sanctuaire dédié à saint Martin. La façade, ornée de quatre colonnes corinthiennes, ne date que de 1834. La disposition intérieure nous a paru fort belle, et notre attention s'est portée sur quelques tableaux de mérite, entre autres, ceux de la sainte Vierge, de saint Roch et de saint Antoine, abbé, par *Baciccio*.

En face de cette église, nous voyons le *port de la Ripetta*, qui reçoit les barques chargées de vin, d'huile, de blé, de bois et de charbon, venant de la *Sabine* et de l'*Ombrie*. Clément XI, qui l'établit en 1704, employa à sa construction le travertin d'une arcade du *Colisée*, tombée lors du tremblement de terre de l'année précédente. Deux colonnes, près d'une fontaine, indiquent les diverses inondations du *Tibre*, dont la plus haute et la plus fatale remonte à 1598.

De l'autre côté de la rue, non loin de *Saint-Roch*, nous trouvons l'église SAINT-JÉRÔME-DES-ESCLAVONS, élevée, par l'ordre de Sixte-Quint, sur les plans de *Fontana* et de *Longhi*. Elle mérite d'être visitée. Nous y remarquons les fresques du chœur, de *Viviani*, et celles des pendentifs de la coupole, de *Guidotti*. Cette église a été entièrement restaurée en 1852; son maître-autel est formé d'une belle urne de vert antique.

En sortant de là, nous prenons la troisième rue à gauche, et, bientôt, nous apercevons l'immense *Palais Borghèse*, dont les façades réunies surpasseraient en étendue celle du *palais Pitti*, de Florence. Sa forme est celle d'un clavecin, c'est pourquoi on l'a appelée : *il cembalo di Borghese*, le clavecin de Borghèse ; son architecte a été *Martin Longhi*. Nous admirons la cour entourée de portiques à deux étages et l'ordonnance habile de l'ensemble, malgré l'irrégularité du terrain.

Il nous faudrait plus d'un jour pour examiner attentivement les richesses artistiques renfermées dans les diverses salles. En les parcourant, nous avons remarqué principalement : la *Descente de*

Croix, le meilleur des tableaux de *Garofolo* qui soit à Rome ; la *Sibylle de Cumes*, du *Dominiquin ; Saint Antoine et les Poissons*, de *Paul Véronèse ; Saint Jean dans le désert*, du même, où le paysage n'est qu'ébauché, mais qui brille par de réelles qualités ; la *Déposition du Christ au tombeau*, de *Raphaël*, chef-d'œuvre qui, quoique exécuté par l'artiste à l'âge de vingt-quatre ans, est rempli de grâce, de l'expression la plus touchante et d'une pureté de dessin admirable ; la *Visitation*, de *Rubens ;* le *Retour de l'Enfant prodigue*, du *Titien ;* la *Sainte Famille*, d'*André del Sarto ;* enfin la *Vierge et l'Enfant Jésus*, de *Jean Bellino*. De la neuvième salle, nous montons à un balcon d'où l'on découvre le *Tibre* et ses rives jusqu'au *mont Mario*.

Vis-à-vis l'entrée principale du *palais Borghèse* s'ouvre la rue *della Lupa*, ou de la Louve, qui conduit à celle des *Préfets*, où, en tournant à droite, nous voyons au n° 27 le *Palais de Florence*, aujourd'hui occupé par le *Ministère de la Justice*. Il n'a de remarquable que son architecture ; il a été bâti sur les dessins de *Vignole*. La rue qui lui fait face nous conduit à la petite place appelée communément le *Campo Marzo*, en souvenir, sans doute, de l'ancien Champ de Mars, qui avait une grande extension et était entouré de bâtiments magnifiques.

De là à SAINTE-MADELEINE, il y a peu de distance. Nous y entrons pour vénérer l'image miraculeuse de *Notre-Dame-de-Salut*, ou la célèbre *Madonna della Salute*, ayant appartenu à saint Pie V. Nous voyons au maître-autel le tableau de la *Madeleine pénitente*, par *Rocca*; et, dans une magnifique chapelle, le tombeau de saint Camille de Lellis.

En sortant de cette église par la porte latérale de droite, nous nous rendons à la *place Capranica*, où se trouve SAINTE-MARIE-IN-AQUIRO. Cette dénomination lui vient des *Equiries*, ou courses de chevaux, qui avaient lieu anciennement dans cette partie du Champ-de-Mars; on l'appelle aussi *Sainte-Marie-des-Orphelins*, en raison de l'hospice créé par saint Ignace. Elle a été restaurée en 1867 par *Morichini;* le maître-autel et l'abside sont de *Caramini*, les fresques et les autres peintures ont été exécutées par *Saraceni* et *Mariani*. On y voit le tombeau du cardinal *Capaccini*, mort en 1845, qui s'acquit un nom estimé dans les affaires diplomatiques. Nous arrivons à la petite *rue de l'Épée de Roland*, où l'on remarque un tronc de colonne de marbre cipollin; et, comme dans une maison voisine il y a des colonnes du même marbre, on est fondé à croire que ce sont les restes d'un superbe portique.

La *Place de la Rotonde*, que nous atteignons

bientôt, est un marché avec une fontaine abondante, construite sous Grégoire XIII, sur les dessins de *Honoré Longhi*, et surmontée d'un petit obélisque à hiéroglyphes, érigé par Clément XI. Il faut venir là, les dimanches et fêtes, pour étudier les mœurs des gens de la campagne romaine.

Le *Panthéon d'Agrippa*, le plus élégant édifice de Rome ancienne et le mieux conservé des monuments antiques, est encore aujourd'hui le plus beau de Rome moderne. Le simple et noble portique, dont les colonnes sont de marbre d'Égypte, ce chef-d'œuvre de l'architecture grecque et romaine, qui prouve des connaissances de statique prodigieuses, offre des festons, des candélabres, des patères et autres bas-reliefs qu'admireront toujours les archéologues, à cause de leur parfaite exécution. Qui ne serait frappé, à la vue de cette grande porte de bronze et de cette grille antique qui ont bravé les injures du temps et des révolutions? De chaque côté avaient été placées les statues d'*Agrippa* et d'*Auguste;* le majestueux intérieur, qui conserve, en grande partie, ses premiers revêtements de marbres précieux, paraît, par une disposition plus habile qu'à *Saint-Pierre*, plus grand qu'il ne l'est en réalité. Le beau pavé de granit et de porphyre, le seul qui nous soit resté des temples anciens, suffirait à nous donner une idée de la magnificence romaine, et de la qualité et de la solidité des matières qui étaient alors employées[1]. Le *Panthéon*, dédié à tous les dieux du paganisme, comme l'indique son nom, a été consacré à la Sainte Vierge et aux Martyrs par le pape Boniface IV, qui l'obtint de l'empereur *Phocas*, pour en faire une église chrétienne. On l'appelle aujourd'hui SAINTE-MARIE-DE-LA-ROTONDE, ou simplement LA ROTONDE, à cause de sa forme circulaire ; le jour n'y pénètre que par l'ouverture de la coupole, où l'on monte par cent quatre-vingt-dix degrés. Cette église, dégagée en 1852 par les ordres de Pie IX, tire son plus grand mérite de son architecture ; les œuvres de l'art moderne y sont rares. Nous y remarquons néanmoins : une *Descente du Saint-Esprit*, de *Cabruzzi*; *Sainte Anne*, d'*Ottoni*; le *Martyre de saint Étienne*, de *Pozzi*; la statue de saint Anastase, par *Moderati*, et celle de saint Césarée, par *Cametti*. Elle renferme les tombeaux de *Raphaël* et de plusieurs autres grands peintres, tels que *Jean d'Udine*, *Piérin del Vaga*, *Balthazar Peruzzi* et *Annibal Carrache*.

Dernièrement, le 17 janvier 1878, ont eu lieu au PANTHÉON, car on désigne encore presque toujours ainsi *Sainte-Marie-de-la-Rotonde*, les funérailles du roi Victor-Emmanuel II ; il n'entre

---

1. *Valery*, Voyages en Italie. p. 414.

point dans notre plan d'en donner le détail, vu que nous n'en avons pas été témoin. On le trouvera dans le journal *la Défense sociale et religieuse*[1], du 19 du même mois.

Nous prenons la rue qui longe le côté gauche de l'édifice, et nous nous trouvons bientôt à la *place de la Minerve*. Au milieu s'élève un petit obélisque qui, comme celui de la place du Panthéon, se trouvait autrefois devant les temples d'*Isis* et de *Sérapis*, et a été mis là par le *Bernin*, sur le dos d'un éléphant, ouvrage de *Ferrata*, son élève.

L'église de la *Minerve*, située sur la place de même nom, est ainsi appelée d'un ancien temple de la déesse de la guerre, érigé en ce lieu par *Pompée* après ses victoires. Sainte-Marie-sur-Minerve, ou plus simplement la Minerve, a été, avec le couvent voisin, pendant plus de quatre siècles, la propriété des *Dominicains*; mais, dans ces derniers temps, le gouvernement italien a pris le couvent pour en faire le *Ministère des Finances* et n'a laissé pour desservir l'église que quelques *Frères-Prêcheurs*, qui logent où ils peuvent. De plus, ils peuvent être renvoyés d'un moment à l'autre.

Cette église, la seule gothique des anciennes[2]

1. Deuxième année, n° 215; samedi 19 janvier 1878.
2. Nous avons parlé précédemment de l'*église Saint-Liguori*, construite en 1855 par les *Rédemptoristes*.

de Rome, est riche en œuvres et en souvenirs littéraires. Comme elle est à notre proximité, nous la visitons souvent, et toujours avec intérêt. Le *Christ* en pied, de *Michel-Ange*, que l'on voit devant le maître-autel, à gauche, est tellement connu, que nous avons à peine besoin de dire qu'il est un des plus célèbres ouvrages du grand artiste, et cependant, sous le rapport du sentiment religieux, il laisse beaucoup à désirer. La *Cène*, dans la chapelle *Aldobrandini*, est très-estimée ; c'est le dernier travail de *Baroccio;* nous examinons, dans la chapelle dédiée à saint Thomas d'Aquin, un beau tableau de *Philippe Lippi* représentant la sainte Vierge, le Docteur angélique et le cardinal *Caraffa;* mais ce qui nous frappe le plus, ce sont les superbes fresques de la voûte, où l'on voit des anges et des sibylles d'un effet merveilleux. Nous ne saurions passer sous silence l'excellent tableau sur fond d'or, attribué à *Frà Angelico*, que nous avons admiré dans la chapelle de l'*Annonciation*.

Nous considérons avec une attention toute particulière le tombeau orné de vieilles mosaïques, de *Guillaume Durand*, prélat français, qui, par amour pour son pays, préféra l'évêché de Mende à l'archevêché de Ravenne, et dont le bel ouvrage intitulé : *Rationale officiorum divinorum*[1], paru en 1459, est, selon quelques

---

1. Traité raisonné des saints offices.

bibliographes, le premier livre imprimé en caractères mobiles et de fonte, avec date et nom d'imprimeur. Derrière le maître-autel, dédié à sainte Catherine de Sienne, et où le pape Pie IX a déposé, en 1856, les précieux restes de cette servante de Dieu, nous voyons les tombeaux de Léon X et Clément VII, exécutés par *Baccio Bandinelli*, sculpteur et peintre florentin. La statue du premier a un air trop vulgaire, qui ne nous semble point convenir au restaurateur des Lettres et à la noblesse de ses goûts.

Nous contemplons avec un pieux respect l'humble monument consacré à la mémoire d'un homme qui mérita d'être surnommé l'*Ange de la terre*, de *Jean de Fiésole*, plus connu sous le beau titre de *Frà Angelico*. L'inscription, qu'on attribue à Nicolas V, exprime heureusement les talents et les vertus du grand et modeste artiste.

Non mihi sit laudi quod eram velut alter Apelles,
 Sed quod lucra tuis omnia, Christe, dabam...
Altera nam terris opera extant, altera cœlo.
 Urbs me Joannem flos tulit Etruriæ.

« Qu'on ne me loue point d'avoir été comme un second Apelles, mais d'avoir distribué aux tiens, ô Christ! tout ce que je gagnais. Autres, en effet, sont les œuvres du ciel, autres celles de la terre. Moi, Jean, je naquis dans la ville qui est la fleur de l'Étrurie [1]. »

---

1. Rome et ses monuments, p. 305.

La bibliothèque de la *Minerve*, dite *Casanatense*, du nom du cardinal *Casanata*, qui l'a, le plus, augmentée et dotée, en 1700, d'une rente de quatre cents piastres, est aujourd'hui réunie au domaine de l'État. Elle compte environ 200,000 volumes et 1,000 manuscrits, et est en communication avec la *bibliothèque Victor-Emmanuel* par une passerelle extérieure, établie au-dessus de la rue. Nous allons y voir un manuscrit du ixe siècle, le *Pontifical romain*, sur beau parchemin, avec de curieuses miniatures représentant les diverses ordinations des clercs; nous trouvons là aussi une édition très-rare du *Pentateuque*[1], en caractères hébreux, imprimé, selon quelques érudits, à *Sora*, dans le royaume de Naples, selon d'autres, à *Soria*, en Espagne, et suivant *Rossi*, à *Soura*, en Portugal[2].

Nous prenons à l'angle de l'*hôtel de la Minerve*, la rue des *Cestari*, et nous arrivons directement à l'église des SACRÉS-STIGMATES, près du *Gesù*. Nous y remarquons le tableau du maître-autel, *Saint François d'Assise, recevant dans sa chair la marque des glorieuses plaies du Sauveur*, chef-d'œuvre de *Trevisani*; *Notre-Dame des Sept Douleurs*, de *Mancini* : la *Flagellation de Jésus*, de *Benefiale* ; le *Couronnement*

---

1. Nom donné aux cinq premiers livres de la Bible.
2. *Valery*, Voyages en Italie, p. 416.

d'épines, de *Muratori*, et les *Quarante Martyrs* de Brandi. — Nous nous rendons de là au *Séminaire Français*, où nous rencontrons un aimable directeur, toujours disposé à rendre service à ses compatriotes. C'est près de lui que nous puisons les divers renseignements dont nous avons besoin ; et, grâce à sa recommandation, nous sommes admis à visiter les vastes jardins du *Vatican*, dont nous parlerons plus loin. De la rue Sainte-Claire, où nous nous trouvons, nous sommes bientôt à l'église SAINT-EUSTACHE, située sur la place du même nom, et qui n'a de remarquable que son tableau du maître-autel. Nous apercevons, en face, le *palais Maccarini*, construit sur les dessins de *Jules Romain*, et, à droite, l'arrière-façade de la *Sapience*.

L'Université de Rome, qui remonte à la fin du XIIIe siècle, doit son titre de *Sapience* à l'inscription mise sur l'entrée : *Initium sapientiæ timor Domini*[1]. Le bâtiment, commencé sous Léon X par *Michel-Ange*, ne fut achevé que sous Grégoire XIII par *Jacques della Porta*, qui a dressé le plan de l'intérieur de la cour, remarquable par sa simple ordonnance tout à fait en rapport avec la studieuse et paisible destination

---

1. Le commencement de la sagesse est la crainte du Seigneur. (Psalm. cx, 10.)

de l'édifice. L'église et sa coupole sont cités parmi les ouvrages les plus bizarres de *Borromini*. On doit à Léon XII l'organisation qui existait encore tout dernièrement ; c'est lui qui augmenta le traitement des professeurs et établit un cardinal-archichancelier, un recteur et cinq colléges, de théologie, de droit, de médecine, de philosophie et de philologie[1], qui répondaient à nos cinq facultés. Aujourd'hui qu'elle est sous la direction du gouvernement séculier, elle n'a plus que quatre branches d'enseignement, savoir : le *droit*, la *médecine et la chirurgie*, la *physique et les mathématiques*, enfin la *philologie;* la philosophie et la théologie en ont été exclues. La bibliothèque, où l'on peut entrer tous les jours, renferme 90,000 volumes ; il y a là, en outre, des cabinets de physique, d'histoire naturelle et d'anatomie, qui contiennent de précieuses collections.

En quittant l'*Université*, nous nous dirigeons vers la *place Madame*, ainsi nommée de Catherine de Médicis, qui y fit bâtir un palais devenu plus tard la propriété des ducs de Toscane. Ceux-ci lui donnèrent sa forme actuelle, en 1642, sous la direction de l'architecte *Marucelli*. Benoît XIV l'acheta pour en faire la résidence du gouverneur de Rome ; il sert mainte-

---

1. *Voyages en Italie*, p. 436.

nant aux séances du sénat italien. Ce palais, d'une architecture peut-être trop ornée, occupe l'emplacement des fameux thermes de Néron.

Tout près de là, nous voyons le *palais Giustiniani*, qui renfermait autrefois d'importantes collections artistiques, et qui n'a plus aujourd'hui que quelques statues et bas-reliefs dans la cour et au rez-de-chaussée. Nous nous hâtons d'arriver à notre église nationale; elle a pour nous, comme pour tous nos compatriotes, un attrait bien naturel.

Saint-Louis-des-Français, construit sur les dessins de *Jacques della Porta*, fut achevé en 1589, l'année de la mort de Catherine de Médicis, qui avait contribué à sa fondation pour des sommes importantes. Cette église, dédiée à la sainte Vierge, à saint Denis l'Aréopagite et à saint Louis, roi de France, n'a retenu plus tard que le vocable de ce dernier; elle est célèbre et intéressante par ses peintures et ses tombeaux. Nous y admirons tout d'abord les fresques du *Dominiquin*, représentant la *Vie et la mort de sainte Cécile*. La plus remarquable, selon nous, est celle où l'on voit la Sainte distribuer ses effets aux pauvres; nous la trouvons d'une expression saisissante : on dirait que tous les personnages qui la composent parlent entre eux. Ce n'est pas non plus sans une vive satisfaction que nous contemplons la *Sainte Cécile* de

Raphaël, parfaitement copiée par le *Guide*, et dont l'original se garde au musée de Bologne. La grande *Assomption*, du maître-autel, est de *François Bassano*, peintre de l'école vénitienne au XVIe siècle; et le *Martyre de saint Mathieu*, dans la première chapelle à gauche, est l'œuvre de *Michel-Ange de Caravage*, peu connu sous son vrai nom de *Amerighi*. On attribue le tableau d'autel de la chapelle Saint-Louis à une femme de talent, à *Plautilla Bricci*, qui se distingua comme peintre et comme architecte.

Passant aux monuments funèbres, nous parlerons des plus intéressants. Le tombeau du cardinal d'*Ossat*, qui, fils de maréchal ferrant, devint ambassadeur d'Henri IV à Rome, nous rappelle le mérite parvenu aux honneurs, et l'un des premiers, des meilleurs et des plus élégants écrivains français; celui de *Seroux d'Agincourt* atteste une vie passée dans le culte des arts et de l'antiquité; le sarcophage du cardinal de la *Grange d'Arquien*, mort à l'âge de cent cinq ans et onze jours, réveille en nous le souvenir des centenaires célèbres; le mausolée qui contient le cœur et les entrailles du cardinal de *Bernis* nous montre, pour ainsi dire, la dignité et le goût joints à la douceur et à l'aménité du caractère. Nous ne saurions rendre assez brièvement les impressions qui nous assiégent; c'est pourquoi nous mentionnerons seulement le monument élevé à *Pauline de Montmorin* par Chateaubriand, et celui du peintre *Claude Gelée*, dit *le Lorrain*, qui fit honneur à notre patrie. De nos jours, en 1852, on a érigé dans cette église une pyramide à la mémoire des soldats français morts en 1849 au siége de Rome; et plus récemment encore on y a déposé les restes de celui qui commandait l'infanterie pontificale à *Castelfidardo*. Nous lisons sur sa tombe l'inscription suivante :

A ☧ Ω ICI REPOSE GEORGE DE PIMODAN,
NÉ LE 29 JANVIER 1822,
MORT LE 18 SEPTEMBRE 1860. EN PAIX.

Le temps s'est écoulé si rapidement, que nous ne nous sommes pas même douté que nous avions passé plus de deux heures dans cette église. Nous prenons la grande voie qui conduit à la *place du Peuple*, et, dans la seconde rue à gauche, nous trouvons un autre sanctuaire bâti par un Français, le cardinal d'*Estoutteville*, archevêque de Rouen, sur les dessins de *Baccio Pintelli*.

L'église SAINT-AUGUSTIN, érigée en 1483 par le cardinal-ambassadeur de France, que nous venons de nommer, a été refaite au siècle dernier par *Vanvitelli*, restaurée de nos jours par *Pierre Gagliardi*. Sa coupole ingénieuse, œuvre de *Baccio Pintelli*, architecte florentin, fait époque dans l'histoire des travaux de ce genre, puisqu'elle est la première élevée à Rome. Nous voyons là le célèbre *Isaïe*, de *Raphaël*, exécuté en vue de répondre à ceux qui trouvaient sa manière trop grêle ; il le composa après avoir examiné les *Prophètes* de *Michel-Ange*, et cependant, malgré l'admirable correction du dessin, il n'arriva point au grandiose de son illustre modèle. Comme il avait demandé cinquante écus pour cette fresque, on trouva ses prix exagérés ; c'est pourquoi il ne fut point chargé des autres peintures. Ce que nous avons vu ensuite de plus remarquable, c'est : la *Notre-Dame-de-Lorette*, de *Michel-Ange de Caravage*, quoique inférieure aux travaux du même maître que nous avons considérés à *Saint-Louis-des-Français; Saint Augustin, Saint Jérôme*, et *Saint Jean*, du *Guerchin;* et l'*Immaculée-Conception*, récemment exécutée par *Gagliardi*. Le groupe en marbre de la *Vierge, de sainte Anne et de l'Enfant Jésus*, est un des ouvrages qui ont le plus honoré le ciseau de *Contucci da Sansovino*, sculpteur de l'époque de la *Renaissance*.

Dans le couvent des *Ermites de Saint-Augustin*, attenant à l'église et occupé maintenant par le *Ministère de la Marine*, se trouve la *Bibliothèque Angélique*, qui tire son nom de son fondateur, le cardinal *Ange Rocca*. Elle se compose de 150,000 volumes et de 2,945 manuscrits, et peut être regardée comme la troisième de Rome. Nous y avons examiné : une *traduction syrienne des Évangiles*, de 616; un manuscrit in-folio du savant cardinal de *Noris*, intitulé : *Index miscellaneus auctoritatum, et opinionum SS. Patrum et Scholasticorum*[1], et divers manuscrits cophtes et chinois inédits, du Père *Bonjour*, missionnaire français plein de zèle et d'érudition. Là aussi, nous avons vu la *Bible* polyglotte, de *Walton*, et de nombreux ouvrages rares des xve et xvie siècles. Il nous arrive la même chose que dans les autres bibliothèques; nous éprouvons encore le regret de ne pouvoir donner plus de temps à nos investigations.

Nous sortons par la petite porte latérale à gauche, et, tournant à droite, nous arrivons presque en face de l'église Saint-Antoine-des-Portugais, bâtie au xvie siècle sur les plans de *Longhi* et dédiée à saint Antoine de Padoue. Elle est remarquable par l'abondance, la richesse et la variété des marbres qui la décorent. Ce qui nous y frappe le plus, ce sont les tableaux représentant : le *Baptême de Notre-Sei-*

---

[1]. *Indicateur varié des autorités et opinions des Saints Pères et des Scholastiques.*

gneur, de *Calandrucci;* Sainte *Elisabeth*, reine de Portugal, d'*Agricola;* l'*Immaculée-Conception*, de *Zoboli;* la *Nativité*, de *Claude le Lorrain*, et *Saint Antoine*, de *Venusti*. On voit sous l'*autel de Sainte-Elisabeth* une magnifique urne en vert d'Égypte qui contient les restes de la vénérée patronne des Portugais.

Pour nous rendre à SAINT-APOLLINAIRE, nous prenons la *rue des Lys-d'Or*, appelée sur le mur indicateur : *Via de' Gigli d'Oro*. Cette église, qui est attenante au *Séminaire romain*, a été bâtie primitivement par Adrien Ier sur les ruines d'un temple païen; Benoît XIV la fit reconstruire d'après les plans de *Fuga*. Nous y remarquons : la statue de saint François Xavier, par *Legros;* le tableau de *la Sainte-Famille*, de *Zoboli;* et l'*Image de la Sainte Vierge entre saint Pierre et saint Paul*, attribuée au *Pérugin*. On voit au maître-autel *Saint Pierre ordonnant saint Apollinaire;* c'est une belle peinture de *Graziani*, jeune artiste de l'école bolonaise au XVIIe siècle. Le séminaire, qui naguère relevait du Cardinal-Vicaire, est aujourd'hui un établissement analogue aux lycées de France[1].

En quittant la rue Saint-Apollinaire, nous entrons dans celle du Masque-d'Or et nous arrivons au *palais Lancellotti*, dont le portique est

---

1. Bœdeker, *Italie centrale*, 5e édit., 1877, p. 194.

soutenu par quatre colonnes de granit. On voit, dans la cour, des statues, des bustes et des bas-reliefs antiques. Nous prenons la *rue des Coronari*, et bientôt nous atteignons l'église du Sauveur-in-Lauro.

Cet édifice, élevé en 1450 par les soins du cardinal *Orsini*, devint la proie des flammes à la fin du XVIᵉ siècle, et fut reconstruit sur les plans de l'architecte *Mascherini;* mais il demeura inachevé, faute de ressources. C'est au zèle et à la générosité de Pie IX que nous devons de le voir tel qu'il est, avec sa façade qui ne date que de 1862. *Saint-Sauveur*, surnommé *in-Lauro* à cause des lauriers sculptés sur les restes d'un portique que l'on voyait à l'endroit où il fut bâti; possède trois nefs séparées par vingt-quatre colonnes corinthiennes, et de belles peintures exécutées par un jeune artiste de la Marche-d'Ancône, du nom de *Fontana*. La *Nativité*, que nous remarquons dans la troisième chapelle, est le premier ouvrage de *Pierre de Cortone*. Nous ne voulons pas quitter la *rue des Coronari* sans visiter la maison de *Raphaël*; il paraît qu'elle a été remise à neuf en 1705. *Charles Maratta* a peint en clair-obscur sur la façade le portrait du premier maître de l'école romaine, mais aujourd'hui on n'en distingue plus que les traces.

Arrivé à la *rue du Panicum*, nous laissons à

droite le pont Saint-Ange, et nous prenons notre direction à gauche vers le *palais Gabrielli*, bâti sur un monticule ; nous traversons la *place de l'Horloge-de-l'Église-Neuve*, et, au bout de la *rue des Philippins*, nous voyons l'église SAINTE-MARIE-IN-VALLICELLA, dite la *Chiesa Nuova* ou l'*Église-Neuve*.

Cette magnifique église, l'une des plus grandes et des plus belles de Rome, est due à saint-Philippe de Néri qui, en 1575, la fit construire à la place de celle qu'avait autrefois élevée saint Grégoire en ce lieu, où se trouvait alors une petite vallée. Nous voyons tant de chefs-d'œuvre devant nous, que nous ne sommes embarrassé que du choix. Voici ce qui nous a le plus frappé dans ce vénérable sanctuaire, dont la disposition porte tout naturellement au recueillement et à la prière. Nous remarquons tout d'abord *le Crucifiement*, œuvre de *Scipion Gaëtani*, surnommé le *Van Dyck* romain ; c'est un travail d'un goût exquis. Au splendide maître-autel, orné de quatre colonnes de marbre de *Portasanta*, il y a trois tableaux de *Rubens* : celui du milieu représente la glorification de la sainte Vierge ; le second, à droite, les saints Domitille, Nérée et Achillée ; et le troisième, à gauche, saint Grégoire, saint Maur et saint Papias. On ne saurait trop louer la *Présentation de la Vierge au Temple,* œuvre de *Baroccio*. Nous visitons les tombeaux de *Baronius* et du cardinal *Maury;* la chambre de saint Philippe, dans laquelle on voit quelques meubles dont il a fait usage, et la chapelle où il disait la messe. Le tableau du *Guide*, qui le représente le visage baigné de larmes pendant qu'il offre le Saint-Sacrifice, est d'un effet saisissant. C'est dans l'oratoire contigu à son couvent que saint Philippe faisait exécuter pendant l'Avent et le Carême, après le sermon, des morceaux de musique religieuse, destinés à alimenter la piété des fidèles ; de là nous sont venus les chants connus sous le nom d'*Oratorios*. La *Cour d'appel*, le *Tribunal civil*, le *Tribunal de commerce* et la *Police correctionnelle* occupent maintenant la demeure des Pères de l'Oratoire, et leur bibliothèque a passé aux mains de l'État. Notre amour pour les livres nous y entraîne. Le plus ancien manuscrit que nous voyons est l'*Explication des Psaumes*, par saint Augustin, *Enarrationes in Psalmos;* il remonte au vi[e] ou au viie siècle. Une *Bible* latine, attribuée à *Alcuin*, nous paraît aussi digne d'intérêt.

Nous nous rendons de là à l'église Sainte-Marie-de-la-Paix, construite en 1484, par Sixte IV, en action de grâces de la paix qu'il avait obtenue entre les princes chrétiens. Les quatre *Sibylles* de *Raphaël*, que l'on admire au-dessus de l'arcade de la première chapelle à droite, sont justement célèbres, et suffisent pour donner une idée du génie du grand maître, malgré toutes les dégradations et restaurations qui sont survenues à son œuvre. Notre attention se fixe encore : sur les peintures de l'élégante coupole octogone ; la *Mort de la Vierge*, chef-d'œuvre de *Morandi*; la *Présentation*, de *Balthazar Peruzzi*, et les gracieuses fresques de l'*Albane*, qui décorent la voûte de l'autel principal.

Un peu plus loin, nous apercevons l'imposante façade de SAINTE-MARIE DELL' ANIMA, église nationale des Allemands. Elle se compose de trois nefs voûtées, presque à la même hauteur, et ornées de portraits de saints. Un petit groupe de marbre placé sur le fronton de l'édifice explique son vocable ; il représente la sainte Vierge assise, invoquée par deux personnes à genoux, qui symbolisent les âmes du Purgatoire. L'intérieur était en réparation au moment de notre visite, au mois de septembre 1877. Nous y remarquons: une copie en marbre de la *Pietà*, de *Michel-Ange*, par *Nanni di Baccio-Bigio;* la *Sainte-Famille*, de *Jules Romain*, endommagée par une inondation du *Tibre;* le tombeau d'Adrien VI, sculpté sur un dessin de *Balthazar Peruzzi*, par *Michel-Ange Sanese* et le *Tribolo*, et celui de *Luc Holstenius*, le célèbre bibliothécaire du Vatican.

En sortant de cette église, nous prenons la petite rue qui lui fait face et nous nous trouvons à la *place Navone*, l'une des plus vastes de Rome. Elle conserve encore la forme du cirque d'Alexandre Sévère, les maisons qui l'entourent ayant été bâties sur les fondements des gradins. Le marché qui s'y tenait a été transféré au *Champ-de-Flore*, et elle ne sert plus aux jeux nautiques, dont on pouvait être témoin au mois d'août. Le mot *Navone*, corruption de *Agones* et *Agonalies*[1], se rapporte aux fêtes païennes qui se célébraient en ce lieu. Cette place a quatre fontaines : celle du milieu, surmontée d'un obélisque à hiéroglyphes provenant des ruines du cirque de Caracalla, est une des œuvres capitales du *Bernin;* les quatre statues colossales qui la décorent représentent les plus grands fleuves du monde, le *Gange*, le *Nil*, le *Rio de la Plata* et le *Danube*.

Sur la partie occidentale de la même place s'élève l'église Sainte-Agnès, bâtie en 1650 par Innocent X sur les ruines d'un ancien sanctuaire dédié à la même sainte. La façade, les deux clochers et la coupole de cette église sont les meilleurs ouvrages de *Borromini;* nous remarquons à l'intérieur : les quatre colonnes de vert

---

1. Voir notre *Dictionnaire pratique de l'Antiquité*, aux articles *Agonalies* et *Agones*.

antique du maître-autel ; les peintures de la voûte, de *Baciccio*, de *Ferri* et de *Corbellini;* les bas-reliefs et statues, ouvrages des plus célèbres artistes de l'époque, et *la Vierge entourée de Saints*, du *Guide*. A gauche de la chapelle Sainte-Agnès, un escalier descend dans les caves qui soutenaient les gradins du cirque ; on y voit un bas-relief représentant la *Sainte* conduite au martyre, et miraculeusement couverte de ses cheveux. C'est un des meilleurs travaux de *l'Algarde*. Le *Saint Sébastien* qui se trouve dans la chapelle du transept de gauche provient d'une statue antique.

Le *palais Panfili*, contigu à cette église, est aujourd'hui la propriété du prince *Doria*. Il fut bâti en 1650 sur les dessins de *Rinaldi*, par les ordres d'Innocent X ; on y voit des fresques de *Romanelli* et de *Gaspard Poussin;* les peintures de la voûte de la galerie ont pour sujet des scènes de l'*Enéide*, elles sont de *Pierre de Cortone*.

Nous allons de là au *palais Braschi*, qui forme l'angle de la *place Pasquino*, et nous y admirons le grand et bel escalier décoré de statues antiques et de seize colonnes et pilastres de granit rouge oriental. Sa collection artistique a été dispersée.

Nous voici à la *place di Pasquino*, ou du Pasquin, ainsi appelée d'une ancienne statue mutilée qui se trouve à l'un des angles du palais Braschi. Celle-ci a, elle-même, pris son nom d'un tailleur à l'humeur moqueuse, qui décochait des traits de malice contre ses contemporains. De là est venu le nom de *Pasquinade*. Après la mort du tailleur, on se mit à afficher des écrits satiriques sur la statue, et on poussa la plaisanterie jusqu'à placer à l'opposite une autre statue, dite de *Marforio;* on posait une question sur *Pasquino*, et, le lendemain, on trouvait la réponse sur *Marforio*. Le célèbre torse mutilé dont il s'agit est un des ouvrages grecs les plus énergiques et les plus achevés, que l'on a souvent pris pour *Ménélas défendant le corps de Patrocle;* quoi qu'il en soit, le peuple romain est toujours amateur des pasquinades. L'esprit satirique et la fine gaieté ont de tout temps brillé chez les descendants des Latins, qui semblent se souvenir d'*Horace* et de *Juvénal*.

Arrivé sur la place Saint-Pantaléon, nous visitons la petite église où repose le corps de saint Joseph Casalanz, fondateur des *Pauvres Clercs de la Mère de Dieu, pour les Écoles pies;* une magnifique urne de porphyre, placée sous le maître-autel, renferme les précieux restes du grand serviteur de Dieu. Nous visitons la chambre transformée en sanctuaire, où l'on conserve les objets lui ayant appartenu; et, à l'entrée du couvent, on nous montre le puits de Saint-Pantaléon, dont les eaux sont devenues dignes de respect par le contact des reliques du bienheureux martyr.

Nous sommes bientôt au *palais Massimi*, qui peut être considéré comme le chef-d'œuvre de *Balthazar Peruzzi*. Bâti en 1526, dans un espace étroit, irrégulier, il fait honneur au talent de cet habile architecte, dont il fut le dernier ouvrage. Avec sa cour, son portique à six colonnes d'ordre dorique, et sa jolie fontaine, il donne encore l'idée de ce que pouvaient être les habitations de l'ancienne Rome. Le superbe *discobole*[1] grec, statue antique des mieux conservées, paraît être une copie de la statue en bronze de *Myron*[2]. Les peintures en clair-obscur de la façade du côté de la *place Navone* sont de *Daniel de Volterre*. C'est dans la maison voisine de ce palais que s'établit, en 1467, la première imprimerie romaine, sous la direction de *Sweynheim* et de *Pannartz*, venus d'Allemagne en Italie. La *Cité de Dieu*, de saint Augustin ; et l'*Orateur*, de Cicéron, qui portent la date précitée, sont les premiers ouvrages sortis de leurs presses.

L'église SAINT-ANDRÉ-DE-LA-VALLÉE, que nous apercevons un peu plus loin, nous attire par sa

---

1. Voir notre *Dictionnaire pratique de l'Antiquité*, art. Discoboles. Paris, E. Belin, éditeur, 52, rue de Vaugirard.
2. Sculpteur grec du vᵉ siècle avant Jésus-Christ.

magnifique façade couronnée d'un double fronton brisé. Commencé en 1591 par *Pierre-Paul Olivieri*, et achevé plus tard par *Charles Maderna*, cet édifice est véritablement imposant. Nous y examinons la coupole peinte par *Lanfranc*, et les pendentifs où sont représentés les quatre Évangélistes, par le *Dominiquin;* le *Saint Jean* est admirable de grâce, de vigueur, de coloris. La chapelle *Strozzi*, dessinée par *Michel-Ange*, possède une copie en bronze de la *Pietà* de *Saint-Pierre-du-Vatican* et deux candélabres qu'on attribue au même artiste. Nous remarquons encore le *Saint André*, de *Lanfranc;* l'*Assomption*, de *Passignani;* les tombeaux de Pie II et de Pie III; et celui de *Jean della Casa*, cet évêque lettré dont les ouvrages sont à la *bibliothèque Barberini*.

Près de là, dans le *palais Righetti*, nous voyons les ruines du *Théâtre de Pompée*, le premier bâti en pierres dans l'enceinte de Rome, l'an 699 de la fondation de la ville, après la guerre contre Mithridate. Il était si vaste, qu'il pouvait contenir quarante mille spectateurs; le portique, garni de cent colonnes, qui l'entourait, servait à abriter le peuple les jours de pluie; et, dans un des appartements approprié à cet usage, le sénat tenait ses séances avant ou après les représentations scéniques. C'est là que, au milieu des sénateurs, fut frappé *César*, par

Brutus et *Cassius*. On a trouvé, en 1864, une statue d'*Hercule* en bronze doré, haute de près de quatre mètres, qui était enfouie dans la cour du palais.

Dans la *rue du Sudario*, nous trouvons le *palais Vidoni;* c'est l'ouvrage le plus authentique et le plus considérable de *Raphaël*, comme architecte. Il fut construit en 1515. Charles-Quint l'habita pendant son séjour à Rome. La façade, et le soubassement servant de rez-de-chaussée, sont du meilleur effet, et allient la variété, l'harmonie à la force. On conserve, dans ce palais, les fragments du calendrier de *Verrius Flaccus* trouvés à Préneste, au siècle dernier, et suppléés savamment par *Nibby*.

Nous prenons la *rue de la Tour-d'Argent*, nous passons devant une chapelle dédiée à sainte Hélène, nous arrivons à la *place de l'Orme*, et puis, tournant à gauche, nous atteignons bientôt l'église SAINT-NICOLAS-AUX-CÉSARINI. Elle n'a rien de remarquable; mais dans le couvent, qui lui est attenant, on voit les ruines du *Temple d'Hercule* surnommé le *Grand* et le *Gardien*. Il en reste quatre colonnes en tuf plaquées de stuc et cannelées. Nous nous dirigeons de là, à travers plusieurs rues sans importance, vers la *voie Sainte-Catherine des Cordiers*, au bout de laquelle se trouve le *Pa-*

lais Mattei, construit en 1615 sur les plans de *Charles Maderna*.

Il est orné de belles statues, de bas-reliefs antiques et de peintures des grands maîtres. Sur l'escalier, nous voyons des siéges d'un goût exquis, qui remontent à un âge reculé. Notre attention se fixe principalement : sur les portraits de Charles Ier et de Charles II d'Angleterre, par *Van Dyck;* et un *Saint Bonaventure*, du *Tintoret*. Il y a là aussi de superbes fresques de *Lanfranc*, de l'*Albane* et du *Dominiquin*.

Les restes du *Cirque Flaminien*, qui existaient encore au XVIe siècle, ont disparu dans la construction du *palais Mattei* et de l'église dont nous allons parler tout à l'heure. En passant sur la *place Tartaruga*, nous examinons la belle fontaine érigée en 1585 sur les dessins de *Jacques della Porta;* les quatre adolescents en bronze sont l'œuvre de *Thadée Landini*, sculpteur florentin de la fin du siècle dernier. D'un côté de cette place, on voit le *palais Costaguti*, dont les plafonds ont une juste célébrité. Comme il est fermé au public, nous ne pouvons signaler que d'après ceux qui les ont vus les sujets des fresques : le *Temps qui découvre la Vérité*, du *Dominiquin*, et l'*Armide sur un char tiré par deux dragons*, du *Guerchin*.

L'église Sainte-Catherine-des-Cordiers est,

de même que le *palais Mattei*, bâtie sur les ruines du cirque construit par le consul *Flaminius*, qui trouva la mort à la bataille de *Trasimène*. Elle remonte au moins au XIIe siècle, et elle portait à cette époque le nom de *Domina Rosa*. Nous y remarquons : une *Assomption*, de *Scipion Gaëtani*; une belle copie de la *Sainte Marguerite*, d'*Annibal Carrache*; le *Martyre de Sainte Catherine*, de *Livio Agresti*, et les peintures de la chapelle de Saint Jean-Baptiste, attribuées à *Marcel Venusti*..

En sortant de cette église, nous prenons la deuxième rue à gauche, qui nous conduit à SAINTE-MARIE-IN-CAMPITELLI, érigée en 1658 par le pape Alexandre VII, sur les dessins de *Rainaldi*. Elle attire plus par ses marbres et ses colonnes corinthiennes que par ses peintures. Le maître-autel est surmonté de l'image miraculeuse de la Sainte Vierge, qui apparut à sainte *Galla*. Parmi les monuments funèbres, nous distinguons celui du cardinal *Pacca*, qui fut le ministre et l'ami du pape Pie VIII. A quelques pas, nous voyons le célèbre *Portique d'Octavie*, dont il ne reste que quatre colonnes et deux pilastres, devant l'église SAINT-ANGE-DES-POISSONNIERS. Il formait un parallélogramme à double rang de colonnes, entourant une cour où étaient les temples de Jupiter et de Junon, et brillait par ses belles statues, chefs-d'œuvre du ciseau grec.

Ce portique donne entrée à l'antique sanctuaire de Saint-Ange, où le pape Grégoire III fit déposer en 732 les corps de sainte Symphorose et de ses enfants.

Nous nous rendons de là au *Théâtre de Marcellus*, commencé par *César* et terminé par *Auguste*, qui le dédia au jeune fils d'*Octavie*. Il pouvait contenir jusqu'à trente mille personnes; telle était son ingénieuse disposition, que les sénateurs, les chevaliers et le peuple, dont les places étaient distinctes, pouvaient s'y rendre et en sortir sans se rencontrer. Ses élégantes colonnes ont servi de modèle pour les ordres dorique et ionique, et l'on imite encore l'habile disposition des deux ordres placés l'un au-dessus de l'autre. Devenu dans le moyen âge la forteresse des *Pierleoni* et des *Savelli*, la famille *Massimi* le fit plus tard convertir en palais; l'architecte *Balthazar Peruzzi*, chargé de cette appropriation, profita beaucoup dans la suite de l'étude des substructions qu'il découvrit pendant les travaux. Ce palais est devenu, en 1712, la propriété de la famille *Orsini*.

Près de la *place Montanara*, nous voyons l'ancienne *porte Carmentale*, qui appartenait à la première enceinte de Rome; et, en dehors, le *Forum Olitorium*, décoré de trois temples, dont les débris subsistent dans l'église Saint-Nicolas-

IN-CARCERE, que Pie IX a fait restaurer, en 1865, par *Servi*.

Nous y remarquons : les quatorze colonnes antiques qui la divisent en trois nefs, et les peintures du *Guide*, retraçant la vie de saint Nicolas. Le baldaquin du maître-autel est supporté par quatre colonnes d'albâtre oriental. On conserve dans la crypte les reliques des saints martyrs *Flavien* et *Séverin*. En continuant notre chemin, nous passons près de l'ancienne *porte Triomphale*, et nous nous dirigeons vers SAINTE-MARIE-DE-LA-CONSOLATION.

Cette église, bâtie en 1471 aux frais du peuple romain, est ainsi nommée parce qu'elle est adhérente à deux hôpitaux : celui de *Notre-Dame des Grâces* pour les hommes, et celui du *Portique* pour les femmes. Elle fut construite sur les dessins de *Martin Longhi*, mais le frontispice est de *Valadier* et ne date que de 1828. La décoration de la chapelle qui fait suite au maître-autel est l'œuvre de *Pomarancio*.

De la *place de la Consolation*, nous nous rendons à l'église SAINT-ÉLOI, que la confrérie des Forgerons s'est plu à décorer de beaux marbres ; et, presque en face, nous voyons un autre sanctuaire, érigé en 1487 par Innocent VIII à la mémoire du martyre du saint Précurseur.

SAINT-JEAN-LE-DÉCAPITÉ, comme on l'appelle, sert de chapelle à la *Confrérie de la Miséri-*

corde, qui exhorte et assiste les condamnés à mort. Nous y examinons les fresques de *Roncalli* et de *Naldini;* la *Nativité de Saint Jean-Baptiste*, de *Zucca;* et la *Décollation*, œuvre de *Vasari*, qui se trouve au maître-autel.

« L'impression, dit le docteur *Hurter*, que Rome produit sur l'étranger qui la visite est toute différente suivant qu'il la contemple en païen ou en chrétien ; elle est lamentable chez l'un, elle est toute d'enthousiasme chez l'autre. L'un parcourt tristement une ville de tombeaux ; il n'avance qu'à travers les ruines du passé, dont toute vie s'est évanouie ; son regard s'attache aux restes gigantesques d'un temps qui n'a plus aucun rapport avec le présent. L'autre se sent saisi de l'esprit même qui anime la Ville éternelle dès son origine et qui continue à s'y épanouir dans toute sa vigueur[1]. »

1. *Dictionnaire encyclopédique de théologie catholique*, t. XX, art. *Rome*.

CHAPITRE VII

Vélabre, forum Boarium, arc de Janus *Quadrifrons*, arc de Septime-Sévère, Saint-Georges-*in-Velabro*, *Cloaca Maxima*, Sainte-Anastasie, Grand-Cirque, *Septizonium*, porte Capène, tombeau de la sœur des Horaces, temples de l'Honneur et de la Vertu, fontaine d'Égérie, *Marrana*, thermes de Caracalla, Saints-Nérée-et-Achillée, Saint-Sixte, Saint-Césarée-*in-Palatio*, tombeau des Scipions, Colombaires de la Vigne *Codini*, arc de Drusus, porte Appienne ou de Saint-Sébastien, Sainte-Marie-de-l'Empreinte, *Domine quo vadis*, catacombes de Saint-Calixte, basilique de Saint-Sébastien, basilique de Saint-Paul-Hors-les-Murs, Saint-Paul aux-Trois-Fontaines, Sainte-Marie *Scala Cœli*, Saints-Vincent et Anastase, porte Saint-Paul, pyramide de *Caius Cestius*, mont *Testaccio*, *Navilia*, pont *Sublicius*, mont Aventin, Sainte-Marie *Aventina*, Saint-Alexis, Sainte-Sabine, Sainte-Prisque, Sainte-Marie-*in-Cosmetin*, temple de Vesta, temple de la Fortune virile, maison de Rienzi, pont Palatin, dit Pont-Rompu.

L'ancien *Velabrum*, marais desséché au moyen de la *cloaca maxima* ou grand égout, s'étendait entre le *Palatin* et l'*Aventin*, et, pour traverser la vallée inondée qu'il embrassait, il fallait se servir de barques. Tarquin l'Ancien entreprit, pour l'assainissement de ce quartier déshérité, d'immenses travaux qu'il mena à bonne fin. Les débris des grandes voûtes souterraines de cette époque, restées encore debout, prouvent que déjà Rome était la capitale d'un État puissant.

Tout près de là, nous voyons l'emplacement du *Forum Boarium*, marché aux bœufs, qui tirait aussi son nom de la vache en bronze de *Myron*, qui y figurait. C'est là, dit la tradition, que *Romulus* avait commencé à tracer avec sa charrue l'enceinte de Rome.

L'*Arc de Janus Quadrifrons*, qui frappe ensuite nos regards, est majestueux, mais il ne remonte pas au delà du Bas-Empire. Le portique à quatre faces servait de rendez-vous aux marchands et de refuge en cas de pluie; ses larges piliers sont revêtus de marbre blanc et ornés de niches. Dans les guerres du moyen âge, la faction *Frangipani* en fit une forteresse.

L'*Arc de Septime-Sévère*, qui se trouve à côté, et qui se fait remarquer par la richesse de sa sculpture et par la forme de son ouverture en plate-bande, fut dédié, selon l'inscription, à cet empereur, ainsi qu'à *Julie*, sa femme, et à *Caracalla* et *Géta*, ses fils, par les orfévres et les marchands de bœufs. Le nom et la figure de *Géta* ont disparu, comme ailleurs, par l'inimitié de son frère[1]. A cet arc est appuyée l'église Saint-Georges-en-Vélabre.

---

1. *Voyages en Italie*, p. 440.

Cet édifice, qui existait dès le temps de saint Grégoire le Grand. a subi beaucoup de restaurations ; les belles peintures de *Giotto*, qui la décoraient au xiii° siècle, ont presque entièrement disparu sous des retouches successives et malheureuses. Nous admirons les seize colonnes antiques, dont deux de marbre violet, qui la divisent en trois nefs, et nous descendons à la crypte, ou *confession*[1], pour vénérer le précieux chef de saint Georges, martyr, déposé là par le pape Zacharie.

En prenant la voie qui s'ouvre en face de l'*Arc de Septime-Sévère*, nous arrivons à la *Cloaca Maxima*, grand égout construit par Tarquin l'Ancien, et dont on peut lire la description dans Pline et Strabon. Sa voûte est formée par trois rangs de gros blocs de tuf sans ciment, et, après plus de vingt-trois siècles, elle est encore intacte. Nous buvons avec un vrai plaisir de l'eau argentine, *acqua argentina* comme l'appellent les Italiens, qui jaillit près de l'église *Saint-Georges* et va se perdre dans la *Cloaca Maxima*.

Nous continuons à suivre la pente du *Palatin;* arrivé à la *rue des Cerchi*, nous obliquons à gauche et nous arrivons à SAINTE-ANASTASIE,

1. On appelle ainsi, dans le langage ecclésiastique, le monument souterrain qui renferme un ou plusieurs corps saints, ou, du moins, des reliques très-notables.

bâtie, en 300, aux frais d'une dame romaine, nommée *Apollonie*, pour y déposer le corps de la sainte dont cette église porte le nom. Elle fut réparée en 795 par Léon III, et ornée de son frontispice actuel en 1635, sur les dessins de *Arrigucci*. Suivant une antique tradition, saint Jérôme y célébra les saints mystères. Nous remarquons les douze colonnes de marbre; les peintures de la tribune, de *Baldi*, et le tombeau du cardinal Ange *Maï*, construit en 1857 par *Benzoni*.

Dans la vallée appelée anciennement *Murcia* ou *Martia*, dans cette partie du *Vélabre* que nous foulons en ce moment aux pieds, il y avait le plus grand cirque dont il soit fait mention dans l'histoire, le *Circo Massimo*. Du temps de Tarquin l'Ancien, qui le fit construire, il contenait cent cinquante mille personnes; c'est dans son enceinte, dont on ne voit plus que quelques rares et informes débris, qu'avaient lieu les fameuses courses de chars. Agrandi par *César*, embelli par *Auguste*, restauré et agrandi de nouveau par *Vespasien*, ce cirque pouvait, sous ce dernier empereur, contenir jusqu'à deux cent soixante mille spectateurs.

On nous fait remarquer tout près de là l'emplacement du fameux *Septizonium*, édifice à sept étages qui existait encore en partie au XVIe siècle. Sixte-Quint le fit démolir pour en employer les matériaux à la construction de la *basilique Saint-Pierre*.

Nous voici à la *porte Capène*, appartenant à l'enceinte de *Servius* et débouchant sur la *voie Appienne*. Elle était beaucoup plus rapprochée du centre de la ville que la porte *Saint-Sébastien*, qui l'a remplacée.

Qui n'a entendu parler du *combat des Horaces et des Curiaces?* Eh bien! à deux pas de la *porte Capène* se trouve le lieu où le seul survivant des fils du vieil *Horace* immola sa sœur qui lui reprochait la mort de son fiancé. Une simple pierre rappelle ce fait.

En dehors de l'ancienne enceinte s'élevaient les *Temples de l'Honneur et de la Vertu*, et, tout à côté, la *Fontaine d'Égérie*, dont parle Juvénal. Près du *Temple de Mercure*, qui a disparu, il y avait un petit cours d'eau jouissant d'une certaine célébrité. Ce doit être le ruisseau qui se jette dans le *Tibre*, près de la *porte Salara*, et qu'on appelle aujourd'hui la *Marrana*.

Après avoir franchi cette espèce de torrent, nous voyons, à droite, des ruines imposantes; nous hâtons le pas pour les contempler de près.

Les *Thermes de Caracalla*, vaste assemblage de murs pantelants, à travers lesquels on a de merveilleuses vues, donnent une grande idée de la magnificence romaine et du luxe de ces constructions dont nous voyons les débris. La superficie de ces ruines de bains dépasse d'un tiers l'emplacement de l'*Hôtel des Invalides*, l'un des monuments de Paris qui occupe le plus d'espace. Malgré les importants travaux et les restaurations opiniâtres de *Blouet*, architecte français, la destination d'une grande partie des pièces doit être fort incertaine[1]. C'est là qu'au XVIᵉ siècle on a trouvé le *Torse du Belvédère*; les grandes baignoires de granit de la place Farnèse; la *Flore*, l'*Hercule* et le *Taureau*, qui sont aujourd'hui au musée de Naples. Plus tard, au XVIIᵉ siècle, de nouvelles fouilles ont amené la découverte d'un grand nombre de statues, de mosaïques, de colonnes et autres objets intéressants au point de vue archéologique. Non loin de là se trouvaient les jardins d'*Asinius Pollion*, qui restaura l'*Atrium-de-la-Liberté* et en forma une bibliothèque publique.

Nous visitons ensuite l'église des SAINTS-NÉRÉE-ET-ACHILLÉE, bâtie sur les ruines d'un temple d'*Isis* à une époque très-reculée, reconstruite par Léon III vers l'an 800, et refaite presque à neuf au XVIᵉ siècle par le savant cardinal *Baronius*, qui lui conserva son ancienne forme, et qui, dans une inscription gravée à la

---

1. *Voyages en Italie*, p. 441.

gauche du trône épiscopal, a prié ses successeurs de respecter comme lui le sceau de l'antiquité. Elle a encore ses deux ambons primitifs et la chaire en marbre, d'où saint Grégoire prononça une de ses belles homélies, la vingt-huitième, que l'on y a gravée en partie. La fresque représentant un *Concile*, qui décore la tribune, est de ixe siècle. Nous remarquons principalement les quatre colonnes de marbre africain qui soutiennent le baldaquin du maître-autel, sous lequel reposent les corps des saints patrons et de sainte *Domitilla;* et les peintures des nefs latérales, de *Roncalli,* qui retracent l'histoire des Apôtres.

En face s'élève l'église Saint-Sixte, érigée sur l'emplacement d'un temple des *Muses*, et donnée à saint Dominique par le pape Honorius III pour l'établissement de son ordre. Le Révérend Père *Besson*, Frère-Prêcheur, et artiste de grand talent, l'a, de nos jours, décorée de belles peintures ; nous signalerons : la *Vierge du Rosaire, Saint Dominique et saint François se donnant le baiser de paix,* l'*Apparition de saint Pierre et de saint Paul,* et la *Résurrection d'un enfant.*

Poursuivant notre route, nous rencontrons à quelques pas, toujours à droite, l'église Saint-Césarée-in-Palatio, ainsi appelée, sans doute, du voisinage du palais des thermes de Caracalla.

*Sergius I*ᵉʳ y fut élu pape en 687. Cet édifice a été rebâti par saint Grégoire-le-Grand et mis dans son état actuel par Clément VIII. Nous remarquons : les quatre colonnes de brocatelle qui supportent le baldaquin du maître-autel ; la base antique du candélabre destiné à porter le cierge pascal ; les deux ambons ; enfin les mosaïques de l'abside.

Sans quitter la *voie Appienne*, où nous nous trouvons, nous voyons à notre gauche, au numéro 13, si nous avons bonne mémoire, une inscription qui nous indique le *Tombeau des Scipions*, découvert en 1780. Il n'en reste que le souterrain creusé dans le tuf ; l'édifice supérieur a disparu. On a porté au musée du Vatican le sarcophage en pépérin, ou pierre d'*Albano*, de *Lucius Scipion-Barbatus*, vainqueur des *Samnites* et conquérant de la *Lucanie*. Le poëte *Ennius* fut enterré là aussi, selon la tradition, et quelques antiquaires regardent comme étant le sien le buste couronné de lauriers trouvé dans cet hypogée romain.

Avançant toujours vers la *porte Saint-Sébastien*, nous arrivons aux trois *Colombaires de la vigne Codini*. Ce sont d'anciens sépulcres dont les niches étaient destinées à recevoir des urnes cinéraires, et qui, par leur forme, ressemblaient à des colombiers. Ils ont été découverts en 1832. Nous y lisons des inscriptions qui désignent des personnes exerçant diverses professions, entre autres, de médecin, d'argentier et de cymbalier.

Un peu plus loin, nous passons sous l'*Arc* élevé à *Drusus*, l'an de Rome 745, par le sénat et le peuple romain, pour ses victoires en *Germanie*. Il est de travertin et orné de deux colonnes de marbre africain, d'ordre composite. On voit encore les débris de l'aqueduc établi au-dessus par *Caracalla,* afin de faire arriver l'eau à ses bains.

Nous voici à la *porte Saint-Sébastien,* ancienne *porte Appienne* qui, elle-même, remplaça la *porte Capène,* dont les initiales P. C. sont gravées sur un mur à l'endroit où elle se trouvait, à moitié chemin environ entre les *thermes de Caracalla* et la *rue Saint-Grégoire*. Elle est flanquée de tours et de créneaux qui remontent au moyen âge, et les blocs de marbre qu'on y voit proviennent sans doute d'édifices antiques. Ce lieu nous rappelle un intéressant ouvrage intitulé : *Aurélia ou les Juifs de la porte Capène*[1], par M. Quinton, dont la lecture est instructive et attrayante à la fois.

Quand nous avons franchi cette porte, nous voyons l'*Almone,* petite rivière que l'on croit formée des eaux de la *fontaine Égérie*, et, un

---

1. Léthielleux, éditeur, rue Cassette, 4, Paris.

peu plus loin, la grotte que, jusqu'en 1780, l'on prit pour le *tombeau des Scipions*. Presque en face s'élève la chapelle de Sainte-Marie-de-l'Empreinte, ou du Domine-quo-Vadis? La touchante tradition qui s'y rapporte est bien ancienne, puisque saint Ambroise en fait mention, au ive siècle. Saint Pierre, fuyant la persécution, rencontre à cette place Jésus chargé de sa croix, et il lui dit : Seigneur, où allez-vous? *Domine, quo vadis?* Celui-ci lui répond : Je vais à Rome pour y être crucifié de nouveau, *Vado Romam iterum crucifigi;* le Prince des apôtres, s'appliquant le sens de ces paroles, rentra dans la ville, fut livré aux bourreaux et subit le martyre.

Continuant la *voie Appienne*, nous atteignons bientôt le petit oratoire de Saint-Calixte, à côté duquel se trouve l'entrée des *catacombes* du même nom. Les chrétiens les creusèrent pendant les persécutions et y célébrèrent les saints mystères. C'est là aussi que, dans des tombes taillées dans le roc, on déposait les corps des martyrs, et souvent même l'instrument de leur supplice et le vase où avait été recueilli leur sang. Nous descendons dans ces immenses souterrains par un large escalier qui peut dater du ive ou du ve siècle, c'est-à-dire de l'époque où, la paix ayant été rendue à l'Église, les fidèles venaient en foule vénérer les précieux restes des saints qui, en si grand nombre, y reposaient à l'ombre de la croix. Quatorze papes et cent soixante-dix mille chrétiens ont trouvé place dans les galeries que nous parcourons avec une sainte frayeur. Nous foulons un sol sur lequel ont passé avant nous des générations entières, un sol tout imprégné du souvenir des héros de la foi, un sol enfin qui recèle encore de vénérables reliques ; nous ne saurions le faire avec indifférence. Notre émotion augmente à la vue des inscriptions grecques et latines qui frappent nos regards, et, dans l'impossibilité où nous sommes de les rapporter toutes, nous donnerons celle que composa saint *Damase* et qui se trouve au fond de la *crypte des papes*, découverte en 1851 par M. de *Rossi*. En voici la traduction d'après le chanoine de Bleser :

« C'est ici que, si tu me le demandes, reposent les ossements de la foule des saints dont les âmes ont pris leur essor vers le palais du ciel ; c'est ici que sont les compagnons de saint Sixte, chargés des trophées qu'ils ont remportés sur l'ennemi ; c'est ici qu'est la foule des ministres saints qui gardent les autels du Christ ; c'est ici que repose le pontife qui vécut jouissant de la longue paix ; ici sont les confesseurs que la Grèce a envoyés à Rome ; ici reposent des enfants, des jeunes gens, des vieillards et des vierges. Ici, je l'avoue, moi *Damase*, j'aurais voulu ensevelir ma dépouille; mais j'ai craint d'insulter aux cendres des saints[1]. »

Du caveau pontifical, nous entrons dans une chambre à ciel ouvert, où était autrefois le tombeau de sainte Cécile, et nous voyons sur les murs des peintures du viie siècle. Nous remarquons encore la sépulture du pape saint Eusèbe, et deux sarcophages recouverts de verre, dans lesquels il y a des ossements noircis sous l'influence de l'humidité et des années. Les fresques représentant *Moïse, Noé, Job, Jonas,* le *Bon-Pasteur,* la *Multiplication des pains,* le *Paralytique emportant son lit,* remontent à une très-haute antiquité, quelques-unes même au 1er et au iie siècle.

En sortant de là, notre esprit est plein de graves pensées; c'est en nous livrant aux plus sérieuses réflexions que nous arrivons à la basilique de SAINT-SÉBASTIEN, bâtie en 367 sur le cimetière de Saint-Calixte, et entièrement restaurée en 1611, d'après les plans de *Flaminio Ponzio,* sur les ordres du cardinal *Scipion Borghèse.* Son portique, orné de six belles colonnes de granit, est, ainsi que sa façade, l'œuvre de *Jean Vansanzio.* Nous voyons, dans la première chapelle à droite, un grand nombre d'insignes reliques, et notre attention se fixe sur la *pierre*

---

1. *Rome et ses monuments,* p. 556 et suiv

de la voie Appienne qui porte l'empreinte des pieds du Sauveur, lors de son apparition à saint Pierre. Nous remarquons, dans les autres parties de cette église : la colonne à laquelle fut attaché saint Sébastien et une des flèches qui pénétra dans sa chair; les tableaux de saint François d'Assise et de saint Jérôme; le maître-autel, avec ses quatre colonnes de vert antique, sous lequel repose le corps de saint Étienne, pape et martyr; les autels de la sainte Vierge, de saint Bernard et sainte Françoise-Romaine; enfin la belle statue de saint Sébastien, exécutée par *Giorgetti*, élève du *Bernin*, sur le dessin de ce grand maître. Un escalier, à gauche de la sortie, nous fait pénétrer dans les catacombes qui, dépouillées de leurs antiques monuments, n'offrent plus l'intérêt qu'elles avaient dans le passé; on ne visite plus guère aujourd'hui que celle de Saint-Calixte, dont nous avons parlé.

En sortant de là, nous prenons la route qui s'ouvre à notre gauche, et, après deux kilomètres environ, nous nous trouvons à SAINT-PAUL-HORS-LES-MURS. Cette insigne basilique, fondée d'abord par Constantin sur le tombeau du grand apôtre, fut réédifiée sous Valentin II et ses successeurs, dans de plus vastes proportions, et terminée en 395 par le pape Honorius. Elle avait un *Atrium*, c'est-à-dire une cour entourée de portiques à colonnes, dont on voyait encore les débris au xviie siècle; elle devint, en 1823, la proie des flammes. Le pape Léon XII ayant invité tous les fidèles du monde catholique à contribuer à sa reconstruction, les dons ont si généreusement afflué, qu'il a été possible de la relever de ses cendres, plus belle et plus majestueuse encore. La nouvelle basilique a été partiellement inaugurée en 1847 ; c'est au vénéré Pie IX qu'il a été donné de consacrer tout l'édifice, le 10 décembre 1854, en présence de cent quatre-vingt-cinq cardinaux, archevêques et évêques, accourus de toutes les parties de l'univers pour assister à la proclamation du dogme de l'Immaculée-Conception, qui eut lieu deux jours auparavant. L'intérieur de l'édifice est divisé en cinq nefs, par des colonnes corinthiennes en granit de *Fariolo*, dit aussi de *Baveno*, localité voisine située sur les bords du *Lac Majeur;* les bases et les chapiteaux sont de marbre blanc. Nous sommes ébloui à la vue de tant de belles choses; il nous faut un peu de recueillement avant de visiter en détail les merveilles accumulées à cette place.

Le baldaquin du maître-autel est supporté par quatre colonnes d'albâtre oriental aux nuances variées, et, pour ainsi dire, transparentes; les frises du vaisseau principal sont ornées des portraits des papes en mosaïques anciennes et modernes; on voit, du côté de l'Évangile, un antique candélabre en marbre blanc avec bas-reliefs du xii° siècle. Nous remarquons principalement : les statues de saint Pierre et de saint Paul, par *Obicci* et *Giacometti;* l'*Assomption*, de *Agricola*, à l'autel de la Sainte-Vierge ; les peintures de la voûte, représentant Notre-Seigneur et les Apôtres ; les chapelles du Crucifix et de Saint-Étienne ; et le tableau de la *Conversion de saint Paul*, par *Camuccini*, l'un des maîtres de l'école moderne. On conserve, dans le cloître contigu à l'église, des marbres et des inscriptions antiques, restes précieux de l'ancienne basilique.

Nous continuons notre route, et, en peu de temps, nous arrivons à SAINT-PAUL-AUX-TROIS-FONTAINES, ancien sanctuaire rebâti à la fin du xvi° siècle par les ordres du cardinal *Aldobrandini*. La belle façade de cette église est l'œuvre de *Jacques della Porta*. On y voit les trois sources qui, selon la tradition, jaillirent à la place où bondit trois fois la tête de l'apôtre, décapité par faveur en sa qualité de citoyen romain. Nous visitons tout près de là SAINTE-MARIE-SCALA-CŒLI, édifiée en 1582 sur les dessins de *Vignole;* la seule chose qui nous ait frappé est la mosaïque de la tribune, l'une des meilleures du xv° siècle. Nous entrons ensuite à l'église des SAINTS-VINCENT ET ANASTASE, qui remonte à la moitié du vii° siècle, et nous considérons attentivement ses pilastres ornés des figures des douze Apôtres, d'après les dessins de

Raphaël. Il y a au-dessus de la grande nef des fenêtres de marbre qui dénotent une haute antiquité.

Retournant en ville par le chemin direct, nous rencontrons d'abord la *porte Saint-Paul*, ancienne *porte d'Ostie*, construite par *Bélisaire*, et, avant de la franchir, nous apercevons à gauche la *Pyramide de Caïus Cestius*, tribun du peuple, qui n'offre plus que quelques traces des arabesques qu'on y avait peintes.

Le *Mont Testaccio*, qui s'impose à nous dès notre rentrée dans l'enceinte de la ville, est l'énigme des savants. C'est la *Colline des Tessons*, d'après la stricte étymologie du mot; on est, en effet, fondé à croire qu'elle est formée d'une accumulation de débris de poterie, produite, ou par le hasard d'une volonté commune, ou par l'ordre exprès des édiles. On s'étonne moins qu'on ait pu rassembler assez de tessons pour en former un monticule de cinquante mètres de haut et de plus d'un kilomètre de circonférence, quand on songe au grand usage que faisaient les Anciens de vases de terre cuite. Ils avaient des amphores pour le vin, des jarres pour l'huile, des pots pour l'eau, des statues et statuettes pour l'exercice du culte, des urnes funéraires pour les morts; enfin, quelle que soit son origine, le *Testaccio* existe réellement. Les Romains de notre temps ayant compris l'utilité qu'ils pouvaient tirer de cet amas de matières propres à entretenir la fraîcheur des liquides, y ont creusé des caves profondes où ils conservent leurs vins. C'est, dit-on, sur le sommet de ce monticule qu'allait souvent s'asseoir *Nicolas Poussin*, notre grand peintre normand, pour admirer les monuments de la reine des cités, au moment où le soleil disparaissait à l'horizon.

En nous avançant vers le *Tibre*, nous arrivons au lieu connu sous le nom de *Navilia*, où abordaient anciennement les barques qui remontaient le fleuve et où l'on déchargeait les marchandises. On y a découvert, surtout depuis 1867, des blocs de marbre d'un grand prix, avec les noms des expéditeurs et des destinataires.

Quand les eaux sont basses, on aperçoit les ruines du *Pont Sublicius*, le premier construit à Rome, rendu à jamais célèbre par l'exploit d'*Horatius Coclès*. Nous prenons la *rue Sainte-Sabine* pour monter à l'*Aventin*, et bientôt nous sommes à l'église SAINTE-MARIE-AVENTINA, qui date de fort loin, mais qui a été restaurée par saint Pie V. Nous n'y voyons de remarquable qu'un sarcophage antique où ont été déposés les restes mortels d'un évêque du nom de *Spinelli*, et la statue de *Parenesi*, l'architecte qui dessina les plans de l'édifice actuel.

L'église Saint-Alexis, que nous rencontrons ensuite, a été érigée d'abord en l'honneur de saint Boniface, martyr, par sainte Aglaé; le pape Innocent Ier y joignit le vocable sous lequel elle est aujourd'hui connue. Elle a subi de nombreuses restaurations; la dernière date de 1750. Les choses qui nous frappent le plus sont : les quatre colonnes de vert antique qui décorent le maître-autel; le tabernacle, don de Charles IV, roi d'Espagne, et l'escalier du palais sénatorial, sous lequel habita pendant dix-sept ans saint Alexis. Dans la crypte, sous l'autel, reposent les restes de sainte Aglaé, de saint Boniface et de saint Alexis, surnommé le *Pèlerin*, à cause de ses pieux voyages en Orient. Nous nous rendons de là à l'église voisine, située dans une position d'où l'on a une vue magnifique sur Rome et la vallée du Tibre.

Sainte-Sabine, que nous visitons maintenant, a, sur sa porte principale, une inscription en mosaïque qui la dit fondée en 425 par un prêtre illyrien, nommé *Pierre*, sur l'emplacement de la maison de la sainte. Elle possède trois nefs séparées par vingt-quatre colonnes antiques de marbre de *Paros*, avec leurs chapiteaux d'ordre corinthien. Nous remarquons : dans la nef principale, la pierre où saint Dominique faisait son oraison; à la chapelle du *Rosaire*, le célèbre tableau de *Sassoferrato*, représentant la sainte

Vierge, le fondateur des Frères-Prêcheurs et sainte Catherine de Sienne; les peintures de l'abside, et les sculptures du xve siècle, à la chapelle du *Crucifix*. On voit, dans le couvent voisin, les cellules de saint Dominique et de saint Pie V, et un cloître du xiiie siècle, orné de cent trente colonnettes.

L'église SAINTE-PRISQUE, un peu plus loin, nous rappelle le souvenir de saint Pierre qui, sur cet emplacement, baptisa tous les habitants de la maison qui y était alors bâtie. Consacrée par le pape *Eutychius* en 280, elle fut reconstruite en 1600 par le cardinal *Giustiani*, sur les plans de *Charles Lombardi;* ses trois nefs sont divisées par quatorze colonnes antiques. Notre intérêt se porte principalement : sur le tableau du maître-autel, de *Passignani*, qui a pour sujet le baptême de sainte Prisque ; le chapiteau de la chapelle souterraine, dont saint Pierre, selon la tradition, se serait servi en guise de fonts baptismaux ; enfin l'inscription en caractères du xiiie siècle.

Descendu au pied de l'*Aventin*, nous trouvons l'église SAINTE-MARIE-IN-COSMEDIN, bâtie sur les ruines du *temple de Cérès et Proserpine*. Elle a été restaurée aux viiie et xiiie siècles ; on croit que son nom lui vient de *Cosmos*, qui, en grec, signifie ornement, à cause des décorations dont la dota le pape Grégoire IX. On l'appelle vulgairement la *Bouche-de-la-Vérité*, d'une énorme figure antique placée à gauche sous le vestibule, et dans la bouche de laquelle les Romains, suivant la tradition, auraient mis la main lorsqu'ils prêtaient serment. Quoi qu'il en soit, la *Bocca della Verità* a donné son nom à tout le quartier. Cette église a trois nefs séparées par des colonnes antiques ; nous y remarquons : le maître-autel isolé, composé d'une urne de granit rouge et surmonté d'un baldaquin supporté par quatre colonnes de granit d'Égypte ; un siége épiscopal du xiie siècle ; le tombeau de sainte Cyrille, fille de l'empereur *Dèce*, et la pierre sur laquelle elle fut immolée ; les fonts baptismaux ; les deux ambons du xie et le clocher byzantin du viiie siècle. On nous montre l'appartement, aujourd'hui transformé en chapelle, qu'occupa longtemps le Bienheureux *Jean-Baptiste de Rossi*, chanoine de cette église ; son confessionnal, son prie-Dieu, son crucifix, du linge imbibé de son sang, et autres choses lui ayant appartenu.

Sur la même place *Bocca-della-Verità* s'élève un temple ancien converti depuis plusieurs siècles en église chrétienne, d'abord sous le titre de *Saint-Étienne-delle-Carozze*, ensuite sous celui de SAINTE-MARIE-DEL-SOLE, qu'il porte uniquement aujourd'hui. Les antiquaires ne sont pas d'accord sur la question de savoir si ce temple était dédié à *Vesta*, dont il a retenu le nom, ou à *Hercule Vainqueur*, ou à *Mater Matuta*. Quoi qu'il en puisse être, cette église possède de superbes marbres et de précieux restes de l'antiquité, entre autres, dix-neuf colonnes corinthiennes cannelées, encore debout.

On voit, derrière ce temple, sur les bords du *Tibre*, l'embouchure de la *Cloaca maxima*, ou grand égout que nous avons signalé près du *Vélabre*. En allant au nord, nous rencontrons le *Temple de la Fortune virile*, un des plus anciens de Rome, élevé par *Servius Tullius* à l'inconstante déesse, à qui il se croyait redevable de son passage de l'esclavage à la royauté. Il fut restauré au xe siècle et dédié à la sainte Vierge ; il est aujourd'hui l'église SAINTE-MARIE-L'ÉGYPTIENNE.

Nous voyons en face la maison de *Rienzi*, vulgairement dite de *Pilate*, ainsi surnommée, sans doute, à cause de quelque analogie entre la conduite du tribun de Rome et celle de l'ancien gouverneur de la Judée. Cette maison offre à l'intérieur un placage confus d'inscriptions et de fragments d'architecture de diverses époques. Tout près se trouvent les restes du *Pont Palatin*, aujourd'hui *Ponte Rotto*, ou pont rompu. Ce fut le premier que l'on construisit en pierre sur le *Tibre ;* plusieurs fois restauré par les papes, il fut détruit par l'inondation de 1598. On a jeté un tablier de fer sur ses arches, et, depuis 1853, il sert de communication entre le *Transtévère* et la ville.

CHAPITRE VIII

Transtévère, pont Fabricius, île du Tibre ou de Saint-Barthélemy, Saint-Barthélemy, pont de Gratien, Sainte-Cécile, Sainte-Marie-*dell' Orto*, port *Ripa-Grande*, hospice Saint-Michel, *Porta Portese*, Saint-François-*a-Ripa*, Sainte-Marie-du-Transtévère, Saint-Chrysogone, Sainte-Marie-*della-Scala*, mont Janicule, Saint-Pierre-*in-Montorio*, fontaine Pauline, porte Saint-Pancrace, villa Panfili, Saint-Pancrace, porte *Septimiana*, palais *Corsini*, Farnésine, Saint-Onuphre, *conservatorio Torlonia*, Porte-du-Saint-Esprit, pont Sixte, fontaine du Pont-Sixte, Trinité-des-Pèlerins, Sainte-Marie-*in-Monticelli*, Saint-Charles-*a-Catinari*, palais de la Chancellerie, Saint-Laurent-*in-Damaso*, palais Farnèse, palais Spada, Sainte-Marie-de-l'Oraison, Saint-Jérôme-de-la-Charité, Sainte-Marie-de-Montserrat, Saint-Esprit-des-Napolitains, Saint-Jean-des-Florentins, restes du pont Triomphal.

Le *Transtévère*, c'est-à-dire le quartier situé au delà du *Tibre*, sur la rive droite du fleuve, est aujourd'hui habité presque exclusivement par la classe industrielle. Cette nombreuse population, que nous avons visitée avec un grand intérêt, passe pour le plus beau type de l'ancienne race latine; aussi est-elle fière de son origine et conserve-t-elle soigneusement ses habitudes et jusqu'à son dialecte particulier. On y communique par trois ponts, dont le plus ancien, appelé

Quattro Capi, des quatre têtes de Janus qui ornent ses parapets, fut construit, l'an de Rome 690, par *Fabricius*, inspecteur des chemins. Il conduit de la rive gauche à l'*Ile Tibérine*, dont la formation remonte à une époque inconnue. Une vieille tradition rapporte que, à la chute de Tarquin-le-Superbe, le peuple ravagea un champ de blé que ce roi avait aux portes de Rome et en jeta dans le fleuve les gerbes, qui devinrent le noyau d'attérissements assez considérables pour créer, avec le temps, un sol doué de consistance. Là où s'élève l'église dont nous allons parler tout à l'heure, il y avait un temple d'Esculape, dieu de la médecine, vénéré sous la figure d'un serpent. Cette île, soutenue de toutes parts par d'immenses blocs de travertin, a pris artificiellement la forme d'un vaisseau, en mémoire, dit-on, de celui qui, l'an 622, servit au transport des personnes chargées d'aller consulter l'oracle d'*Épidaure*. Les bons Frères de la Miséricorde y ont un hôpital destiné au soulagement des pauvres et des malades.

L'église SAINT-BARTHÉLEMY est très-ancienne, mais sa dernière restauration ne date que de 1863. Nous y remarquons : les nouvelles peintures dues à des *Pères de l'Observance*, doués d'un réel talent artistique ; *saint Charles Borromée*, du *Carrache; saint François d'Assise*, de *Sermonetta;* la belle urne en porphyre qui renferme les reliques de saint Barthélemy ; et le *petit puits*, orné de bas-reliefs du xii° siècle, où furent déposés les corps de saint Paulin de Nole, de sainte Exupérance et de saint Marcellin.

De là nous passons dans la région transtévérine par le *Pont de Gratien*, plus connu aujourd'hui sous le nom de *pont Saint-Barthélemy*, qui se trouve en face du *Quattro Capi*, sur l'autre bras du *Tibre*. Les inscriptions que nous voyons sur ses côtés nous apprennent qu'il fut reconstruit en 367 par les empereurs Valentinien et Gratien, ce qui lui donne une très-haute antiquité. Sa dénomination actuelle lui vient de l'église dont nous avons parlé.

Nous suivons la *rue Longarina* jusqu'à celle des *Vascellari*, et nous voyons, à droite, l'église SAINTE-CÉCILE, fondée par Urbain Ier sur la demeure même de cette vierge martyre. Elle a subi de nombreuses transformations ; nous en observons les traces dans les mosaïques du ix° et du xi° siècle, qu'on y a conservées. Sa dernière restauration date de 1823, où les vingt-quatre belles colonnes de granit qui en faisaient l'ornement ont été malheureusement recouvertes pour les changer en piliers. La statue de la sainte, couchée sur sa tombe, est d'un merveilleux effet ; cette figure attache et parle singulièrement à l'âme ; elle la porte à l'amour de la vertu. C'est là le chef-d'œuvre de *Charles*

Maderna, qu'on serait tenté d'attribuer au *Bernin*, tant l'expression et la pose sont admirables. Au sommet de l'abside on lit une inscription latine dont voici la traduction :

« Cette vaste demeure, où brille aujourd'hui l'émail de tant de métaux précieux dont elle est fabriquée, tombait naguère en ruines sous les coups du temps. Le pontife Pascal, dans sa munificence, l'a relevée plus belle. Il a assis cette maison de Dieu sur les plus riches fondements ; et le sanctuaire, tout éclatant d'or, brille du mélange harmonieux des pierres précieuses. C'est ici que, plein d'allégresse, Pascal a réuni, pour l'amour du Seigneur, les corps sacrés de Cécile et de ses compagnons. Cette famille, brillante de jeunesse, dont l'heureuse dépouille fut si longtemps cachée à tous les regards sous l'ombre des cryptes, repose maintenant ici. Rome tressaille de joie, et la gloire qui rejaillit sur elle l'embellit à jamais [1]. »

Sainte-Marie-dell'Orto, que nous visitons ensuite, est toute resplendissante de marbres, de stucs et de dorures. Cette église, commencée par *Michel-Ange*, fut terminée par *Jules Romain* en 1512, à l'exception de la façade, qui ne reçut son achèvement qu'en 1762, sur les dessins de *Longhi*. Elle tire son nom d'une image

---

1. Dom Guéranger, *Histoire de sainte Cécile*.

miraculeuse peinte autrefois sur la porte d'un jardin; bâtie aux frais des confréries d'ouvriers et de marchands, tous les corps d'état y ont leur chapelle avec des emblèmes parlants, tels qu'un coq pour les rôtisseurs, une pantoufle pour les cordonniers, un artichaut pour les jardiniers. Les choses qui nous frappent le plus sont : les peintures de *Thadée* et de *Frédéric Zucchero*, et, en particulier, les *Prophètes*, de la voûte ; le *saint Jacques* et le *saint Barthélemy*, de *Jean Baglioni* ; le *Baptême de Notre-Seigneur*, de *Conrad Giacinto;* et le maître-autel, dessiné par *Jacques della Porta*, où nous vénérons l'antique image de la *Madone dell' Orto*.

Revenu au bord du *Tibre*, nous examinons le port dit *Ripa Grande*, qui était le seul de l'ancienne Rome. Innocent XII y fit bâtir la *douane de mer*, c'est-à-dire les magasins destinés à recevoir les marchandises que les petits bâtiments peuvent apporter jusqu'ici ; les navires d'un plus fort tonnage restent à l'embouchure du fleuve. Il y a là un service de bateaux à vapeur qui en descendent le cours dans la direction de *Fiumicino*, et qui, pendant l'été, est souvent entravé par des baisses considérables.

L'HOSPICE SAINT-MICHEL, qui se trouve tout près, fut fondé en 1689 par *Thomas Odeschalchi*, neveu et aumônier d'Innocent XI. Grâce à la sollicitude d'Innocent XII, de Clément XI et de Pie VI, il a reçu un accroissement important; Pie IX, qui, en 1827, était président de la commission administrative de cet établissement, lui porta toujours un vif intérêt. Il est partagé en quatre grandes divisions, dites *communautés*, dont chacune peut recevoir jusqu'à trois cents personnes. Indépendamment de ses vieillards infirmes des deux sexes, de son conservatoire de pauvres filles, de ses divers ateliers d'arts mécaniques, de sa grande filature, de sa fabrique de drap destinée à la troupe, l'hospice fait enseigner libéralement à des enfants indigents la peinture, la sculpture, l'architecture, la gravure; plusieurs de ces élèves de la charité sont devenus d'habiles artistes, et l'on voit, exposés dans une des salles, quelques-uns de leurs travaux. Nous examinons des ouvrages en tapisserie qui imitent ceux de la manufacture des Gobelins à Paris; chacun des bras de la chapelle, bâtie en croix grecque, est réservé à une communauté différente.

En suivant la rue qui se trouve entre l'hospice et la douane, nous atteignons la *Porta Portese*, construite par Urbain VIII en arrière de l'ancienne *porte Portuensis*. A environ trois kilomètres, après l'avoir franchie, nous arrivons à la *Vigna Pia*, maison de campagne, dont le pape Pie IX a bien voulu doter le séminaire qu'il a établi en 1853 à l'*Apollinaire*.

Notre première visite, en rentrant en ville, est pour l'église SAINT-FRANÇOIS-A-RIPA, érigée sur l'emplacement d'un sanctuaire fort ancien dédié à saint Blaise. Elle fut donnée en 1229 par le pape Grégoire IX aux religieux de l'ordre de Saint-François; on voit la cellule, aujourd'hui transformée en chapelle, qu'occupa le patriarche séraphique, la pierre qui lui servait d'oreiller et quelques autres objets rappelant son souvenir. Nous remarquons principalement : le portrait du saint, fait de son vivant, par le Bienheureux *Jacques de Settesoli ;* la *Madone,* du *Baciccio ;* la statue de la Bienheureuse *Louise Albertoni,* chef-d'œuvre du *Bernin ;* l'*Annonciation,* de *Salviati ;* l'*Immaculée Conception,* de *Martin de Vos,* peintre flamand; *Saint François en extase,* du chevalier d'*Arpino ;* l'autel de sainte *Hyacinthe-Mariscotti ;* enfin le monument des *Pallavicini.*

SAINTE-MARIE-DU-TRANSTÉVÈRE, où nous nous rendons ensuite, est une des plus majestueuses basiliques de Rome. Élevée en 222 par saint Calixte, elle a été rebâtie en 1139 par Innocent II, qui lui a imprimé un véritable cachet de grandeur. Les mosaïques de la façade extérieure, représentant la *Vierge, l'Enfant Jésus et les dix Vierges prudentes,* sont du XIIe siècle, mais elles ont été restaurées dans le XIVe par *Pierre Cavallini.* Elle est divisée en trois nefs par vingt et une colonnes de granit qui doivent provenir d'un temple d'*Isis* et de *Sérapis*, puisqu'elles offrent les figures de ces divinités égyptiennes, ainsi que celle d'*Harpocrate*, dieu du silence. L'*Assomption*, du *Dominiquin*, peut être regardée comme une des premières fresques de Rome, pour le coloris. Près de la sacristie, le mausolée du cardinal *Philippe d'Alençon*, de la fin du xive siècle, est un monument de l'architecture, de la sculpture et de la peinture de cette époque; l'auteur paraît être l'artiste romain *Paolo*, qui a fait aussi le tombeau du cardinal *Stefaneschi*, qui se trouve tout près de là. Parmi les pierres sépulcrales, nous distinguons celles des peintres *Lanfranc* et *Cyrus Ferri*, et du savant *Bottari*, préfet de la bibliothèque Vaticane, mort à quatre-vingt-six ans[1].

En face de cette église, deux rues s'ouvrent devant nous : nous prenons celle de gauche, nous passons à côté de l'*hôpital Saint-Gallican*, et, un peu plus loin, nous voyons l'église Saint-Chrysogon. Cet édifice remonte au pape saint Sylvestre; il a été réparé en 731 par Grégoire III, et refait, pour ainsi dire, en 1623, par le cardinal *Scipion Borghèse*, sur les plans de l'architecte *Jean-Baptiste Soria*. Nous examinons : le portique soutenu par trois colonnes

---

1. *Voyages en Italie*, p. 420.

de granit rouge; les trois nefs séparées par vingt-deux colonnes de granit égyptien, qui faisaient autrefois partie des *thermes d'Alexandre-Sévère;* la fresque de la voûte offrant l'*Apothéose de saint Chrysogon,* d'après le *Guerchin;* la *Vierge,* du chevalier d'*Arpino*; les deux colonnes de porphyre de l'abside ; et les quatre colonnes d'albâtre jaune qui supportent le baldaquin du maître-autel.

Sainte-Marie-della-Scala, qui nous fait revenir sur nos pas, possède une image miraculeuse à laquelle elle doit sa fondation. Construite en 1592 sur l'emplacement de l'escalier où était peinte la *Madone,* cette église est due, en grande partie, aux aumônes des fidèles. Nous y remarquons : la *Décollation de saint Jean-Baptiste,* de *Gérard de Notti;* la *Sainte Vierge et sainte Hyacinthe,* d'auteur inconnu; les statues de saint Joseph et de sainte Thérèse, de l'école du *Bernin;* l'autel, orné d'ouvrages en bronze, en partie dorés, où l'on vénère la sainte *Image della Scala;* enfin les seize colonnes de jaspe oriental qui décorent le tabernacle du maître-autel.

La *rue des Fornaci,* à gauche de cette église, nous conduit au *mont Janicule,* aujourd'hui dit *Montorio.* Cette colline, la plus haute de Rome, s'étend sur la rive droite du *Tibre,* et est circonscrite par les murailles de la ville. Elle a pris son nom de *Janus*, roi des *Aborigènes*, qui avait bâti là sa ville, vis-à-vis du *Capitole*, alors occupé par *Saturne*. Le roi *Ancus Martius* fortifia ce lieu pour protéger la navigation du *Tibre;* et plus tard, une partie du coteau fut appelée *Mont-d'Or*, à cause de la couleur de ses sables. De *Monte Aureo* est venu le nom moderne de *Montorio*. En gravissant le *Janicule*, nous arrivons à une plate-forme, où l'on voit l'entrée du *Bosco Parrasio;* c'est là que, durant les chaleurs, se tiennent, en plein air, les séances de l'*Académie des Arcades*.

Nous voici à SAINT-PIERRE-IN-MONTORIO, là où, suivant l'antique tradition, le Prince des apôtres souffrit la mort. Cette église, érigée par Constantin, menaçait ruine, lorsque, à la fin du xve siècle, Ferdinand le Catholique, roi d'Espagne, la fit rebâtir sur les plans de *Baccio Pintelli*. Elle a beaucoup souffert lors du siége de 1849. Les choses qui ont le plus attiré notre attention sont : les grandes fresques de *Sébastien del Piombo*, exécutées sur les dessins de *Michel-Ange*, et surtout la *Transfiguration;* l'image miraculeuse, connue sous le nom de *Madona della Lettera;* la *Présentation au temple*, de *Cerutti;* la *Conversion de saint Paul*, de *Vasari;* le *Crucifiement de saint Pierre*, d'après le *Guide;* le *Christ au tombeau*, de *Stallaert*, de Bruxelles; le *Saint François*, de *Vec-*

chi; enfin, la balustrade, en jaune antique, construite avec les colonnes trouvées aux *jardins de Salluste.* Philippe III fit faire la place que nous voyons devant l'église et ses murs de soutènement; on a, de cette esplanade, une vue admirable de Rome et de ses environs. Nous visitons, dans le cloître du couvent voisin, un oratoire à coupole circulaire, du dessin de *Bramante*, élevé à l'endroit même où saint Pierre fut crucifié.

La *Fontaine Pauline*, que nous trouvons un peu plus haut, tire son nom de Paul V, qui la fit construire sur les dessins de *Jean Fontana* et de *Charles Maderna*. Supérieurement située, elle paraît de loin un arc de triomphe jetant de l'eau; c'est la plus abondante de toutes. Six colonnes ioniques de granit rouge, provenant du *Forum de Nerva*, soutiennent une galerie au milieu de laquelle on voit les armes des *Borghèse*.

En continuant à monter le *Janicule*, nous parvenons, non loin de là, à la *porte Saint-Pancrace*, anciennement appelée *Janiculensis*. Fortement endommagée au siége de 1849, elle a été reconstruite, en 1853, par les soins du zélé pontife qui nous a été ravi récemment par la mort. Pie IX n'est plus, mais sa mémoire bénie vivra éternellement dans le cœur de tous les vrais catholiques.

A peu de distance au delà de cette porte s'offre à nos regards la superbe *Villa Panfili-Doria*, avec son bois de pins en parasol, son lac, sa vue qui s'étend jusqu'à la mer, ses frais gazons émaillés d'anémones, ses grottes, ses bassins, ses cascades, ses antiquités. C'est la plus vaste et la plus belle des villas romaines. On a cru longtemps qu'elle avait été établie sur les plans de *Le Nôtre*, dessinateur français, tant l'architecte a bien su tirer parti des accidents du terrain. Plusieurs plafonds du *casino* sont ornés de stucs exécutés de la propre main d'*Algardi*, le véritable ordonnateur de cette maison de campagne; ils ont conservé toute leur fraîcheur. Le vestibule et les salles du rez-de-chaussée renferment quelques statues antiques; dans les pièces du premier étage, nous remarquons des *Vues de Venise*, du xviie siècle, par *Heintius*. On a découvert en 1838, près du palais, quelques *colombaires* avec des peintures et des inscriptions.

L'église Saint-Pancrace, érigée en 274 par le pape saint Félix, sur le *cimetière Calepodius*, attenant à la villa *Panfili*, a été restaurée par saint Symmaque au ve siècle, et reconstruite en 1609 par le cardinal *Louis Torrès de Monreale*. Elle est riche en souvenirs historiques : c'est de là que le saint pontife *Pélage* partit processionnellement avec *Narsès*, vainqueur des Goths, pour se rendre à Saint-Pierre du Vatican et se justifier des accusations odieuses portées contre lui au sujet de *Vigile*, son prédécesseur. C'est dans cette église que saint Grégoire prononça, du haut de l'ambon, sa vingt-septième homélie; qu'Innocent III couronna Pierre d'Aragon, et que Jean XXII reçut Louis, roi de Naples. Les restes de saint Pancrace reposent dans une urne de porphyre sous le maître-autel.

Nous rencontrons, en descendant du *Janicule*, la *porte Septimiana*, ainsi appelée de Septime-Sévère, son fondateur. Elle fut reconstruite par Urbain VIII, afin d'étendre l'enceinte de la ville jusqu'au *Vatican* et d'y renfermer le reste du *Janicule;* elle donne entrée à la *Lungara* et n'a plus aujourd'hui d'utilité.

Le *Palais Corsini*, qui s'offre ensuite à nos regards, appartenait autrefois à la famille *Riario*, et fut habité par Catherine de Suède ; on montre la chambre où elle mourut le 19 avril 1689. Il devint, en 1727, la propriété du cardinal *Neri Corsini*, qui le fit agrandir sur les dessins de *Fuga*. Malgré ses incorrections, il est un des plus renommés de Rome pour son habile disposition, la magnificence du double escalier par où l'on arrive aux galeries de peinture, et la bonne distribution de l'intérieur. Nous remarquons : l'*Ecce Homo*, du *Guerchin;* une *Vierge*, du *Caravage;* une *Sainte Famille*, de *Fra Bar-*

tolommeo; le *Jules II,* de *Raphaël;* le *Philippe II,* du *Titien;* *Hérodiade portant sur un plat la tête de saint Jean-Baptiste,* du *Guide;* la *Vierge et l'Enfant Jésus,* de *Murillo;* enfin la *Descente du Saint-Esprit,* l'*Ascension* et la *Glorification du Sauveur,* de *Frà Angelico.* La *bibliothèque Corsini,* ouverte au public, renferme 60,000 volumes et 1,300 manuscrits; elle est riche en éditions du xve siècle. Une villa charmante tient au palais, et s'étend sur la pente rapide du *Janicule;* du *casino,* la vue de Rome est complète [1].

Nous voyons, en face de nous, la *Farnésine,* monument de la *Renaissance,* élevé aux frais du célèbre banquier *Augustin Chigi,* sur les plans de *Balthazar Peruzzi.* Il devint ensuite la propriété des *Farnèse* et du roi de Naples. Ce palais est orné de peintures ayant trait à la mythologie et dues à *Raphaël,* à *Jules Romain,* à *Daniel de Volterre,* à *Gaspard Poussin,* à *Charles Maratta,* etc., etc. Une superbe tête colossale, dessinée au charbon par *Michel-Ange,* est un souvenir de ce grand maître qui, dit-on, la fit par manière de passe-temps, en attendant un de ses élèves.

Continuant la *rue de la Lungara,* nous passons devant le *palais Salviati,* converti en ca-

---

[1]. *Voyages en Italie,* p. 434.

serne, et nous nous dirigeons le plus directement possible vers l'église SAINT-ONUPHRE, que les *Ermites de Saint-Jérôme* ont élevée en 1439. La vie du saint docteur est retracée sous le portique par le *Dominiquin*, qui a aussi peint la *Vierge et l'Enfant Jésus* au-dessus de l'entrée principale. Nous considérons les fresques de *Peruzzi* et du *Pinturicchio;* la *Notre-Dame de Lorette*, d'*Annibal Carrache*, et le mausolée du célèbre cardinal *Mezzofanti*, qui nous rappelle le plus grand polyglotte des temps modernes. Après avoir prié sur la tombe de cet homme aussi modeste que savant, notre attention se porte tout entière sur le monument érigé par Pie IX à la mémoire du *Tasse*. L'auteur de *la Jérusalem délivrée* mourut dans le couvent qui touche à l'église, le 24 avril 1595, à l'âge de cinquante et un ans. En allant visiter les souvenirs de lui, qu'on conserve religieusement, nous voyons, dans un corridor, une magnifique *Vierge* de *Léonard de Vinci;* puis nous entrons dans la chambre du poëte. Il semble se détacher du mur qui fait face à la porte, et l'on est tenté de lui adresser la parole. Le masque pris sur son cadavre, un encrier, une page commencée, une loupe, une ceinture, quelques meubles assez bien conservés, un morceau du chêne à l'ombre duquel il aimait à se promener; tels sont les objets qui s'offrent à nos regards. Descendu au jardin, nous voulons au moins nous rendre compte de l'emplacement de l'arbre historique qui a été renversé en 1842 par un ouragan. De ce lieu élevé on a une très-belle vue de Rome et des environs jusqu'à la mer, et l'on nous fait même entrevoir dans le lointain le blanc sommet du *Soracte*.

Nous ne voulons pas quitter ce quartier sans entrer au *Conservatorio Torlonia*, placé sous l'intelligente direction des Filles de la Charité de Saint-Vincent de Paul, la plupart Françaises. La Révérende Mère Supérieure nous fait les honneurs de la maison avec une grâce et un empressement parfaits. C'est donc avec le plus vif intérêt que nous parcourons les classes, où nous distribuons quelques images, les chambres des malades et des infirmes, où tous ces braves gens, à qui nous donnons de petites médailles de la sainte Vierge, nous baisent la main et nous remercient d'une manière si touchante, que nous ne pouvons y songer sans éprouver un profond attendrissement. Nous comptons cette visite parmi les plus beaux jours de notre vie.

En sortant de l'établissement charitable fondé par le prince *Torlonia* et entretenu à ses frais, nous retournons à la rue de la *Lungara*, où nous trouvons, à gauche, la *porte du Saint-Esprit*, que la mort d'*Antoine Sangallo* a laissée inachevée. C'est un véritable chef-d'œuvre d'architecture. Nous passons devant l'hospice d'aliénés, créé, sur les bords du *Tibre*, par Benoît XIII, et considérablement agrandi par Pie IX, sur les plans de *François Azurri;* nous revenons à la *porte Septimiana*, près de laquelle s'élève la petite église SAINTE-DOROTHÉE, et, de là, nous gagnons le *pont Sixte.*

On traversait anciennement le fleuve à cet endroit sur le *pont Janicularius* qui, sous Marc-Aurèle, fut remplacé par un autre entièrement construit en marbre et désigné sous le nom d'*Aurélien* jusqu'au pontificat de Sixte IV. Ce pape le fit reconstruire par *Baccio Pintelli* et voulut en poser lui-même la première pierre le 29 avril 1473.

A l'extrémité du *pont Sixte,* nous apercevons la belle fontaine du même nom, qui fait face à la *via Giulia*. Elle fut construite par l'ordre de Paul V sur les dessins de *Jean Fontana;* l'eau vient du *Janicule* et passe dans l'intérieur du pont.

La *rue des Pettinari*, qui se trouve en face, nous conduit à la TRINITÉ-DES-PÈLERINS, bâtie en 1614, et complétement restaurée en 1853. Il n'y a de remarquable dans cette église que la *Trinité* du *Guide*, au maître-autel; la *Vierge, Saint François et saint Augustin*, du chevalier d'*Arpino*; et une *Madone*, de *Borgognone*.

De la *place du Mont-de-Piété*, où nous nous trouvons, nous prenons la *rue des Specchi*, au bout de laquelle s'en trouve une autre, à droite, qui nous conduit directement à SAINTE-MARIE-IN-MONTICELLI. Cette église est très-ancienne, mais elle a été restaurée et embellie en 1860 par *Azurri*. Il ne reste de l'ancien édifice que le campanile et un fragment d'une mosaïque faite sous Pascal II. Nous avons pu vénérer dans une chapelle latérale un crucifix miraculeux devant lequel sainte Brigitte a prié.

L'église SAINT-CHARLES-A-CATARINI, située non loin de là, nous offre un intérêt particulier. Elle renferme le tombeau d'un des plus instruits et des plus pieux apologistes de la religion, du cardinal *Gerdil*, dont *Rousseau* lui-même, quoique son adversaire, a parlé avec ménagement. Voici ce qui nous a le plus frappé dans ce sanctuaire, l'un des plus beaux de Rome par ses nobles proportions : la *Procession commandée par saint Charles lors de la peste de Milan*, un des meilleurs ouvrages de *Pierre de Cortone*; les quatre pendentifs des *Vertus cardinales*, du *Dominiquin*; la *Mort de sainte Anne*, chef-d'œuvre d'*André Sacchi*; l'*Annonciation*, de *Lanfranc*; et le *Saint Blaise*, de *Brandi*.

Le *Palais de la Chancellerie*, que nous visitons ensuite, est l'œuvre capitale de *Bramante*; c'est le premier édifice auquel il ait appliqué ses recherches sur les monuments antiques. Il fut bâti avec le travertin du Colisée et le marbre de l'arc dit de *Gordien.* Les quarante-quatre colonnes de granit du portique à double étage furent tirées de l'église *Saint-Laurent-in-Damaso,* démolie en 1495. Elles auraient primitivement appartenu, si l'on en croit quelques archéologues, au théâtre de Pompée. Ce fut sur les marches de ce palais que, le 15 novembre 1848, fut assassiné le comte *Rossi*, ministre de Pie IX.

La reconstruction de SAINT-LAURENT-IN-DAMASO date de la même époque que le *palais de la Chancellerie*, et est due également à la munificence du cardinal *Riario*, neveu de Sixte IV. Cette église a été restaurée en 1820 par *Valadier.* Nous y remarquons : les peintures de la voûte, de *Corrado Giacinto;* la statue de saint Hippolyte; les monuments des princes *Massimi* et le cénotaphe de l'infortuné *Rossi*. Il y a, à la sacristie, une belle statue de saint Charles Borromée, par *Étienne Maderna.*

Arrivé sur la *place Farnèse*, nous voyons les immenses baignoires des *thermes de Caracalla*, qui servent de bassins à deux fontaines. Le *Palais Farnèse* est le véritable type de l'architecture romaine, différente par son goût pur et noble de la rudesse ou de l'afféterie de celle de quelques autres parties de l'Italie. Trois maîtres de premier ordre travaillèrent à ce chef-d'œuvre : *Antoine Sangallo* en fit le plan, et éleva les façades extérieures; le premier étage de la cour est de *Vignole*, et *Michel-Ange* vint couronner l'édifice de son majestueux entablement. Sous le portique, nous voyons le grand sarcophage de marbre de *Cecilia Metella*, illustre Romaine, femme de *Crassus*, dont la tombe, quoique négligée, paraît en harmonie avec une telle architecture. Un vaste escalier conduit à la galerie peinte par *Annibal Carrache*, aidé de son frère *Augustin*, et de plusieurs de ses élèves. Les sujets, tirés de la Fable, sont admirés des connaisseurs. Une salle, décorée par *Salviati*, *Thadée Zucchero* et *Vasari*, représente : la *Paix conclue entre François I*[er] *et Charles-Quint; Luther discutant avec le cardinal Cajétan;* et quelques traits de l'histoire de la *maison Farnèse*.

De là, nous nous rendons au *Palais Spada*, situé à peu de distance. Sa façade est ornée de bas-reliefs et de statues antiques; il y a, dans la cour, une curieuse perspective de galerie, qui n'est qu'un trompe-l'œil. La grande curiosité qui attire ici les antiquaires, c'est la statue colossale de *Pompée*, trouvée en 1552 près de la *Chancellerie;* on croit que c'est la même aux pieds de laquelle *César* tomba sous le fer des conjurés. Nous voyons encore : une statue assise que l'on regarde comme un portrait authentique d'*Aristote;* huit bas-reliefs découverts à *Sainte-Agnès-hors-les-Murs;* et, ce qui nous intéresse davantage, plusieurs peintures religieuses des grands maîtres, entre autres : le *David*, du *Guerchin;* une *Madone*, de *Murillo; saint Jean-Baptiste*, attribué à *Jules Romain; David et Goliath*, du *Caravage;* une *Déposition de croix*, d'*Annibal Carrache;* une *Sainte Madeleine*, du *Guerchin;* et la *Visitation*, d'*André del Sarto*, qui se trouve dans la seconde salle.

Revenu à la *via Giulia*, nous apercevons, à gauche, l'église SAINTE-MARIE-DE-L'ORAISON, siége d'une pieuse confrérie instituée pour aller chercher, même à une distance considérable, les pauvres gens ou étrangers morts dans la campagne de Rome, et leur donner une sépulture chrétienne. Cet édifice fut bâtie sous Clément XII, d'après les dessins de *Fuga*. Les tableaux les plus saillants sont : le *Crucifiement*, de *Ciro Ferri;* la *Sainte-Famille*, de *Massucci;* le *Saint Michel*, d'après *Guido Reni;* Sainte *Julienne*, de *Ghezzi;* et les fresques de *Lanfranc*.

La rue que nous rencontrons en face du *palais Falconieri*[1], adhérent à l'église, nous con-

---

1. Ancienne résidence du cardinal Fesch, oncle de Napoléon Ier.

duit à Saint-Jérôme-de-la-Charité, bâti sur l'emplacement de la maison où le saint docteur demeura quand il fut appelé à Rome par le pape saint Damase, dont il devint le secrétaire. C'est dans le couvent voisin que saint Philippe de Néri demeura trente-trois ans, et institua sa congrégation de l'Oratoire; la chapelle, à droite en entrant, toute revêtue de marbres splendides, est celle des princes *Spada*. Nous voyons, au-dessus du maître-autel, une belle copie de la *Communion de saint Jérôme,* chef-d'œuvre du *Dominiquin*, dont l'original est au musée du Vatican. La chambre qu'occupait le saint oratorien, convertie maintenant en chapelle, possède plusieurs objets lui ayant appartenu, entre autres, un crucifix et un calice. Douze plaques de marbre blanc nous offrent des inscriptions qui rappellent les visites de saint Charles Borromée, de saint Ignace, de saint Félix et d'autres saints personnages; ainsi que les principaux traits de la vie de saint Philippe de Néri qui, de son vivant même, opérait des miracles.

Nous nous dirigeons, en passant devant le collége des Anglais, vers l'église Sainte-Marie-de-Montserrat, érigée en 1495 sur les plans de *Sangallo*, sauf la façade, qui est de *François de Volterre;* elle a été restaurée aux frais de la couronne d'Espagne. On y vénère une image semblable à celle du célèbre sanctuaire de Montserrat, en Catalogne ; de là lui vient le nom sous lequel on la désigne. Nous remarquons : le *saint Diégo*, d'*Annibal Carrache* ; la *Vierge, saint Jacques et saint Vincent Ferrier*, de *Saraceni*, et le *Christ en croix*, de *Sermonetta*.

L'église du SAINT-ESPRIT-DES-NAPOLITAINS, où nous nous rendons ensuite, bâtie en 1572, restaurée par *Charles Fontana*, doit sa forme actuelle à l'architecte *Antoine Cipolla* qui, en 1860, construisit la façade à deux rangs de colonnes ioniques que nous voyons maintenant. Les fresques du dessus de la porte et de l'intérieur sont de *Gagliardi*. Notre attention se fixe : sur une peinture antique représentant la *Madone de la Foudre* ; le *saint Janvier*, de *Luc Giordano*, et le monument du cardinal de *Luca*.

Au bout de la *rue Giulia*, se trouve l'église SAINT-JEAN-DES-FLORENTINS, commencée par Léon X, sur les plans de *Sansovino*, qui furent préférés à ceux de *Michel-Ange*, et inaugurée en 1588. La façade ne date que de 1734. Nous y admirons : le beau tableau de *Salvator Rosa*, ayant pour sujet *saint Côme et saint Damien condamnés aux flammes*, et le *saint Jérôme écrivant*, de *Cigoli*. La chapelle du Crucifix et la voûte, peintes par *Lanfranc*, nous ont aussi frappé.

En sortant de cette église, nous tournons à gauche et nous arrivons au *Tibre*, où l'on aperçoit les restes du *Pont-Triomphal*. Au milieu de l'eau surgissent encore des pilastres qui nous rappellent l'endroit où les vainqueurs passaient le fleuve en rentrant à Rome pour y jouir des honneurs du triomphe.

CHAPITRE IX

Pont Saint-Ange, château Saint-Ange, hôpital du Saint-Esprit, Saint-Esprit, Sainte-Marie-in-*Transpontina*, basilique *Saint-Pierre-du-Vatican*, façade, portique, intérieur de la basilique, *palais du Vatican*, loges de Raphaël, galerie de tableaux, chambres de Raphaël, salle Ducale, salle Royale, chapelle Sixtine, chapelle Pauline, corridor des Inscriptions, bibliothèque Vaticane, collection des papyrus, salle des peintures antiques, appartements Borgia, musée du Vatican, musée *Chiaramonti*, musée *Pio Clementino*, vestibule Carré, vestibule Rond, salle du Méléagre, cour du Belvédère, cabinets de Persée, de Mercure, de Laocoon et d'Apollon, salle des Animaux, galerie des Statues, salle des Bustes, cabinet des Masques, chambre des Muses, salle Ronde, salle de la Croix grecque, musée égyptien, escalier principal du musée, salle de la *Biga*, musée étrusque-grégorien, galerie des Candélabres, galerie des Tapis, galerie des Cartes géographiques, salle de l'Immaculée-Conception, fabrique de mosaïques, jardins du Vatican, mont *Mario*.

Nous terminerons notre pérégrination dans Rome par le quartier du Vatican, que nous avons seulement abordé, les deux premiers jours de notre arrivée, pour aller prier au pied du tombeau des saints Apôtres et offrir l'hommage de notre filiale vénération au bien-aimé Pie IX, dont la mort plonge la société chrétienne dans un deuil universel. — Le mot *Vatican* vient de *Va-*

ticinari, annoncer l'avenir, parce que c'était le lieu où, anciennement, les païens venaient consulter les oracles. Cette région porte aussi le nom de *cité Léonine*, de ce que le pape Léon IV la fit entourer de murs contre les incursions des *Sarrasins*. Pour y arriver, nous devons passer le *Pont Saint-Ange*, bâti par l'empereur Adrien, vis-à-vis de son mausolée. Lors du *Jubilé* de l'année 1450, le peuple revenant en foule de la basilique de Saint-Pierre, il y eut une telle presse, que les parapets cédèrent et cent soixante-douze personnes furent noyées. Nicolas V fit réparer ce pont et abattre les maisons qui en obstruaient l'accès; plus tard, Clément VIII y plaça les statues de saint Pierre et de saint Paul; et, l'an 1668, Clément IX chargea le *Bernin* de l'entourer d'une nouvelle balustrade grillée et de le décorer des statues que nous y voyons encore aujourd'hui. Ce sont des anges portant les instruments de la Passion; ils laissent à désirer au point de vue de l'exécution artistique.

Le *Château Saint-Ange*, que nous voyons en face, est l'ancien mausolée d'Adrien. Cet empereur, qui, à l'exemple de quelques-uns de ses prédécesseurs, voulut ériger lui-même son tombeau, s'efforça de surpasser tout ce qui avait paru jusqu'alors dans ce genre d'architecture. Il fit élever une rotonde sur un soubassement massif, et, sur l'entablement, on plaça un grand nombre de statues, qui ont presque toutes disparu. La tête du colosse d'Adrien, qui dominait tout l'édifice, se voit au musée du *Vatican*. Le monument se conserva intact jusqu'en 537, époque où les Grecs, qui s'y étaient réfugiés, furent assiégés par les Goths, commandés par *Vitigès;* on dit, sur le témoignage de l'historien *Procope*, que, pour repousser les assaillants, les statues furent brisées et servirent de projectiles. Au moyen âge, devenu la forteresse des factions qui désolaient la ville, il subit le démantèlement et la ruine. Son rétablissement date de l'an 1499, où, fortifié de nouveau, il fut mis en communication avec le *Vatican* par un passage pratiqué dans les murs de la *cité Léonine;* l'*Archange*, en bronze, qui le domine aujourd'hui, est l'œuvre de *Pierre Verschaffelt*, exécutée sur les ordres de Benoît XIV.

Nous nous rendons de là à l'*hôpital du Saint-Esprit*, fondé en 1198 par Innocent III, et si richement doté, qu'on l'appelle *le plus grand seigneur de Rome*. Il renferme de 1,600 à 2,000 lits et reçoit environ 14,000 malades par an. Ce bel établissement, objet de la constante sollicitude des papes, possède une clinique, des salles de consultations, une bibliothèque, et de vastes dépendances où sont admis les fous et les enfants abandonnés. On l'a mis en communication avec l'église du même nom, c'est-à-dire du

Saint-Esprit-in-Sassia[1], construite par Paul III, d'après les dessins de *Sangallo*, sur les ruines d'un ancien sanctuaire du viiie siècle. Nous y remarquons : le baldaquin du maître-autel, attribué à *Palladio;* la *Descente du Saint-Esprit;* les fresques de l'abside et du dessus de la porte d'entrée, de *Zucchi;* l'*Assomption*, d'*Agresti;* la *Déposition de croix*, de l'*Aquila*, et, à la quatrième chapelle, à gauche, les peintures de *César Nebbia*.

En allant à la basilique de Saint-Pierre, nous trouvons, dans la *rue du Borgo Nuovo*, l'église Sainte-Marie-in-Transpontina, commencée en 1565 et terminée sous le pontificat de Sixte-Quint. Elle possède une image miraculeuse de la sainte Vierge, apportée à Rome par saint *Ange*, de l'ordre des Carmes, qui s'était réfugié auprès d'Honorius III pour échapper à la persécution des ennemis de la foi en Orient. Nous avons eu le bonheur de la contempler au maître-autel et de la vénérer. Les choses qui nous frappent le plus ensuite sont : *sainte Barbe*, du chevalier d'*Arpino; saint Canut*, de *Dàniel*, peintre flamand ; *saint Albert*, de *Pomarancio; sainte Marie-Madeleine-de-Pazzi*, de *Cerini; saint Ange*, de *Ricci*, et *sainte Thérèse*, de *Ca-*

---

1. Pour *Saxia*, dénomination qui lui vient de l'ancienne église des Anglo-Saxons, qui occupait le même emplacement.

landrucci. A l'autel des saints Apôtres, nous voyons la colonne à laquelle fut attaché saint Pierre pendant qu'on le flagellait [1]. Sous l'autel principal reposent les restes précieux des saints *Basilide*, *Tripodius* et *Magdalon*, martyrs.

Nous ne nous arrêtons point à la *place Saint-Pierre*, que nous avons décrite, ainsi que son obélisque, ses fontaines et sa colonnade, au premier chapitre de cette deuxième partie de notre ouvrage ; il nous tarde de revoir tout à notre aise cette immense basilique qu'on ne se lasse jamais de visiter, tant elle renferme de trésors intéressant la foi et la science.

L'église SAINT-PIERRE-DU-VATICAN, la première merveille de Rome, est, par son ensemble grandiose, par son imposante magnificence, une des plus belles constructions qu'on puisse voir. Ce temple majestueux s'élève dans le *Campo Vaticano*, sur l'emplacement du cirque et des jardins de Néron, où un grand nombre de chrétiens subirent le martyre. Le Prince des apôtres, ayant souffert la mort sur le *mont Janicule*, fut enterré dans une grotte située non loin du palais du tyran, et, sur son tombeau, le pape Anaclet érigea un oratoire. Plus tard, en 326, Constantin, à la prière de saint Sylvestre, fit bâtir un

---

1. Elle porte l'inscription suivante : *Hæc est columna ad quam fuit S. Petrus et flagellatus et verberatus a Nerone imperante*.

magnifique sanctuaire en forme de croix latine, à cinq nefs; mais, comme, après onze siècles, il menaçait ruine, le pape Nicolas V résolut de le remplacer par un édifice plus vaste et plus magnifique encore. A la mort de ce pontife, les travaux dépassaient à peine le niveau du sol; ses successeurs, dans l'espace de cinquante ans, ne purent presque rien pour l'avancement de cette œuvre, faute de ressources. Il était réservé à Jules II et à Léon X d'imprimer à l'entreprise un tel élan, qu'on doit les regarder comme les véritables fondateurs du monument qui fait l'admiration du monde entier. Recommencée, pour ainsi dire, en 1503, sur les plans de *Bramante*, continuée par *Julien* et *Antoine Sangallo*, *Frà Giocondo*, de l'ordre de Saint-Dominique, *Raphaël*, *Balthazar Peruzzi* et *Michel-Ange*, cette première des basiliques ne fut terminée que dans le XVIIe siècle par *Charles Maderna*. Tous les auteurs consciencieux conviennent maintenant que c'est à tort qu'on a dénoncé la publication des indulgences comme la cause du *Protestantisme;* Luther aurait bien su trouver un autre prétexte à sa prétendue réforme[1].

Commençons par bien examiner la façade,

---

1. *Voyages en Italie*, p. 381, en note. C'est à tort que Valery dit : *la vente des indulgences;* mais il convient, du moins, que la révolte de Luther n'a point eu pour cause effective la bulle de Léon X, qui, en réalité, n'a été qu'un prétexte.

qui ne satisfait point entièrement la vue; elle semble plutôt celle d'un palais que d'une église. Néanmoins, telle qu'elle est, elle étonne par son ensemble, et finit par séduire quand on en considère tous les détails. Les deux statues colossales de saint Pierre et de saint Paul, qui ont été placées aux angles par l'ordre de Pie IX, sont modernes; la première est de *Fabris* et la seconde de *Tadolini*. Nous avons besoin de calculer les effets de perspective pour nous persuader que, en réalité, le *Christ* et les *Apôtres*, qui surmontent l'attique, ont une hauteur de plus de cinq mètres; les huit colonnes corinthiennes, qui, vues de l'obélisque, paraissent si petites, ne mesurent pas moins de 59 mètres d'élévation sur 2 m. 50 de diamètre. En somme, cette façade a 117 mètres de largeur et 50 de hauteur; il faut l'avoir vue éclairée par plus de cinq mille lumières, comme le soir de Pâques ou de la fête de saint Pierre, pour se faire une idée de sa magnificence.

Sous le portique, dont les deux extrémités sont décorées des statues équestres de Constantin et de Charlemagne, nous examinons la célèbre *Navicella*, ou barque de saint Pierre, d'après *Giotto*, dont nous avons signalé une copie dans l'église des Capucins [1]; le visage des apôtres ex-

---

1. *Sainte-Marie-de-la-Conception*, près de la place *Barberini*.

prime l'effroi, et leur chef étend les mains vers le Sauveur. Les bas-reliefs de la porte du milieu se distinguent par la grande et belle division de leurs compartiments, qui renferment les figures de Notre-Seigneur, de la sainte Vierge, de saint Pierre et de saint Paul; et, dans de plus petites proportions, celles d'Eugène IV et de l'empereur Michel Paléologue, conférant au sujet de la réunion des Églises grecque et latine. La porte murée, dite la *Porte sainte*, ne s'ouvre que tous les vingt-cinq ans pour le *Jubilé*.

L'impression causée par la vue de l'intérieur de la basilique ne répond guère à l'idée que l'on se fait de son étendue ; elle paraît moins grande qu'elle ne l'est réellement. Cependant cette impression de mécompte s'efface lorsqu'on est retourné plusieurs fois à *Saint-Pierre*, et que l'étude de ses diverses parties a convaincu de son immensité. Alors elle devient comme une véritable cité mystique où l'on se plaît; sa lumière, quoique trop vive pour nos yeux habitués au demi-jour des vieilles cathédrales gothiques, son climat, si on peut s'exprimer ainsi, ont de la douceur et de l'attrait. Nous avons remarqué, à la vérité, qu'il y régnait toujours une température à peu près égale, et qu'une sorte d'agréable vapeur était répandue dans l'air. En nous avançant dans la nef principale, nous trouvons quatre grandes arcades qui servent d'introduction aux chapelles latérales et aux nefs secondaires ; les anges qui soutiennent les bénitiers sont l'œuvre de *Lironi* et de *Liberati*.

Il existe entre les pilastres une double rangée de niches ; celles du bas sont destinées aux statues des fondateurs d'ordres, tels que saint Norbert, saint Pierre Nolasque, saint Bernard, saint François, saint Dominique, saint Jean-de-Dieu, etc., etc. ; sur chacun des grands arcs il y a deux figures en stuc, hautes de cinq mètres, qui symbolisent des *Vertus*. Les contre-pilastres sont ornés de médaillons, soutenus par des enfants, et offrant les portraits de plusieurs papes. Ce n'est pas sans un profond sentiment de vénération que nous jetons un coup d'œil sur les tribunaux de la pénitence, où des confesseurs parlant les diverses langues de l'univers se tiennent pour recevoir l'expression différente, mais au fond toujours la même, de notre faiblesse, de notre fragilité et de notre misère. Des hommes du monde, des religieux, des confréries rangées avec ordre, viennent tour à tour faire leurs stations aux divers autels, tandis que, comme dans le lointain, retentissent les chants graves de l'office dans la chapelle du chœur, la voix de l'orgue, ou le lent et harmonieux son des cloches. Quelquefois la basilique, sur le soir, est presque déserte ; alors les rayons du soleil à son déclin, qui viennent frapper quelque brillante mosaïque, copie impérissable d'un chef-d'œuvre de la peinture, nous distraient des réflexions où nous étions plongé et nous font souvenir que tout ce qui charme nos regards ici-bas n'est qu'un pâle reflet, une bien faible image de la *Lumière éternelle* dont jouissent les saints.

La statue de bronze, surmontée aujourd'hui du portrait de Pie IX [1], n'est point, comme on le répète sans cesse, un ancien *Jupiter*, mais une œuvre du ve siècle se rapportant uniquement à saint Pierre [2]. Nous avons pieusement collé nos lèvres sur le gros doigt de pied usé par les baisers des fidèles; trop heureux de témoigner ainsi de notre entière soumission à la chaire apostolique et de notre dévouement au chef visible de la sainte Église, notre mère. Avant nous, des papes, des empereurs, des rois, des personnages éminents, de même que les plus humbles du peuple, ont donné au vicaire de Jésus-Christ cette marque extérieure de vénération, tout à fait conforme aux véritables sentiments de notre nature. En effet, l'antiquité païenne, elle-même, nous offre des exemples de ces sortes d'hommages, que nous rappellent

---

1. Le seul pape qui, jusqu'à présent, ait dépassé les années de saint Pierre.
2. *Voyages en Italie*, p. 381.

Lucrèce[1] et Cicéron[2]; Juvénal parle de la statue de bronze d'un citoyen illustre dont le peuple de Rome avait usé les mains à force de les baiser[3].

Nous avions entendu critiquer le baldaquin placé au-dessus de la *Confession*, c'est-à-dire de la crypte où reposent les corps des saints apôtres Pierre et Paul; ce *Ciborium*, fait avec le bronze provenant de la toiture du *Panthéon*, n'est cependant pas sans grâce et sans éclat. Il s'élève majestueusement à une hauteur de vingt-neuf mètres, y compris la croix qui le couronne, et couvre, comme d'un magnifique dais, l'autel papal et le tombeau où brûlent nuit et jour cent quarante-deux lampes. Les colonnes torses qui le soutiennent sont également en bronze doré; un double escalier mène, du milieu de la balustrade, au plan inférieur, où l'on voit Pie VI à genoux sur son mausolée. La statue de ce pape est un chef-d'œuvre de *Canova*.

L'immortelle coupole avait été, dit-on, projetée par *Bramante*, mais le génie seul de *Michel-Ange* pouvait l'exécuter; émule des grands artistes de l'antiquité comme peintre et comme sculpteur, il les a surpassés comme architecte.

1. *De Naturá rerum*, I, 317.
2. *De Signis*, XLIII.
3. *Voyages en Italie*, ut suprà.

A l'aspect de cette superbe création, on éprouve une noble fierté de la puissance que Dieu a donnée à l'homme, et la reconnaissance se mêle à l'admiration pour le génie qui en profita pour s'élever si haut. Les quatre grandes statues de *saint Longin*, de *sainte Hélène*, de *sainte Véronique* et de *saint André*, œuvres du *Bernin*, de *Borghi*, de *Mocchi* et du *Fiammingo*, se ressentent du genre maniéré de leur époque; néanmoins, surmontées de belles mosaïques représentant les quatre Évangélistes, elles produisent un très-bon effet d'ensemble. Sur la frise, nous apercevons des lettres de deux mètres de haut, qui forment cette inscription [1] : TU ES PIERRE, ET SUR CETTE PIERRE JE BATIRAI MON ÉGLISE, ET JE TE DONNERAI LES CLEFS DU ROYAUME DES CIEUX. La balustrade, que nous atteignons ensuite, nous permet de faire le tour de la coupole, dont la concavité, divisée en plusieurs compartiments, est décorée de figures de saints et d'anges portant les instruments de la Passion. Sous la voûte de la lanterne, le *Père Éternel* est peint en mosaïque d'après une fresque du chevalier d'*Arpino*.

Le plus considérable des ouvrages en bronze exécutés par le *Bernin* est, après le *Ciborium*,

---

1. *Tu es Petrus, et super hanc petram ædificabo ecclesiam meam, et tibi dabo claves regni cœlorum.*

la *chaire de Saint-Pierre*, magnifique trône soutenu par les figures de deux docteurs de l'Église latine et deux de l'Église grecque, et renfermant le siége en bois dont s'est servi le Prince des apôtres. Cette conception de l'artiste a de la grandeur, mais malheureusement elle laisse à désirer sous le rapport de la facture.

Nous admirons sans réserve le mausolée de Paul III, le plus beau, selon nous, de tous les monuments funèbres de la basilique Vaticane; il semble un reflet du talent de *Michel-Ange* et fait le plus grand honneur à *Guillaume della Porta*. Les deux statues de la *Justice* et de la *Prudence* sont, toutefois, inférieures à celle du pontife.

Le tombeau d'Urbain VIII affermit la réputation, un moment chancelante, du *Bernin;* les deux figures de la *Charité* et de la *Justice* sont véritablement du *Rubens* en sculpture. Le marbre des têtes a certaines taches roussâtres qui feraient croire qu'elles sont coloriées. — Dans l'énorme bas-relief d'*Attila*, œuvre d'*Alexandre Algardi*, il n'y a rien qui plaise, sauf une gracieuse figure d'enfant.

Au-dessus de la *porte de Sainte-Marthe* s'élève le sarcophage d'Alexandre VII, de la famille des *Chigi*, qui contribua à l'embellissement de Rome et au développement de l'instruction publique. Ce tombeau est, dit-on, le dernier ouvrage du *Bernin*. On y voit le pontife en prière et les figures allégoriques de la *Charité*, de la *Prudence*, de la *Justice* et de la *Vérité;* un squelette de cuivre doré, tenant un sablier, représente l'ange de la mort.

Dans la *chapelle Clémentine*, nous considérons le mausolée érigé, aux frais du cardinal *Consalvi*, à Pie VII, dont il fut le compagnon fidèle. Il a été sculpté par *Thorwaldsen*, artiste danois d'un grand mérite. Assis et revêtu des habits pontificaux, le pontife, ayant à sa droite la *Sagesse*, et, à sa gauche, la *Force*, tient la main levée pour bénir le peuple. La même chapelle renferme le monument de Léon XI, de la famille des Médicis; le bas-relief le représente à l'époque où, cardinal-légat, il reçut l'abjuration d'Henri IV, roi de France; il est assis entre le *Courage* et l'*Abondance*.

A la chapelle du chœur des chanoines, le simple et correct monument d'Innocent VIII, par *Pollajuolo*, attire particulièrement notre attention; c'est véritablement une œuvre d'art. La *Prudence*, la *Justice*, la *Force*, la *Tempérance*, sont unies à la *Foi*, l'*Espérance* et la *Charité*, dans les décors qui frappent nos regards. La tribune de cette chapelle reçoit le corps du pape défunt, jusqu'à ce qu'il prenne place dans le tombeau qui lui est destiné. On y lira avec attendrissement le nom de Pie IX, d'heureuse mémoire.

Quant au mausolée des *Stuarts*, qui renferme les restes de Jacques. III et ses fils, il fait peu d'honneur à *Canova;* il est mesquin de style et d'invention. Nous éprouvons un tout autre sentiment en voyant les peintures de la coupole de la chapelle des fonts baptismaux; on dirait des bas-reliefs, tant l'exécution en est parfaite.

La célèbre *Pietà*[1], de *Michel-Ange*, à la chapelle des *Sept-Douleurs*, est placée dans un faux jour qui nuit considérablement à son effet; quelques parties de ce groupe sont d'une grande beauté, quoique ce ne soit pas le plus remarquable travail du grand maître. Il ne faut pas oublier qu'il l'exécuta à l'âge de vingt-quatre ans, c'est-à-dire presque au début de sa glorieuse carrière, et que, s'il donna à MARIE cet air de trop grande jeunesse, qu'on lui reproche, c'était pour mieux faire ressortir la sainte virginité de la Mère de Dieu.

Les tombeaux de Catherine, reine de Suède, et de la comtesse Mathilde de Toscane, méritent aussi d'être examinés au point de vue de l'art décoratif; le premier est de *Fontana*, et le second du *Bernin*.

Parmi les richesses accumulées à la chapelle du *Saint-Sacrement*, nous remarquons le ma-

---

1. Les Italiens appellent *Pietà* le groupe de la sainte Vierge tenant Jésus mort entre ses bras.

gnifique tabernacle en bronze, orné de lapis-lazuli et dessiné en forme de petit temple, à l'imitation du temple circulaire du *Saint-Pierre-in-Montorio*, chef-d'œuvre de *Bramante*. Le mausolée de Grégoire XIII, par *Rusconi*, sculpteur du commencement du xviiie siècle, qui n'eut qu'une réputation éphémère, laisse immensément à désirer. Nous eussions voulu pour ce grand pape, qui a attaché son nom à la réforme du calendrier, un monument d'une exécution mieux entendue.

La *chapelle Grégorienne*, où nous vénérons une image de *Notre-Dame-de-Bon-Secours*, qui remonte à Pascal II, a été dessinée par *Michel-Ange*. Sous l'autel repose le corps de saint Grégoire de Nazianze, transféré là par les soins de Grégoire XIII. Près de là, notre vue s'arrête sur le monument de Benoît XIV ; la figure du savant pontife est pleine d'élévation et de sagesse.

Le mausolée de Clément XIII, beau, noble, sévère, mit le sceau à la réputation de *Canova*. Il fut découvert le mercredi saint de l'année 1795, à la clarté de la grande croix de feu, qui, ce jour-là, illuminait la basilique. L'artiste, alors âgé de trente-huit ans, auquel ce travail en avait pris plus de sept, s'était mêlé à la foule, afin de recueillir les divers jugements et l'impression produite par cette sculpture nouvelle. Les traits du pape en prière sont admirables ; les deux lions placés à la base sont d'une expression frappante : le lion dormant est *dantesque;* celui qui rugit semble là pour faire respecter le silence de la tombe.

La mosaïque de *l'autel de Sainte-Pétronille,* d'après le *Guerchin,* est la plus appréciée de celles qui décorent la basilique.

Nous ne voulons pas sortir de ce temple auguste, dont nous n'avons pu donner qu'un aperçu rapide, sans visiter les *Grottes du Vatican,* ou église souterraine de *Saint-Pierre.* Elles ne répondent point complétement à l'idée que nous nous faisions de ces anciennes catacombes chrétiennes; elles sont étroites, confuses, tortueuses. Nous y remarquons les tombeaux de *Charlotte,* reine de Jérusalem et de Chypre ; de l'empereur Othon II; des papes Adrien IV, Boniface VIII, Nicolas V, Urbain VI, Paul II et Innocent IX. Le sarcophage de *Junius Bassus,* préfet de Rome, mort en 359, est un spécimen remarquable de la sculpture de cette époque.

C'est à tort qu'on a prétendu que la construction de la sacristie avait entraîné la démolition d'un temple antique. Les plus exacts et les plus anciens plans de *Saint-Pierre* n'indiquent aucune trace d'édifice de ce genre. Construite par Pie VI, sur les dessins de *Charles Marchionne,* elle se divise en trois parties désignées sous les noms de *sacristie commune, sacristie des cha-*

noines, *sacristie des bénéficiers*. La première, de forme octogone, est ornée de huit colonnes de marbre gris provenant de la *villa d'Adrien*, à *Tivoli;* elle possède une *Descente de croix* dessinée par *Michel-Ange*, et peinte par *Sabatini*. Dans la seconde, nous remarquons un tableau d'autel de *Penni*, élève de *Raphaël*, représentant la *Vierge avec sainte Anne, saint Pierre et saint Paul;* et, dans la troisième, *Jésus donnant les clefs à saint Pierre*. Cette dernière œuvre est de *Muziano*, dit le *Mutien*, peintre de l'école romaine au XVIe siècle. Au fond du corridor se trouve la fameuse inscription des frères ruraux, *fratres arvales* [1], institués par *Romulus;* quelques vers des chants saliens, le plus ancien monument de la langue latine, paraissent une prière pour demander une abondante moisson [2].

Il faut monter à la coupole pour juger véritablement de l'étendue de *Saint-Pierre* et admirer complétement *Michel-Ange;* il avait quatre-vingt-sept ans lorsqu'il posa la calotte de ce dôme; et, quand on sait qu'il dirigea gratuitement pendant dix-sept ans une entreprise qui avait enrichi les premiers architectes, l'estime pour l'homme ajoute encore à l'enthousiasme

---

1. Voir notre *Dictionnaire pratique de l'Antiquité*, art. Arvaux et Ambarvalle.
2. *Voyages en Italie*, p. 384.

pour l'artiste. Cette ascension, qui se fait le matin, de huit à dix heures, est une sorte de voyage. Une population d'ouvriers, toujours occupés des réparations, habite le sommet du temple, qui semble une place publique en l'air. Un escalier nous conduit sur l'entablement intérieur, près de l'inscription rappelant la magnifique promesse faite au chef des apôtres; nous faisons le tour de cette galerie, puis nous montons à la *lanterne*, d'où la vue s'étend jusqu'à la mer. C'est de là qu'on jouit du bel aspect de la ville et de la campagne de Rome. On serait tenté de s'écrier : Ah! qu'il fait bon ici! *Bonum est nos hic esse!* si l'on oubliait que « la vie est un combat dont la palme est aux cieux. »

Le *palais du Vatican*, résidence du Souverain Pontife, représente la grandeur pacifique et religieuse de Rome, comme, autrefois, le Capitole en représentait la grandeur belliqueuse et triomphante. Il est formé de la réunion de plusieurs édifices, auxquels travaillèrent les plus célèbres architectes, tels que *Bramante*, *Raphaël*, *Ligorio*, *Bernin*, etc., etc.; on y compte vingt cours, huit grands escaliers, deux cents escaliers de service, onze mille chambres, salles, galeries ou chapelles. Ce qui manque à cet ensemble de constructions artistement reliées entre elles, c'est une façade extérieure. Nous entrons au *Vatican* par la colonnade de droite, nous montons l'escalier principal, l'un des chefs-d'œuvre du *Bernin*, et, arrivé au premier étage, nous en prenons un autre qui nous conduit aux *Loges de Raphaël*.

On appelle ainsi les trois rangs de portiques superposés qui forment les trois façades intérieures du palais sur la cour de Saint-Damase. *Raphaël* est ici tout à la fois architecte, peintre et décorateur; c'est en cette dernière qualité qu'il travailla, avec *Jean d'Udine*, à enrichir ces galeries de charmantes arabesques peintes, ou en stuc, qui figurent les *Saisons* et les *Ages de la vie*. Au milieu de tant de choses admirables, nous ne pouvons relater que ce qui nous frappe le plus : *Dieu séparant la lumière d'avec les ténèbres*, tel est le sujet de la première fresque, où le grand maître lui-même semble s'appliquer à donner l'exemple à ses disciples; la figure du *Père Éternel* est sublime. La *Création du soleil et de la lune* attire aussi très-vivement l'attention des visiteurs. Les *Trois Anges apparaissant à Abraham*, par *Penni*; *Loth fuyant l'incendie de Sodome*, par *Murani*; le *Déluge*; l'*Histoire de Noë*; *Moïse sauvé des eaux*, et le *Jugement de Salomon*, par *Jules Romain*, sont particulièrement demeurés dans notre souvenir.

La *Galerie du Vatican* n'a pas cinquante tableaux, et trois ou quatre d'entre eux en font la première du monde. La *Transfiguration*, louée, admirée, célébrée depuis plus de trois siècles, était destinée à une petite ville de France, *Narbonne*, dont le cardinal *Jules de Médicis* était archevêque. On sait que cet immortel chef-d'œuvre fut la plus belle décoration des funérailles de *Raphaël*, mort à trente-sept ans. Quelques juges compétents ont reproché à ce tableau de manquer d'unité, mais sa double action, conforme au récit évangélique, se tient et marche de front. On peut même dire que, dans cette magnifique composition, le ciel, la terre et l'enfer servent allégoriquement à reconnaître l'Homme-Dieu. Cette dernière figure rend véritablement la divinité visible.

La *Communion de saint Jérôme*, regardée comme le meilleur tableau de Rome après la *Transfiguration*, fait le plus grand honneur au *Dominiquin;* c'est une œuvre d'une conception et d'une unité admirables, qui rend parfaitement les derniers moments du grand docteur de l'Église.

La *Déposition de croix*, chef-d'œuvre de *Michel-Ange de Caravage*, a une puissance d'effet, une force d'expression et une vigueur d'exécution extraordinaires.

Nous signalerons encore : *Sainte Hélène*, de *Paul Véronèse;* une *Résurrection du Christ*, du *Pérugin;* le *Couronnement de la Vierge au milieu des Anges*, de *Raphaël* et de *Jules Ro-*

main; saint *Romuald et ses disciples,* d'*André Sacchi;* le *Crucifiement de saint Pierre,* du *Guide;* le *Martyre de saint Érasme,* du *Poussin;* saint *Thomas,* du *Guerchin,* l'*Extase de sainte Micheline,* de *Baroccio;* le *Martyre des SS. Processe et Martinien,* de *Valentin*, et le *Rédempteur sur l'arc-en-ciel au milieu des Anges,* du *Corrége.*

Une mention spéciale est due à la *Vierge au Donataire* ou de *Foligno,* l'un des premiers chefs-d'œuvre de *Raphaël.* Nous y trouvons l'expression de la nature divine et de la nature humaine : l'Enfant debout, élevant la tête et les regards vers la Vierge, et tenant une espèce de tablette, est ravissant de grâce et de beauté ; le *donataire,* c'est-à-dire *Sigismond Conti,* camérier de Jules II, paraît plutôt en vie que peint ; le *saint Jean-Baptiste*, malgré les éloges de *Vasari,* est le moins parfaitement exécuté des personnages de cette admirable composition [1].

Nous éprouvons un vif regret de ne pouvoir passer plus de temps à admirer ces splendides productions du génie humain ; il nous faut joindre ce sacrifice à beaucoup d'autres, en priant Dieu de vouloir bien l'agréer.

Les *Stanze,* ou *Chambres de Raphaël,* au second étage, sont le triomphe de la peinture ;

---

1. *Voyages en Italie*, p. 394.

jamais cet art n'apparut ailleurs aussi grand et aussi puissant. Jules II en avait déjà fait commencer les travaux, lorsque *Raphaël* vint de Florence à Rome ; à la vue du talent de l'artiste, qui n'avait alors que vingt-cinq ans, ce pape sacrifia les autres peintures. Sur la prière du jeune maître, on conserva seulement la voûte, décorée par le *Pérugin*, dont il avait été l'élève. L'*Incendie du Bourg* rappelle un événement arrivé en 847 ; le feu s'était déclaré dans le *Borgho*, aux environs du *Vatican*, et portait partout la désolation et l'effroi, lorsque le saint pontife Léon IV, s'étant mis en prières, fit un signe de croix, et, à l'instant même, les flammes s'éteignirent. Il est impossible de considérer ce sujet traité par *Raphaël* sans être saisi de la plus vive admiration. Nous nous sentons ému, non pas tant par la vue des ravages du fléau que par l'image morale des terreurs qu'il produit : tel est ce jeune homme s'échappant par-dessus un mur ; telle est surtout la mère qui, du haut de ce même mur, va jeter son enfant au berceau dans les bras du père, qui se hausse sur la pointe des pieds pour le recevoir. Le beau groupe qui rappelle *Énée* sauvant son père *Anchise* sur ses épaules et suivi de sa femme *Créuse*, est de *Jules Romain*. Les femmes qui apportent de l'eau dans des amphores semblent vivantes.

La *Dispute du Saint-Sacrement* et le *Miracle*

de Bolsène sont unanimement regardés comme des œuvres parfaites. Jamais on n'a porté plus loin la grâce, la pureté et l'élégance du dessin. Le premier sujet pourrait être appelé la *Glorification de la Foi*, car il s'agit plutôt d'un hommage rendu à Notre-Seigneur réellement présent sur l'autel que d'une discussion théologique; quoi qu'il en soit, l'ancienne dénomination a prévalu. Le *Père*, le *Fils* et le *Saint-Esprit* dominent tout l'ensemble; à la droite du *Christ*, on voit sa sainte Mère, et, à sa gauche, saint Jean-Baptiste. Sur un groupe de nuages, parmi les patriarches, les apôtres et les martyrs, nous remarquons *Adam*, *Moïse*, *Abraham*, *David*, *saint Pierre*, *saint Paul*, *saint Jean l'Evangéliste*, *saint Etienne* et *saint Laurent*. Plus bas, la sainte *Hostie dans l'ostensoir* est proposée à l'adoration des fidèles; *saint Jérôme* et *saint Ambroise*, *saint Augustin* et *saint Grégoire-le-Grand*, se tiennent aux côtés de l'autel. Plus loin, nous voyons *saint Thomas d'Aquin*, *saint Bonaventure*, *saint Anaclet*, et le pape *Innocent III* qui porte dans ses mains un écrit sur le saint sacrifice de la messe. Dans les figures du fond, on distingue celle du *Dante*. Nous mentionnons ici le *Miracle de Bolsène*, qui se trouve dans une autre chambre, parce qu'il a trait aussi à la sainte Eucharistie. Un prêtre, au moment de la consécration, a le malheur de concevoir un doute sur la présence réelle ; alors, par un miracle nouveau, il voit le sang divin se répandre sur le corporal. De ce fait, arrivé, selon la tradition, en 1263, sous le pontificat d'Urbain IV, *Raphaël* a composé tout un drame, où les personnages paraissent se détacher de la muraille pour exprimer plus énergiquement les sentiments qui les animent. Il n'y a rien de parlant comme cette fresque ; le pape, sous les traits de Jules II, les cardinaux et les autres assistants ont des attitudes si vraies, qu'on lit, pour ainsi dire, sur leurs visages, ce qui se passe au fond de leurs cœurs.

Héliodore chassé du temple de Jérusalem, la plus riche, la plus féconde, la plus animée des compositions du grand maître, est sans doute une allusion à l'histoire du pontife qui expulsa du patrimoine de saint Pierre les ennemis de l'Église. La nature supérieure des anges ressort merveilleusement sous le pinceau de *Raphaël;* le groupe des femmes a été exécuté par *Pierre de Crémone;* les autres figures sont de *Jules Romain.*

Saint Léon arrêtant Attila aux portes de Rome nous montre toute la majesté pontificale sous les traits de Léon X. Le roi des Huns est à cheval au centre de la mêlée ; le ciel est en feu, le tonnerre gronde, la croix brille aux yeux du barbare. Il contemple le calme du vicaire de

Jésus-Christ ; et, dans le lointain, il découvre saint Pierre et saint Paul qui le menacent de la vengeance divine. L'ordre parfait du cortége papal contraste admirablement avec le désordre, la furie de l'armée d'*Attila*, débouchant d'une gorge de montagnes pour fondre sur la capitale du monde.

Dans l'*École d'Athènes*, où nous voyons figurer les personnages célèbres de l'antiquité, la tête d'*Homère* respire la plus haute inspiration ; à ses côtés sont *Virgile* et le *Dante*. Les divers groupes se rattachent naturellement à l'action principale : les poëtes, les philosophes, les sophistes, jouent chacun le rôle qui leur convient ; nous comptons cinquante-deux figures dont l'expression varie selon le caractère des hommes qu'elles représentent.

La *Victoire de Constantin sur Maxence*, l'*Apparition de la Croix* et le *Baptême administré par saint Sylvestre*, sont de ces tableaux historiques qu'on ne se lasse jamais d'examiner, tant ils parlent à l'esprit et au cœur. Il semble, dans le premier, que l'artiste, entraîné par l'action dont il retrace l'image, participe à l'ardeur des guerriers et qu'il combatte, pour ainsi dire, au milieu d'eux. Les deux belles figures de la *Justice* et de la *Douceur* sont tout entières de *Raphaël*. Dans le second, les horizons lointains montrent quelques-uns des principaux monuments de Rome; et, dans le troisième, nous revoyons le *Baptistère de Constantin*, petite église octogone près de *Saint-Jean-de-Latran*, dont quelques parties sont encore dans leur état primitif.

L'effet extraordinaire des trois lumières différentes de la *Prison de saint Pierre* prouve qu'aucune partie de l'art n'était ni inconnue ni impossible au génie de *Raphaël*.

Nous descendons à la *Salle Ducale*, où les papes recevaient autrefois les princes et qui sert aujourd'hui aux consistoires publics; nous y remarquons les *Quatre Saisons*, de *Mathieu de Sienne*, et les *Travaux d'Hercule*, de *Jean le Flamand*. De là nous passons dans la *Salle Royale*, construite par Paul III sur les dessins de *Sangallo;* elle sert de vestibule aux chapelles *Sixtine* et *Pauline*. Les trois meilleures des fresques que nous y voyons nous semblent être *saint Grégoire VII relevant de son excommunication l'empereur Henri IV, en présence de la princesse Mathilde*, œuvre commencée par *Thadée Zucchero*, et terminée par son frère; l'*Attaque de Tunis*, en 1535, par les mêmes; et *Alexandre III, sur son trône dans la grande place de Venise, bénissant Frédéric Barberousse*, par *Joseph Salviati*.

La *Chapelle Sixtine*, érigée en 1473, par Sixte IV, sur les plans de *Baccio Pintelli*, doit une grande partie de sa renommée à sa voûte peinte par *Michel-Ange* et représentant des sujets bibliques. Le *Jugement dernier*, qui décore le mur du fond, est à lui seul tout un poëme. Cette sublime fresque a souffert du temps, de l'humidité, de la fumée des cierges et des torches et de l'explosion de la poudrière du *château Saint-Ange* en 1797. Il est plus facile de l'étudier sur les reproductions que sur l'original. C'est dans cette chapelle que s'est tenu le *Conclave* qui a eu pour résultat l'élection de Sa Sainteté Léon XIII (que Dieu nous conserve longtemps!). C'est là aussi que le 3 mars 1878 a eu lieu le couronnement de ce nouveau chef de l'Église universelle.

La *Chapelle Pauline*, bâtie en 1540, par *Antoine Sangallo*, sur les ordres de Paul III, possède deux œuvres remarquables du même maître : le *Crucifiement de saint Pierre* et la *Conversion de saint Paul*; mais ici comme à la *Sixtine*, elles ont subi de grandes détériorations.

Dans le long corridor du premier étage, nous visitons la belle *collection d'Inscriptions*, due au pape Pie VII; à droite sont celles qui ont trait à l'antiquité profane, et, à gauche, celles qui se rattachent à l'épigraphie chrétienne. Ce sont, pour ainsi dire, de vastes manuscrits de pierre où l'érudit aime à étudier l'histoire, et où le savant lui-même trouve la solution de bien des difficultés[1]. Outre les *Inscriptions*, nous voyons une quantité d'objets divers, tels que sarcophages, autels funéraires, cippes, vases, etc., etc., recueillis dans les catacombes. Une simple grille sépare cette partie du *musée Chiaramonti*, dont nous parlerons bientôt.

Nous entrons à la *Bibliothèque du Vatican*, la plus ancienne de l'Europe ; elle renferme 25,000 manuscrits et 105,000 imprimés, dont une bonne partie a été acquise aux frais de Pie IX. Dans l'impossibilité où nous sommes de tout examiner, nous nous arrêtons à ce qui nous intéresse le plus. La magnifique *Bible latine* des ducs d'Urbin, en deux grands volumes in-folio, ornée de figures, d'arabesques, de paysages, est un monument de l'art qui a paru digne du *Pérugin*, ou des meilleurs peintres ses contemporains. Le rouleau mutilé, de plus de dix mètres, en beau parchemin couvert de miniatures, représentant une partie de l'*histoire de Josué*, qui orne un manuscrit grec du VIIe ou du VIIIe siècle, est l'une des plus singulières curiosités de cette bibliothèque, qui se distingue surtout par le choix de ses ouvrages. Nous admirons la composition et la richesse des minia-

---

1. Ainsi le *poisson*, en grec ΙΧΘΥΣ, est le symbole de *Christ* ; en effet, les lettres initiales du mot ΙΧΘΥΣ signifient *Jésus-Christ, Fils de Dieu, Sauveur* : Ἰησοῦς Jésus, Χριστὸς Christ, Θεοῦ de Dieu, Υἱὸς Fils, Σωτήρ Sauveur.

tures et des ornements du *Bréviaire de Mathias Corvin*, roi de Hongrie. Ce chef-d'œuvre de la fin du xvᵉ siècle paraît avoir été exécuté à *Florence* par un des habiles calligraphes qui brillaient alors en Italie. Nous ne pouvons ne pas dire un mot de la copie manuscrite du *Traité des sept Sacrements*, ouvrage d'Henri VIII, envoyé et dédié par lui à Léon X; c'est là un monument qui prouve que l'homme conserve la foi tant qu'il a le cœur pur, mais que, s'il vient à se laisser dominer par ses passions, il tombe dans toutes les aberrations de l'esprit et du cœur.

Le *Cabinet des Papyrus*, que Pie VI a fait décorer de bronzes, de marbres, de porphyres, est l'un des plus beaux du Vatican; ses fresques sont de *Raphaël Mengs*. Il renferme une riche collection de ces précieuses écorces [1] où sont relatés des faits se rapportant aux xᵉ, xıᵉ et xɪɪᵉ siècles.

Dans la *Salle des Peintures antiques*, créée par Grégoire XVI, nous voyons des œuvres de *Margaritone*, de *Cimabüe*, de *Giotto*, de *Masuccio*, de *Frà Angelico* et d'autres artistes du xɪɪɪᵉ et du xɪvᵉ siècle. Nous remarquons trois tables de granit et des ouvrages en cristal de ro-

---

[1]. Il y a, dans l'*Encyclopédie du XIXᵉ siècle*, un excellent article de *Champollion-Figeac* sur le *papyrus* et ses usages.

che du xv° siècle. De là nous passons dans une chambre dont la voûte est peinte par le *Guide*, et où se trouvent les fameuses *Noces Aldobrandines*, antique fresque représentant un mariage païen, qui appartenait autrefois à la famille *Aldobrandini*.

Les *Appartements Borgia* se composent de six chambres; les trois premières contiennent des livres. Elles sont décorées : la première, de peintures et de stucs de *Jean d'Udine* et de *Piérin del Vaga;* la seconde et la troisième, de fresques du *Pinturricchio*. Dans la quatrième, nous examinons la belle collection de gravures sur cuivre formée par Pie VI; dans la cinquième et la sixième sont renfermés des bas-reliefs et des fragments d'architecture antique, parmi lesquels nous distinguons les restes d'une frise provenant de la *basilique Ulpienne*.

On comprend sous le nom de *Musée du Vatican* les différentes galeries, pour la plupart consacrées aux monuments de l'art ancien, que nous parcourons successivement. Le *Braccio nuovo*, le bras nouveau, ou l'annexe construite par Pie VII sur les plans de l'architecte *Raphaël Stern*, a coûté deux millions cinq cent mille francs et ne date que de 1822. Son hémicycle est orné de deux colonnes en albâtre oriental et de deux en jaune antique, tirées du tombeau de

Cecilia Metella. Donner le détail de tout ce qu'il renferme nous entraînerait trop loin ; pour ne parler que des bustes et des statues, nous citerons : la belle statue d'*Auguste*, découverte en 1863 sur la *voie Flaminienne;* celles de *Titus*, de *Commode*, d'*Esculape*, de *Ganymède*, de *Diane*, de l'*Athlète*, du *Nil*[1], d'*Apollon*, etc., etc.; les bustes de *Claude*, de *Nerva*, de *Ptolémée*, de *Junon*, de *Minerve*, etc., etc. Un savant du siècle dernier avait calculé que, malgré les ravages du temps et les mutilations des barbares, le nombre des statues exhumées jusqu'à nos jours du sol de Rome dépassait soixante-dix mille[2]. Ce nombre est bien plus considérable depuis les fouilles exécutées sous Pie IX.

Le *Musée Chiaramonti*, ainsi appelé du nom de famille de Pie VII, son fondateur, est la continuation de la galerie lapidaire ; il renferme encore plus de *spécimens* de l'art antique que le précédent. Qu'il nous suffise de mentionner : l'*Automne*, l'*Hiver*, *Septime-Sévère*, *Antonin-le-Pieux*, *Agrippa*, *Jules-César*, *Alexandre-le-Grand*, *Scipion l'Africain*, *Lysias*, *Jupiter*, *Niobé*, *Hercule*, *Melpomène*, *Adrien*, *Tibère*,

---

1. Représenté avec seize enfants qui symbolisent les seize coudées de sa crue.
2. *Barthélemy*, auteur du *Voyage du jeune Anacharsis en Grèce*.

Démosthène, Cicéron, Caton, Pompée, Ulysse et le Cyclope, etc., etc.

Nous entrons au *Musée Pio Clementino*, qui doit son nom au pape Clément XIII, son fondateur. Il a été considérablement augmenté par Clément XIV et Pie VI. Ce dernier pontife l'a enrichi de plus de deux mille statues qui, jointes aux collections de Jules II, Léon X, Clément VII et Paul III, en font une pinacothèque où les connaisseurs et les artistes se rendent avec empressement pour satisfaire leur curiosité ou leur désir de s'instruire.

Arrivé au *Vestibule carré*, nous commençons par admirer les belles fresques de *Daniel de Volterre;* puis nous examinons les diverses inscriptions trouvées sur le *tombeau des Scipions.* Le sarcophage d'un membre de cette illustre famille frappe surtout notre attention. — Nous pouvons contempler tout à notre aise le célèbre *Torse du Belvédère,* que nous ne connaissions que de réputation; devant cette merveille de la statuaire antique qui enthousiasmait *Michel-Ange* lui-même, notre faible suffrage serait nul. Nous donnerons à ce chef-d'œuvre d'*Apollonius*, d'Athènes, l'épithète de *sublime*, à la suite des grands maîtres.

Au milieu du *Vestibule rond*, nous voyons un superbe bassin en marbre violet; dans les niches figurent seulement des débris de statues anciennes. Sur le balcon, d'où la vue s'étend très-loin, nous regardons une *Rose des vents*, découverte en 1779 dans les environs du *Colisée* et portant des caractères grecs et latins.

La *Chambre du Méléagre* tire son nom de la statue du roi de *Calydon*, qui en fait le principal ornement. Nous y remarquons aussi trois bas-reliefs, dont l'un représente l'*Apothéose d'Homère par les Muses*; l'autre, un port de mer; et le troisième, une galère à double rang de rames, et des soldats qui combattent.

Nous voici à la *Cour du Belvédère*, qui est de forme octogone, et entourée d'un portique soutenu par seize colonnes de granit. Les quatre cabinets qui se trouvent aux angles sont désignés sous les noms suivants :

Le *Cabinet de Persée*, ainsi appelé de la statue du dernier roi de Macédoine, vaincu par *Paul-Émile*. C'est à *Canova* que l'on doit *Persée* et les pugilateurs *Creugas* et *Damoxenos*. Aux deux côtés de l'arc, nous apercevons les statues de *Mercure* et de *Minerve*.

Le *Cabinet de Mercure*, où l'on voit l'*Antinoüs* si admiré pour la beauté de ses proportions, et deux bas-reliefs dont les sujets sont *Achille* après la mort de *Penthésilée* et une procession en l'honneur d'*Isis*.

Le *Cabinet de Laocoon* renferme le célèbre groupe trouvé en 1506, sous Jules II, et ayant appartenu, selon *Pline*, au *palais de Titus*. On attribue ce magnifique ouvrage aux trois sculpteurs rhodiens, *Agésandre*, *Polydore* et *Athénodore;* il était considéré par *Michel-Ange* comme la *merveille de l'art*.

Le *Cabinet d'Apollon* nous offre le premier objet d'art ancien autour duquel sont venus se grouper beaucoup d'autres chefs-d'œuvre. Qui n'a entendu parler de l'*Apollon du Belvédère?* Eh bien! nous l'avons sous les yeux; et, quoique *Chateaubriand* dise qu'on l'a trop vanté, nous ne pouvons ne pas souscrire au jugement des artistes qui en ont fait l'éloge.

A l'entrée de la *Salle des Animaux*, nous apercevons deux dogues qui servent, pour ainsi dire, d'enseigne à cette galerie unique dans son genre. Elle est divisée en deux parties par le vestibule qui relie la cour octogone à la *Salle des Muses*, et qui est orné de quatre colonnes de granit. Parmi les animaux, posés sur des tables de pierre et des consoles, nous remarquons : *Cerbère* enchaîné par *Hercule;* un lion qui dévore un cheval; un cerf en albâtre; un tigre; un griffon; les bœufs de *Géryon;* les chevaux de *Diomède*, etc., etc. Il y a, au milieu, une superbe coupe en marbre violet et une table massive en vert antique.

La *Galerie des Statues* offre à nos regards: *Caligula*, *Pallas*, *Pénélope*, *Uranie*, *Ménandre*,

Esculape, Ariane, etc., etc. ; les deux candélabres *Barberini*, en marbre blanc, trouvés à la *villa Adrien*, et une urne funéraire en albâtre oriental.

Nous allons ensuite à la *Salle des Bustes*, située au fond de la même galerie, et nous remarquons principalement : *Clodius Albinus, Alexandre-Sévère, Jules-César, Auguste, Agrippa, Cicéron, Domitia, Marc-Aurèle, Lysimaque, Ménélas, Lucius Verus, Titus, Sérapis, Caracalla, Néron, Antonin-le-Pieux, Othon*, etc., etc. Le fond est occupé par la statue colossale de *Jupiter* assis, le sceptre et la foudre à la main, et l'aigle à ses pieds.

De là, nous passons sur une terrasse où se trouvent plusieurs monuments antiques, puis nous arrivons au *Cabinet des Masques*, ainsi appelé de trois groupes provenant de la *villa Adrien*. La voûte, soutenue par huit colonnes d'albâtre et autant de pilastres, a été peinte par *Simonetti*; ce qui nous frappe le plus peut se résumer à ce qui suit : le *Faune*, en rouge antique ; *Minerve, Junon*, les *Travaux d'Hercule*, les *Heures*, le *Char du Soleil*, et la mosaïque où sont représentés des masques et des paysages.

Après avoir traversé de nouveau la *Salle des Animaux*, nous entrons à droite dans la *Chambre des Muses*, pièce octogone décorée de seize colonnes en marbre de *Carrare*. Les statues des *Neuf-Sœurs*, qui ont donné leur nom générique au lieu où nous sommes, ont été découvertes à *Tivoli* en 1774, ainsi que les bustes des grands hommes de la Grèce. Voici l'ordre dans lequel nous les voyons : *Epicure, Melpomène; Zénon, Thalie; Eschine, Uranie; Démosthène, Clio; Antisthène, Polymnie; Alcibiade, Érato; Épiménide, Calliope; Thémistocle, Terpsichore; Euripide, Euterpe.* Notre attention se porte aussi sur les deux bas-reliefs dont sont revêtues les parois de cette pièce et sur son pavé garni de mosaïques.

Le passage qui nous conduit à la *Salle Ronde* est orné de statues, de bustes et de bas-reliefs; nous voyons dans cette splendide rotonde, construite par Pie VI, un vaste bassin de porphyre provenant des *thermes de Titus*, et un grand nombre de statues colossales, parmi lesquelles nous distinguons celles de *Jupiter, Junon,* l'*Océan, Antinoüs, Hercule* et *Télèpe, Faustine, Adrien, Nerva* et *Antonin-le-Pieux*. Le magnifique pavé de cette salle est formé des mosaïques découvertes, en 1780, à *Otricoli*, dans l'*Ombrie*.

De là nous arrivons à la *Salle de la Croix grecque,* ainsi désignée à cause de la forme de sa construction. La première chose qui nous frappe, c'est la porte d'entrée, dont les montants sont en granit rouge ; elle a près de sept mètres d'élévation, et son entablement est soutenu par deux statues colossales, de style égyptien.

Nous remarquons, à l'intérieur : le pavé orné de mosaïques antiques ; les deux vases de granit rouge, séparés par un bas-relief offrant un combat de gladiateurs ; et les sarcophages en porphyre de sainte Constance et de sainte Hélène, qui, quoique vides, sont encore d'un grand prix.

Le *Musée Égyptien*, commencé par Pie VII, a été inauguré par Grégoire XVI ; il occupe plusieurs chambres, où l'on voit des pierres tombales chargées d'hiéroglyphes, des inscriptions cunéiformes, quelques momies d'animaux, trois cercueils en basalte vert, des vases d'albâtre, etc., etc.

Nous ne saurions oublier le grand escalier en spirale, chef-d'œuvre de *Bramante*, qui a servi de modèle pour ceux du *Quirinal* et des *palais Borghèse* et *Barberini*. Construit en marbre de *Carrare* et divisé en trois branches, il est, de plus, décoré de vingt colonnes de granit et de balustrades en bronze.

A droite de cet *Escalier principal du Musée*, comme on l'appelle, nous trouvons la *Chambre de la Biga*[1], qui tire son nom du char antique

---

1. Mot italien qui signifie *char à deux roues*.

que nous voyons au milieu. Il y a là aussi quelques statues anciennes, entre autres, celles de *Sardanapale*, de *Phocion*, de *Diane chasseresse*, de *Bacchus*, d'*Apollon*, etc., etc.

Nous entrons de là au *Musée Étrusque-Grégorien*, créé par Grégoire XVI, en 1837. Il serait difficile de trouver quelque chose de mieux pour l'étude de l'archéologie italique; nous regrettons néanmoins que les objets ne soient pas numérotés. Les trésors de cette collection, provenant principalement des cités étrusques, sont distribués et classés dans une douzaine de chambres que nous parcourons rapidement. Objets trouvés en 1849 à *Pompéi*, urnes, amphores, statues, bas-reliefs, cercueils, hydries, vases peints, coupes et patères, telles sont les choses qui, en plus grand nombre, s'imposent à notre attention.

La longue *Galerie des Candélabres* est divisée en six compartiments, qui contiennent plus de six cents statues et un nombre considérable de chandeliers à plusieurs branches. Les plus remarquables, parmi les candélabres, sont ceux d'*Otricoli* et de *Sainte-Constance*.

Dans la *Galerie des Tapis*, nous nous retrouvons en présence des œuvres de *Raphaël* et de ses élèves. Les tapisseries que nous voyons, exécutées sur les dessins de ces illustres maîtres, pour décorer les murs de la *Chapelle Sixtine* aux jours solennels, renferment un grand nombre de sujets, dont les principaux sont : *saint Pierre et saint Jean guérissant le paralytique ;* le *Massacre des Innocents ; Elymas frappé de cécité ;* la *Remise des clés à saint Pierre ;* la *Mort d'Ananie ;* la *Pêche miraculeuse ;* la *Prédication de saint Paul à Athènes ; saint Paul et saint Barnabé à Lystra ;* l'*Adoration des Mages ;* l'*Ascension ;* la *Résurrection*, et la *Pentecôte*.

Dans la *Galerie des Cartes géographiques* des provinces de l'Italie, dessinées sur les murs, en 1581, par le Père *Ignace Danti*, de l'ordre de Saint-Dominique, nous remarquons les fresques de *Tempesta* et les paysages de *Paul Brill*, artistes des Pays-Bas.

La *Salle de l'Immaculée-Conception* a été créée par Pie IX, en mémoire de la définition du dogme qui proclame la sainte Vierge exempte de la tache originelle. Les peintures de *Podesti* représentent : la belle cérémonie qui eut lieu à la basilique de Saint-Pierre le 8 décembre 1854 ; Marie, debout sur la lune, entourée de l'auguste Trinité ; les quatre grands prophètes et les quatre évangélistes ; saint Joseph, saint Jean-Baptiste, saint Pierre et saint Paul ; les docteurs de l'Église et les saints de l'Ancien et du Nouveau Testament ; des anges chassant les hérétiques, et d'autres offrant à la Vierge immaculée les vœux et les dons de ses fidèles serviteurs; enfin le couronnement de la Madone de la chapelle capitulaire.

Nous visitons avec beaucoup d'intérêt la *Manufacture de mosaïques*, établie au-dessous de la *Galerie des Inscriptions;* elle occupe un nombre considérable d'ouvriers. La collection d'émaux de nuances diverses, dont il est fait usage, s'élève à plus de quinze mille. Ce lent travail, car il faut quelquefois vingt années pour faire un tableau, cette patiente main-d'œuvre donne l'immortalité aux chefs-d'œuvre périssables de la peinture; mais ce n'est là qu'un talent de copie, d'imitation, et point un art.

Nous terminerons notre longue promenade au *Vatican* par les *jardins*, commencés par Nicolas V, agrandis et embellis par Jules II, sous la direction de *Bramante*. Grâce à une recommandation particulière, nous avons pu parcourir les belles avenues bordées de buis gigantesques, voir la grande fontaine couronnée d'un aigle aux ailes déployées, cueillir des fleurs variées, nous reposer sous le portique du casino de Pie IV, l'une des créations les plus parfaites de l'architecture moderne, et visiter enfin le bosquet de la *Pigna*, colossale pomme de pin, de la hauteur de trois mètres, qui surmontait, dit-on, le mausolée d'*Adrien*. Le piédestal de la colonne d'*Antonin-le-Pieux*, qui se trouve en face, est décoré de belles sculptures représentant l'apothéose d'*Antonin* et de *Faustine*. Avant de quitter Rome, nous voulons la contempler encore une fois dans son ensemble, et, pour cela, nous allons au *Mont Mario*, à l'extrémité du *Janicule*. De là, nous apercevons le sommet des monuments qui nous ont tant intéressé; notre vue s'arrête sur la campagne et sur les montagnes, et pénètre jusqu'à la mer.

TROISIÈME PARTIE

De Naples à Modane.

CHAPITRE PREMIER

DÉPART DE ROME, MONT-CASSIN, CAPOUE, ARRIVÉE A NAPLES.

Nous allons célébrer une dernière fois la messe à la basilique de Saint-Pierre, et, à neuf heures vingt minutes du matin, nous partons pour *San-Germano*. La ligne de Naples se détache bientôt de celle de *Civita-Vecchia*; les monts Albains et de la Sabine sont à notre gauche; nous jetons, à droite, un coup d'œil rapide sur les tombeaux de la voie Appienne; puis, sans nous arrêter aux stations de *Ciampino* et de *Marino*, nous arrivons à *Albano*. Cette petite ville, d'environ 3,000 habitants, est le séjour d'été le plus recherché des environs de Rome; aussi est-elle entourée de charmantes villas. Ses deux ruines célèbres, dites le *Tombeau d'Ascagne*, fondateur d'Albe la Longue, et le *Tombeau des Horaces et des Curiaces*, ont dû être de magnifiques mausolées. Une belle avenue de chênes verts, qu'on appelle la *Galerie*, conduit de là à *Castel-Gandolfo*, où se trouve l'unique maison de campagne des papes; elle n'a point été annexée au domaine de l'État. Le lac, qui remplit le cratère presque ovale d'un ancien volcan, va se perdre dans un long souterrain connu sous le nom d'*Émissaire*. Tout, dans ce village et aux environs, est rempli du délicieux souvenir de Pie IX.

Le train s'est remis en marche, et une demi-heure s'est à peine écoulée quand nous entendons annoncer *Velletri*, l'ancienne cité des Volsques, dont le vin est renommé. On cite : le bel escalier de marbre de l'ancien *palais Lancellotti*, qui aboutit à une terrasse d'où la vue s'étend au loin, et le tableau de *la Vierge et l'Enfant Jésus*, ouvrage de *Rositi*, à l'église *Sainte-Marie dell' Orto*.

Après les stations de *Segni*, de *Frosinone*, de *Ceprano* et de *Roccasecca*, nous nous trouvons au pied du Mont-Cassin, à *San-Germano*.

Il est une heure et demie quand nous quittons la gare; nous montons en voiture, et, à deux heures sonnantes, nous nous mettons à table. Le repas terminé, nous avons hâte de visiter les ruines de l'ancien *Casinum* des Romains, sur lesquelles s'élève, au bord du *Rapido*, la ville où nous nous trouvons, qui, elle-même, date du moyen-âge.

Ce qui frappe d'abord nos regards, c'est un amphithéâtre antique : la façade, les gradins et quelques autres parties subsistent encore ; la scène est détruite et l'orchestre a fait place à un champ cultivé. Au lieu dit le *Crocifisso*, où s'élève aujourd'hui une chapelle, parmi les débris de l'ancienne cité, on remarque un vestige de voie romaine qui conserve l'ornière des chars comme à *Pompéi*.

Voulant arriver au couvent avant la nuit, nous ne nous arrêtons pas plus longtemps ici ; nous gravissons à pied la montagne, et, de temps en temps, nous nous arrêtons pour contempler le splendide panorama qui se déroule à nos pieds. L'apparition de la brillante basilique et de son double parvis, au sommet d'un pic escarpé et dans la solitude sauvage de l'Apennin, est tout à fait merveilleuse.

Nous entrons dans l'intérieur de l'abbaye par une longue et sombre grotte faite de cailloux, dans laquelle, selon la tradition, saint Benoît aurait habité. Le grand caractère de la cour et de l'escalier du premier parvis paraît encore plus imposant à la sortie de cette espèce de souterrain. Si la grille avait été mise vis-à-vis de la façade, projet que la dépense empêcha d'exécuter, on n'aurait point joui, malgré la beauté du coup d'œil, d'un tel effet [1].

Tout, dans cette vaste maison, rappelle le souvenir de son saint fondateur et de sainte Scholastique, sa sœur jumelle, dont les précieux restes sont conservés dans le même tombeau. Leurs statues colossales attirent bientôt notre attention ; nous montons ensuite à l'église, élevée en 1727 sur les ruines de plusieurs sanctuaires successivement détruits dans les guerres qui n'ont pas même respecté l'asile de la science et de la vertu. La porte du milieu, qui a survécu aux injures du temps et des hommes, est encore celle que le célèbre abbé Didier [2] fit exécuter à Constantinople en 1066, et sur laquelle sont sculptés en lettres d'argent les noms des terres, châteaux et villages dépendant du monastère. Nous remarquons, à la chapelle de Saint-Grégoire, un beau tableau de *Marc Mazzoroppi*, peintre du commencement du xviie siècle, dont on voit aussi plusieurs travaux dans la crypte. Au-dessus de la petite porte de la nef latérale, le *Martyre de saint André*, du même artiste, mérite d'être examiné avec soin ; la *Consécration de l'église abbatiale par le pape Alexan-*

---

1. *Voyages en Italie*, p. 372.
2. Devenu pape en 1088 sous le nom de Victor III.

dre II fait le sujet d'une excellente fresque de *Giordano.*

Ce qui nous frappe le plus, c'est le maître-autel, orné de marbres, de pierres précieuses, d'albâtre, de noir et de vert antiques, de lapis-lazuli et de brocatelle ; il forme, avec les stalles du chœur décorées de superbes arabesques, un ensemble parfait. Aux deux côtés se trouvent les mausolées de *Pierre de Médicis*, fils de *Laurent-le-Magnifique*, et de *Guidone Ferramosca*, dernier prince de *Mignano.*

La crypte ou église souterraine, dite *il Tugurio e il Succorpo*, dans laquelle reposent les vénérables corps de saint Benoît et de sa sœur, ainsi que ceux de saint Maur et de saint Placide, offre à nos regards quelques peintures de *Marc de Sienne*, altérées par l'humidité. Le tableau de *Mazzoroppi*, que nous voyons à l'autel, est mieux conservé. Un souvenir touchant, c'est le séjour du *Tasse* dans ces lieux, déjà si mémorables. Le grand poëte, avant d'aller mourir à Rome, voulut satisfaire la dévotion qu'il avait pour saint Benoît ; il vint donc prier dans cette chapelle et méditer pendant quelques jours sous les cloîtres silencieux du Mont-Cassin.

Après avoir donné, comme de juste, nos premiers moments à la maison de Dieu, nous nous rendons à la bibliothèque, que nous ne connaissions que de réputation. Elle est au-dessus de ce que nous en avions entendu dire. Nous nous découvrons respectueusement devant les bustes des docteurs de l'ordre de Saint-Benoît, et, dans l'impossibilité où nous sommes de nous livrer à de longues compulsations, nous ne nous arrêtons qu'à ce qui nous intéresse davantage. Le plus ancien manuscrit est le *Commentaire d'Origène sur l'épître de saint Paul aux Romains*, qui remonte à l'an 569; les manuscrits du *Dante* et de *Virgile* sont du XIIIe et du XIVe siècle. La collection considérable des lettres de *Mabillon*, *Montfaucon*, *Ruinart*, *Muratori*, *Mazocchi*, *Tiraboschi* et autres savants, nous a vivement intéressé. Dans les archives, véritable trésor, il y a près de 30,000 chartes et parchemins, dont quelques-uns datent du IXe siècle et sont ornés de superbes vignettes; on y voit quelques vieux portraits curieux, parmi lesquels s'en trouve un de l'auteur de la *Divine Comédie*, que l'on dit d'après nature.

Enfin le réfectoire, où s'exerce la plus généreuse hospitalité, n'est point une vulgaire salle à manger; il possède, entre autres, une *Multiplication des pains*, des frères *Bassano*, et les seize figures originales du chevalier d'*Arpino*, qui servirent pour les mosaïques de la coupole de Saint-Pierre, représentant le *Christ*, les *Apôtres*, la *Vierge* et *saint Jean-Baptiste*.

Les environs du couvent, volcaniques, quoique

couverts de matières calcaires, sont fort curieux à visiter sous le rapport géologique. De quelque côté que la vue se porte, elle est charmée par le spectacle d'une nature grandiose ; les montagnes, les vallées et les rivières, ne l'empêchent pas d'arriver par quelques échappées jusqu'à la mer. Comme beaucoup d'autres voyageurs, nous éprouvons le désir de rester dans cette charmante solitude, mais le devoir, qui nous rappelle les mots de Bossuet : *Marche! marche*, nous entraîne plus loin ; il nous faut profiter des quelques jours de vacances dont nous pouvons encore disposer pour voir Naples et les autres villes que nous rencontrerons sur notre passage à notre retour en France.

Décidément, nous partons pour *Capoue*, non pour y jouir de ses délices tant vantées, qui ne nous inspirent que de la répulsion, mais pour étudier ses monuments et ses ruines au point de vue de la science et de l'histoire. En quittant *San-Germano*, nous sommes naturellement sous l'impression du bonheur que nous avons ressenti au Mont-Cassin, c'est pourquoi nous ne faisons guère attention aux stations que nous franchissons rapidement ; cependant, après celle de *Sparanisi*, où s'ouvre la route de *Gaëte*, ville célèbre par le séjour de Pie IX, nous découvrons, pour la première fois, dans le lointain, le sommet du *Vésuve;* quelques minutes plus tard, nous sommes dans l'antique cité de la *Campanie*, qui a joué un certain rôle avant et après Jules-César.

De l'ancienne *Capoue*, où *Annibal* s'endormit au sein des plaisirs, il reste un amphithéâtre immense qui ne le cède en dimensions qu'au *Colisée* de Rome. Les *Campaniens*, dit-on, inventèrent les combats de gladiateurs, et les voluptueux et sanguinaires *Capouans* firent, les premiers, usage du *Velarium*. Ce voile tendu au-dessus des tribunes qu'ils occupaient, pour les abriter du soleil, leur valut de la part des *Romains* le reproche de mollesse; mais, hélas! ceux-ci ne tardèrent pas à les imiter. Cette ville, connue anciennement sous le nom de *Casilinum*, fut rebâtie par le conquérant des Gaules, et incendiée, en 840, par les *Sarrasins*.

La cathédrale, ou le *Dôme*, de la ville actuelle, possède de nombreuses colonnes de granit enlevées à l'amphithéâtre; un *Christ au tombeau* et une *Pietà*, attribués à tort au *Bernin*, et des mosaïques antiques. Le musée, *musée Campano*, comme on l'appelle, est assez riche en inscriptions, sarcophages, monnaies, vases, terres cuites, et bustes et statues plus ou moins mutilées. Au delà du *Vulturne*, nous voyons le champ de bataille où, le 1er octobre 1860, François II succomba sous le nombre en défendant vaillamment ses États. Le train express nous transporte en cinq quarts d'heure dans l'ancienne capitale du royaume des *Deux-Siciles.*

CHAPITRE II

NAPLES, LE VÉSUVE, HERCULANUM, POMPÉI, STABIES.

N'ayant que trois jours à passer dans cette ville et aux environs, nous ne saurions en donner une description détaillée, comme nous l'avons fait pour Rome ; mais il est certain qu'elle offre bien moins d'intérêt que l'antique cité des Césars, devenue la résidence du Vicaire de Jésus-Christ.

Naples, *Napoli*, remonte à plus de dix siècles avant l'ère chrétienne ; c'est la *Parthénope* des Grecs, qui conserva les mœurs et le langage helléniques longtemps après sa conquête par les Romains. Pour nous, c'est le séjour du bruit et de la vie en plein air ; il semble, à voir la gaieté qui y règne, que tout le monde y est content et heureux.

Le *Palais-Royal*, le plus important ouvrage de *Dominique Fontana*, paraît plus étendu que grand ; il a subi de nombreux changements sous ses divers possesseurs, et nous ne le visitons aujourd'hui qu'à titre de monument historique. Parmi les tableaux qu'il renferme, nous remarquons : le *Jésus au milieu des docteurs*, du *Caravage* ; le *saint Jean-Baptiste*, de *Louis Carrache*, et la *Charité*, de *Schidone*, peintre de l'école de Parme au xviie siècle. L'escalier d'honneur, avec ses marbres, ses statues et ses bas-reliefs ; la salle du trône et les suivantes, où l'on voit de splendides porcelaines de Sèvres, ont aussi un moment attiré notre attention.

Saint-François-de-Paule, qui se trouve en face, est une église moderne en forme de rotonde, comme le Panthéon de Rome, mais bien inférieure, sous tous les rapports, à son modèle. Les trente colonnes corinthiennes qui supportent la coupole ; le maître-autel, revêtu de pierres précieuses ; la tribune royale, les statues de saint Marc, de saint Luc, de saint Augustin et de saint Jean-Chrysostôme ; le tableau du chœur, qui a pour sujet *saint François de Paule ressuscitant un mort ;* et les *Derniers moments de saint André-Avellin*, sont ce qui nous a le plus intéressé dans ce temple, qui ne renferme aucun souvenir de l'antiquité.

Sur la *Place du Municipe*, appelée autrefois *Largo del Castello*, ou place du château, s'élève l'*Hôtel-de-Ville* terminé en 1825, dont l'entrée est décorée des statues de Frédéric II et du roi Roger. L'église Saint-Jacques-des-Espagnols, où nous entrons ensuite, est attenante à l'édifice municipal et possède quelques œuvres d'art d'un certain mérite. Nous signalerons : une *Sainte-Famille*, d'*André del Sarte;* un *Christ en croix*, de *Marc de Sienne;* une *Pietà*, de *Bernard Lama;* et le *Tombeau de don Pierre de Tolède*, chef-d'œuvre de *Jean Nola*.

Nous jetons un coup d'œil sur la belle *Fontaine Medina*, en nous rendant au *Château-Neuf;* ses figures mythologiques nous rappellent celles des grands bassins de la place de la Concorde, à Paris. Le *Castel-Nuovo*, bâti par Charles d'Anjou, ressemble assez à notre ancienne Bastille ; il a servi de résidence à un grand nombre de souverains. Ses remparts sont aujourd'hui démantelés en partie. Nous examinons, à l'entrée, le bel arc de triomphe d'Alphonse Ier d'Aragon, attribué à *Julien Majano*, sculpteur et architecte florentin; les portes de bronze, exécutées par un moine du nom de *Guillaume*, laissent peut-être à désirer sous le rapport du goût, mais non sous celui de la solidité, comme on le voit par le boulet de canon qui s'est arrêté dans l'une d'elles, sans pouvoir la pénétrer entièrement. Sainte-Barbe, l'église du *Château-Neuf*, attire nos regards par sa façade corinthienne et le bas-relief représentant la *Vierge et l'Enfant Jésus*, qui surmonte sa porte principale. L'*Adoration des Mages*, le meilleur tableau du chœur, que l'on croit être de *Jean de Bruges*, rappelle les débuts de la peinture à l'huile. Nous montons au clocher, et, de là, nous avons une superbe vue sur la rade de Naples.

La *Fontaine Sainte-Lucie*, en marbre blanc, ornée de statues et de bas-reliefs, d'*Auria* et de *Jean de Nola*, produit un effet saisissant, et se détache à merveille de l'admirable fond formé par la mer et le Vésuve.

Sur le rocher que domine la masse imposante du *Château-de-l'Œuf* s'élevaient autrefois la villa et les viviers de *Lucullus*, dont quelques débris existent encore sous les eaux. L'empereur Frédéric II chargea Nicolas de Pise de changer en place forte l'ancien séjour du plus voluptueux des Romains, qui, de nos jours, est occupé par une prison.

La *Villa Nationale*, bordée par la mer, forme, avec ses vases, ses fontaines, ses allées d'acacias, ses bosquets de myrtes et d'orangers, ses palmiers et ses chênes, la plus attrayante et la plus fréquentée des promenades publiques. Le groupe célèbre du *Taureau Farnèse*, qui s'y trouvait à l'injure du temps, a été transporté au musée, et remplacé par un superbe bassin dont l'aspect monumental frappe d'abord la vue. Le

Panorama pompéien et l'*Aquarium* méritent d'être visités ; ils offrent aux antiquaires et aux naturalistes de beaux sujets d'étude. Le colombaire romain, dit le *Tombeau de Virgile*, que nous voyons plus loin, n'est ni curieux ni authentique ; mais, de là, nous contemplons à notre aise la ville et le golfe.

Il faudrait pouvoir disposer de beaucoup de temps pour examiner en détail toutes les richesses des *Studj*, ancien musée royal bourbonnien, qui, sous le nom de *Musée national*, excite encore l'admiration des amis des arts et de l'antiquité. Parmi les statues, quelques-unes ont été trouvées à *Pompéi;* celle qui fait face au *Taureau Farnèse* et appelée l'*Hercule*, œuvre de *Clycon*, sculpteur athénien, ne lui est point inférieure. *Agrippine, Auguste, Tibère, Claude, Néron, Trajan, César*, s'offrent aussi à nos regards, ainsi que *Platon, Archytas, Sénèque, Sapho* et *Mercure*.

Les *papyrus* découverts à *Herculanum* renferment, dans leurs noirs rouleaux, une foule de choses intéressantes, sans doute, mais que nous ne saurions déchiffrer. Dans la salle qui contient la collection dite des *petits bronzes*, nous ne remarquons que des meubles, instruments et ustensiles dont l'usage est facile à comprendre ; les chaises curules, les trépieds, les autels, les tables des sacrifices, les urnes, les coupes, les couteaux, les fuseaux, les dés à coudre et les aiguilles, et jusqu'aux vases contenant du fard, tout porte le cachet antique; cependant les instruments de chirurgie et de pharmacie, et les ustensiles de cuisine et de ménage, ne diffèrent que fort peu des nôtres, quoique généralement on les décorât davantage. Parmi les objets précieux qui ornent ce musée, il faut mettre en première ligne la *Tasse Farnèse*, vase en sardoine d'un diamètre considérable, orné de sept figures en bas-reliefs représentant, selon *Visconti*, le *Nil, Orus, Isis* et les *Nymphes* du fleuve égyptien.

Si toutes les peintures antiques et les mosaïques n'atteignent point le degré de perfection auquel nous sommes aujourd'hui habitués, il faut reconnaître néanmoins que les Grecs nous ont ouvert la marche du progrès.

Dans la *Galerie de tableaux*, où les diverses écoles occupent des salles différentes, nous ne nous attachons qu'aux œuvres les plus estimées; nous nous contenterons donc de citer : l'*Adoration des Bergers*, de *Sassoferrato;* l'*Epiphanie*, de *César de Sesto;* l'*Assomption*, de *Frà Bartholommeo;* la *Transfiguration*, de *Jean Bellini;* une *Sainte-Famille*, de *Raphaël;* la *Madeleine*, du *Titien;* la *Vierge et l'Enfant Jésus*, de *Léonard de Vinci;* le saint *Nicolas en extase*, du *Calabrèse;* le saint *Jérôme*, de l'*Espagnolet;* enfin la *Descente du Saint-Esprit,* de *Michel-Ange de Caravage.*

A la *Bibliothèque*, qui se trouve dans le même palais et se compose de 4,000 manuscrits et 200,000 imprimés, nous remarquons : un dialogue du *Tasse*, intitulé *Il Minturno;* un autographe de saint Thomas d'Aquin, contenant l'exposition du traité *de Cœlesti hierarchiâ,* de saint Denis l'Aréopagite; une *Bible* en deux volumes, du xe siècle; les *Paralipomènes d'Homère*, manuscrit grec du xive siècle; et, parmi les imprimés, le *Missel* connu sous le nom de *Flora,* à cause de ses miniatures fleuries.

Il nous tardait d'arriver à la CATHÉDRALE dédiée à saint Janvier, le patron si vénéré des Napolitains; on ne saurait causer longtemps avec un habitant du pays sans l'entendre prononcer le nom chéri de *san Gennaro.* Cette église, érigée par les soins de Charles d'Anjou et de Robert, son petit-fils, porte à l'extérieur le cachet français, contrairement aux autres basiliques italiennes. Ses nombreuses colonnes de granit, de marbre africain, de cipollin, proviennent des ruines des temples de Neptune et d'Apollon; elle est divisée en trois nefs. Les voûtes ogivales des bas-côtés sont revêtues des peintures de *Forti* et de *Santafede;* nous admirons sur les murs latéraux les belles fresques de *Luc Giordano.* Voici ce qui nous frappe le plus ensuite :

au-dessus de la grande porte intérieure, les tombeaux de Charles d'Anjou et de Charles-Martel, roi de Hongrie; le vase antique, de basalte égyptien, servant de baptistère; à la chapelle *Minutoli*, trois statues : un *Christ en croix*, une *Vierge* et un *saint Jean*, de *Masuccio*, et divers sujets de la *Passion*, de *Thomas de Stefani;* à la chapelle *Caraccioli*, le *Crucifix* de bois, les mausolées du cardinal fondateur et du roi André; à la chapelle *Seripandi*, une *Déposition de croix*, de *Jean de Nola*, une *Pietà*, de *François Curia*, et une *Assomption*, du *Pérugin*.

Avant de continuer notre visite, qui est loin d'être terminée, nous entrons à *Sainte-Restitute*, par une porte de communication ouverte devant nous. Annexée à *Saint-Janvier*, cette ancienne église cathédrale n'en est plus qu'une dépendance, ou, pour ainsi dire, une chapelle détachée. Elle n'a de remarquable que ses mosaïques anciennes et ses bas-reliefs du VIIIe siècle; on y vénère la *Santa-Maria-del-Principio*, première image de la Vierge connue à Naples. La crypte, ou *Confession de saint Janvier*, qui se trouve au-dessous du maître-autel, fondée en 1497, par le cardinal *Olivier Carafa*, est richement décorée; la statue à genoux du prélat a été souvent attribuée à *Michel-Ange*.

Après avoir examiné attentivement l'*Adoration des Anges*, peinte sur la coupole du chœur par le *Dominiquin*, nous nous rendons à la partie la plus intéressante de la basilique, à la *Chapelle du Trésor*, dans laquelle se conservent le crâne et le sang de saint Janvier. Cet oratoire, tout brillant d'or et de marbres, est un *ex-voto* de la ville à son protecteur après la peste de 1526, comme l'indique une inscription ; nous considérons d'abord les tableaux qui rappellent quelques miracles du saint patron, tels sont : la *Femme guérissant une foule de malades avec l'huile de la lampe qui brûle devant saint Janvier*, et la *Résurrection d'un jeune homme*, chef-d'œuvre du *Dominiquin*. A la sacristie, nous voyons une foule d'objets précieux, vases sacrés, ornements, reliquaires, etc., etc., et le buste en argent du glorieux martyr, dont la mémoire est si en honneur chez les Napolitains. Ce qui nous intéresse vivement, c'est le tabernacle du maître-autel de la chapelle du Trésor, qui, comme *Sainte-Restitute*, semble former une église à part. Dans ce tabernacle, fermé à plusieurs clés, sont déposées les ampoules contenant le sang de saint Janvier ; nous n'avons point été témoin du miracle de la liquéfaction, mais nous l'avons entendu raconter à des personnes qui l'ont vu de leurs propres yeux.

Voici d'ailleurs ce que nous apprennent de graves auteurs. « Il y a deux reliques distinctes, la *tête* dans le buste en argent, et le *sang* dans deux fioles de verre. Le sang est congelé et noirci. Lorsqu'on expose ces saintes reliques, on place la tête sur l'autel, du côté de l'Évangile, et les fioles du côté de l'Épître. Dès que les fioles sont vis-à-vis de la tête, le sang se liquéfie; cette liquéfaction est suivie d'une ébullition. Quand on a retiré le sang et qu'il n'est plus en présence de la tête, il redevient solide. La liquéfaction a lieu également lorsque les fioles sont en présence d'un ossement ou quelque autre partie du corps de saint Janvier.

« Ce miracle est rapporté comme évident par *Baronius*; il est attesté par plusieurs critiques savants, qui l'ont vu et attentivement examiné, entre autres les Pères *Papebroch* et *Henschenius*, envoyés exprès pour cela à Naples par *Bollandus*. Il a lieu dans les diverses saisons de l'année, mais ordinairement à la fête de saint Janvier, 19 septembre; à la fête de la translation de ses reliques de Pouzzoles à Naples, premier dimanche de mai; et le 16 décembre, jour où l'on célèbre le souvenir de la délivrance d'une éruption du Vésuve, obtenue en 1631, par l'intercession de saint Janvier[1]. »

Comme il ne nous est pas possible de visiter les deux cent cinquante-sept églises de Naples, nous dirons seulement un mot des principales,

---

1. *Nouvelles Fleurs de la vie des Saints*, t. II, p. 585.

qui, après la cathédrale, n'offrent plus qu'un intérêt secondaire.

A Santa-Maria-Donna-Regina, nous remarquons : les *Noces de Cana* et la *Prédication du Sauveur*, de *Luc Giordano;* le *saint François* du *Solimène;* et le majestueux monument de la reine *Marie de Hongrie*, mère du roi *Robert*, morte en 1323.

Sainte-Marie-des-Graces a de bonnes sculptures, entre autres, une *Déposition de croix* et le *Mausolée des Brancaccio*, de *Jean Mola;* et le bas-relief où l'on voit *saint Thomas touchant les plaies du Sauveur*, de *Santa Croce*. On y admire aussi la fresque de *saint Antoine* et le tableau de *saint André*, œuvres remarquables d'*André de Salerne*, élève distingué de *Raphaël*.

Les Saints-Apôtres, l'Ascension, Sainte-Brigite, Sainte-Claire, Saint-Philippe-de-Néri, etc., etc., renferment des chefs-d'œuvre qu'il serait trop long d'énumérer ici ; qu'il nous suffise de citer, dans cette dernière église, la *Fuite en Egypte*, du *Guide*.

Nous ne saurions rendre l'impression que nous avons éprouvée à l'église *Saint-Dominique*, lorsque nous nous sommes trouvé en présence du *Crucifix* qui fit entendre à saint Thomas, inquiet s'il ne s'était point trompé dans sa *Somme théologique*, cette voix miraculeuse :

Bene scripsisti de me, Thoma : quam ergo mercedem accipies? à laquelle le saint, qui s'était senti soulevé de terre, avait aussitôt répondu : *Non aliam nisi te, Domine*[1].

Une promenade au *Pausilippe*, promontoire qui domine le golfe de Naples, nous rappelle *Virgile* et les vers suivants :

La lune à son couchant éclairait ces rivages ;
Des rocs du Pausilippe, ornés de frais ombrages,
    J'admirais le site enchanté,
Et mon œil, mesurant l'espace illimité,
Se reposait au loin sur le liquide abîme,
    Image fidèle et sublime
    De l'imposante éternité.
Étranger dans ces lieux, mon inexpérience
    Avait d'un guide emprunté le secours,
Il marchait... Je rêvais... Ses importuns discours
    Ne troublaient point l'harmonieux silence
De cette nuit, pour moi préférable aux beaux jours.
    ·Tout à coup mon guide s'arrête,
Sa main avec respect a découvert sa tête ;
    Et, montrant du doigt à mes yeux
    Un monument triste et religieux :
« Virgile est là ; c'est lui dont vous voyez la cendre. »
    Il dit, et s'éloigne de moi [2].

---

[1]. *Vous avez bien écrit à mon sujet, Thomas, quelle récompense vous serait agréable?... Je n'en veux point d'autre que Vous, ô mon Dieu!*

[2]. *Soirées littéraires*, de Charles Durand, t. I, p. 190 et suiv.

Après avoir descendu cette célèbre colline, qu'ombragent et décorent les festons de la vigne et le gracieux pin ombellifère, nous nous trouvons sur la plage de la *Mergellina*, lieu charmant, si heureusement abrité qu'il n'est privé de feuillage qu'un seul mois de l'année. Les pêcheurs de ces bords enchantés, remarquables par la beauté de leurs formes antiques, sont encore intéressants par leur vie laborieuse, paisible, leur existence domestique, leur aisance bien acquise; ils semblent les vertueux bateliers du lac de Tibériade.

On nous montre les ruines et la grotte du palais de *donn' Anna*, vaste édifice de la fin du XVIe siècle, resté inachevé; tous ces débris couronnés de verdure et baignés par les flots sont extrêmement pittoresques[1].

Nous célébrons, de grand matin, la messe à la basilique de *Saint-Janvier*, et peu de temps après nous prenons notre billet pour *Pompéi;* le château *Saint-Elme* s'offre bientôt à notre vue; puis nous découvrons *Ischia* et son volcan éteint; *Caprée*, de cruelle mémoire; *Sorrente*, la patrie du *Tasse;* au bout d'un quart d'heure, nous sommes à *Portici*. Cette petite ville maritime est pleine de vie et d'animation. Après avoir franchi les stations de *Torre del Greco* et

---

1. *Voyages en Italie*, p. 357.

de *Torre Annunziata*, bâties sur les laves du *Vésuve*, nous arrivons à l'ancienne cité des *Osques*, qui disparut sous une pluie de soufre dans la nuit du 24 août, l'an 79 de l'ère chrétienne.

L'ascension du volcan se fait tous les jours, mais n'est pas chose facile pour tout le monde ; il faut être jeune et vigoureux pour la tenter. Désespérant d'arriver jusqu'au cratère, nous voulons néanmoins en gravir les abords, autant que nos forces nous le permettront. Nous montons à cheval, ce qui ne nous était pas arrivé depuis bien longtemps, nous nous avançons sur un terrain glissant, qui nous effrayerait sans les paroles rassurantes de notre guide, et, cheminant entre les vignes qui produisent le vin si renommé et si connu sous le nom de *lacryma-christi*, nous arrivons en moins de deux heures au pied du dernier cône. A mesure que nous nous élevons, nous découvrons mieux Naples et l'admirable région qui l'environne. Ici nous jouissons d'une vue splendide : les rayons du soleil font scintiller la mer comme des pierres précieuses, nous embrassons sans obstacle l'immense horizon, et nous nous absorbons dans la contemplation de ce beau spectacle de la nature. Cependant la végétation s'éteint par degrés ; les laves ferrugineuses des années précédentes tracent sur le sol leur large et noir sillon, et tout est aride autour d'elles. A une certaine hauteur, les oiseaux ne volent plus ; à telle autre, les plantes deviennent très-rares ; puis les insectes même ne trouvent plus rien pour subsister dans cette terre consumée. Enfin tout ce qui a vie disparaît ; nous entrons dans l'empire de la mort, et la cendre seule roule sous nos pieds mal affermis.

Ne pouvant aller plus loin, nous empruntons à un de nos confrères, plus fort et plus courageux que nous, le récit de son expédition au sommet de la montagne : « Après de vains efforts, tout baignés de sueur, nous nous laissons hisser par un de ces guides nombreux qui se trouvent toujours dans cet endroit. Je m'attachai fortement à la ceinture qu'il me présenta, et je me laissai porter comme un fardeau au sommet du cône. Enfin nous respirons, nous sommes à la cime de la montagne, en présence du plus grandiose et du plus épouvantable spectacle. L'ouverture du cratère est immense ; de temps en temps des vapeurs d'acide sulfureux s'en échappent, montent à la gorge et provoquent la toux. La fumée, s'élevant un peu dans les airs, nous permet de voir les parois intérieures de cette infernale fournaise recouvertes de brillantes cristallisations jaunes et rouges. Nous faisons le tour de la plate-forme circulaire ; sous nos pieds s'ouvrent de larges fissures, d'où sortent sans cesse des bouffées d'une chaleur intolérable.....

« L'ascension présente de grandes difficultés, mais la descente est peut-être encore plus effrayante. On roule dans la cendre, au milieu d'un tourbillon de poussière, » etc., etc. [1].

Nous rentrons à *Pompéi* sans trop de fatigue, vu la prudence dont nous avons usé pour ne pas épuiser nos forces; et, après un frugal repas, terminé, il est vrai, par un peu de vin de *lacryma-christi*, nous nous présentons à un vulgaire tourniquet où, moyennant deux francs, nous sommes admis à visiter la ville souterraine, que les fouilles successives ont, en partie, rendue à la lumière. Les remparts, découverts de 1812 à 1814, et que l'on peut aujourd'hui parcourir en entier, ont fait connaître le plan et l'étendue de la cité antique; ces remparts, construits en grande partie avec d'énormes blocs de pierre, avaient affronté plusieurs siéges. Les rues sont étroites et assez mal alignées; mais on y voit encore l'empreinte des roues des chars. A la maison dite des *Vestales*, nous considérons des mosaïques et des peintures assez bien conservées; cet édifice a presque la forme d'un temple, mais les bizarres chapiteaux des colonnes sont bien éloignés de la pureté grecque.

---

1. *Promenades en Italie*, par M. l'abbé Rolland, p. 174 et suiv.

La maison de *Salluste* est une des plus élégantes et des plus visitées ; son atrium est intact. Un four, semblable aux nôtres, paraît tout neuf et pourrait encore servir. Une boutique communiquait à l'appartement de l'historien ; on voit, par cet exemple et par beaucoup d'autres, que les plus riches patriciens ne dédaignaient point de vendre en détail le vin, l'huile et les denrées de leurs terres, ou les produits de leur industrie ; usage qui existait encore naguère dans quelques provinces d'Italie, et que pratiquaient les économes *Florentins*.

Dans la maison dite de *Modeste*, logeait un marchand de liqueurs, dont l'enseigne représentait assez poétiquement *Ulysse* repoussant les perfides breuvages que lui offrait *Circé*. L'habitation la plus grande et la plus régulière est celle de l'édile *Pansa*, composée d'un grand nombre de dépendances et d'un four, au-dessus duquel on lit : *Hic habitat felicitas*, voici le lieu de la félicité. Le boulanger qui exerçait là son métier se trouvait, sans doute, fort heureux.

Le *Panthéon*, appelé aussi *Temple d'Auguste*, superbe édifice dont la destination a exercé la sagacité des savants, servait très-probablement aux banquets publics ; de nombreuses peintures autorisent à le croire. Onze cabinets, réservés aux principaux habitants, offrent des figures d'oies, volatiles assez dédaignés des gourmands de nos jours, mais dont le foie, selon *Pline*, était déjà fort apprécié à cette époque. Les thermes, ou bains, chez les anciens, étaient de véritables monuments publics, comme nous l'avons montré en parlant de ces établissements à Rome ; ceux de *Pompéi*, d'après une inscription, furent solennellement inaugurés par des combats de gladiateurs. Nous ne voyons qu'une seule maison à trois étages, celle de *Diomède*, la plus belle de la ville ; les autres en ont tout au plus deux, et sont également surmontées d'une terrasse ornée d'une espèce de treille. Comme dans l'Orient, l'appartement des femmes donne sur le jardin.

Les portes des prisons, très-étroites, sont garnies de barreaux de fer, et les chambres, où le jour ne pénétrait point, étaient de véritables cachots. Au milieu de cette multitude d'édifices consacrés par les *Pompéiens* au culte des divinités païennes, aux affaires ou aux plaisirs, il est impossible de ne pas remarquer combien les sentiments d'humanité, de commisération, paraissent étrangers à cette société antique, si passionnée pour la gloire et les spectacles ; on n'a point trouvé de traces d'hospice à *Pompéi*. Quoi ! dans une ville de troisième ordre, dont la majeure partie nous est encore inconnue, dans un espace que l'on peut parcourir en moins d'une heure, il y a un forum, huit temples, une basilique, trois places publiques, des thermes, deux théâtres, et un amphithéâtre où l'on se presse pour voir des scènes de meurtre, et il n'y a pas un lieu pour les déshérités de la fortune, pour la souffrance et la vieillesse! Le christianisme seul, en brisant les fers de l'esclavage, a pu régénérer l'humanité; il a fait succéder la civilisation à la barbarie.

Revenu à *Portici*, nous nous rendons à *Resina*, qui lui est attenante, et, par un escalier de plus de cent marches, nous descendons dans *Herculanum*, à la lueur des flambeaux. Jamais des édifices exposés à l'air ne se seraient aussi bien maintenus que ceux que nous voyons ici. Tout est là, rien n'y manque; les peintures, les bronzes sont encore dans leur beauté première; et tout ce qui peut servir aux usages domestiques est conservé d'une manière étonnante. Mais, comme chaque jour on enlève les richesses artistiques enfouies dans ces souterrains, pour en doter les musées de Naples, de Rome, de Turin, etc., etc., nous n'y demeurons que juste le temps nécessaire à une rapide inspection. Le théâtre, qui se trouve à l'entrée, avec ses gradins, ses colonnes et ses galeries, nous rappelle ceux dont nous avons vu les ruines dans d'autres villes de l'Italie; les maisons ressemblent à celles de *Pompéi*, sauf qu'elles n'ont généralement qu'un seul étage.

Qui ne serait surpris, en examinant au grand jour les restes d'*Herculanum*, de rencontrer des œufs entièrement conservés, ainsi que du pain, du blé, de l'huile, comme aussi des réchauds avec leurs charbons et leurs cendres?... Ce qui frappe et étonne encore davantage, ce sont des manuscrits brûlés qui gardent dans cet état les pensées qui leur ont été confiées. Mais comment les tirer de là? Comment rétablir entre elles la communication interrompue par le feu? Le moyen a été trouvé; mais il exige une dextérité extrême et beaucoup de temps. On déroule insensiblement, avec une lenteur et une précaution infinie, chaque couche de cendre; et, à mesure qu'on la déroule, une feuille de papier léger comme le souffle la suit par derrière, la saisit, se l'applique, se l'attache; elle reçoit une ligne, et puis une autre, quelquefois, au bout d'un mois, elle s'est emparée d'une page. On est parvenu à ressusciter ainsi un manuscrit grec sur la musique. Un religieux, le père *Piaggi*, a inventé une machine qui sert à dérouler les *papyrus* carbonisés, et qui a l'avantage d'abréger ce travail de patience.

Ne voulant pas rentrer à Naples sans avoir vu *Stabies*, nous nous mettons en route pour *Castellamare*, bâtie sur l'emplacement de la cité ensevelie dans les laves. Le trajet n'est ni long, ni coûteux; nous quittons à *Torre Annonziata* la ligne de *Salerne*, et, sept minutes après, nous entendons annoncer la station indiquée sur notre billet. *Castellamare-di-Stabia*, comme on l'appelle, est une jolie ville maritime, avec des eaux minérales, des manufactures et de charmantes maisons de campagne ; c'est le rendez-vous de la meilleure compagnie de Naples. Nous allons visiter le *Casino royal*, connu sous le nom de *Quisisano*. « Ici on guérit » à cause de la salubrité de l'air qu'on y respire. Il n'y a là de vraiment intéressant que la terrasse, du haut de laquelle la vue s'étend au loin sur les îles semées dans la mer comme des bouquets de verdure. Depuis plus d'un siècle on a abandonné l'exploration des ruines de *Stabies*.

Malgré nos fatigantes excursions, car il nous a bien fallu gravir à pied quelques lieux escarpés, nous ne pouvons nous décider à quitter l'antique *Parthénope* sans en emporter quelques souvenirs. Il est déjà tard : nous serions tenté de nous livrer au sommeil; mais demain nous dirons adieu à la charmante promenade de la *Chiaia*, où l'on respire, vers dix heures du matin, les brises bienfaisantes qui soufflent du large ; il est donc grandement temps de faire nos emplettes. Pour ce, nous évitons tout ce qui, de près ou de loin, se rapporte à ce que l'on appelle l'*article de Paris*, et nous nous rendons directement chez les fabricants d'ouvrages en lave et en écaille, connus dans le monde entier par leur spécialité. Nous achetons ensuite une collection de belles photographies ; les magasins ferment, nous allons enfin jouir du repos.

CHAPITRE III

UNE PETITE TRAVERSÉE.

Il ne nous a pas été possible, pendant notre court séjour à Naples, d'aller faire une promenade sur le golfe ; nous voulons nous en dédommager en prenant le bateau à vapeur, qui part pour *Civita-Vecchia*. Ce voyage d'agrément nous rapproche d'ailleurs de notre pays ; c'est pourquoi nous abordons sans tristesse le pyroscaphe dont la fumée monte vers les hauteurs du *Pausilippe*.

La *Méditerranée*, depuis les longs trajets sur l'*Océan* et les découvertes des grands navigateurs modernes, ne paraît plus qu'une espèce de lac à l'usage des poëtes et des gens de lettres ; elle n'est point la mer du commerce et de l'industrie, mais la mer de l'*Odyssée* et de l'*Énéide*; ses rivages ont vu les scènes immortelles peintes par les historiens de l'antiquité ; et, pour peu qu'on se pique de goût ou de littérature, il semble que l'on s'y trouve véritablement chez soi. Ce n'est point à nous, faible prosateur, mais bien aux hommes qui ont senti *du ciel l'influence secrète*, dont parle Boileau, qu'il appartient de rendre les enchantements du golfe de Naples, et le mélange à la fois si gracieux et si imposant de bois, de monts, d'habitations, de forts, d'églises, de chapelles, de ruines qui décorent ce magnifique amphithéâtre[1].

Comme nous avons encore sous les yeux la belle pièce de vers[2], dont nous avons détaché un morceau au sujet du tombeau de *Virgile*, nous nous en servirons pour rappeler les touchants épisodes des lieux qui vont bientôt s'offrir à nos regards. Nous jetons un dernier coup d'œil sur la ville, en priant *santa Maria-del-Carmine* et *san Gennaro*, la sainte Vierge et saint Janvier, de veiller sur nous et d'en écarter tout danger par leur puissante médiation auprès de Dieu. Les souvenirs que réveille notre poëte appartiennent aux hauts faits de l'antiquité profane :

Non loin de Parthénope, on distinguait encore
    Le Vésuve silencieux ;
Son sommet déchiré se perdait dans les cieux ;

1. *Voyages en Italie*, p. 335.
2. *Soirées littéraires*, de Charles Durand, *Une nuit au golfe de Naples*, t. I, p. 185 et suiv.

Mais rien ne montrait à nos yeux
Le feu caché qui toujours le dévore.
Ainsi, dis-je, fait l'homme au terrestre séjour,
Tourments d'ambition, déceptions d'amour,
Soif des honneurs ou de la gloire,
S'échappent de son cœur en de brillants transports,
Et les désirs, l'éclat, les noirs remords
Composent toute notre histoire !

Bientôt nous atteignons le cap *Misène*, qui protége la rade contre la fureur des vents ; et, là encore, nous évoquons l'inspiration poétique :

Plus loin, des sons plaintifs ont frappé mon oreille ;
Misène ! à ton aspect un triste souvenir
Au fond de mon cœur se réveille.
Sur tes rochers quelle ombre vient gémir?
Aux doux rayons de la lune tremblante,
N'ai-je point vu d'une robe flottante
S'agiter les plis ondoyants?
De noirs cheveux volent au gré des vents.
Quelle est cette beauté plaintive et solitaire?
Écoutons ; elle pleure, et ses bras languissants
Ont pressé sur son cœur une urne funéraire.
Veuve de Pompée, est-ce toi?
Oui, tu viens loin de Rome implorer un asile ;
Oui, fidèle au guerrier dont tu reçus la foi,
Tu mourras sur ces bords où son trépas t'exile.
Comme toi du héros déplorant les malheurs,
Rome entière à sa mort a frémi d'épouvante,
Et devant sa tête sanglante

César même a versé des pleurs.
Mais quelle illusion me séduit et m'entraîne ?
Le siècle où je vivais s'efface à mes regards.
Au sein du golfe de Misène,
Autour de moi je vois épars
Les vaisseaux, les guerriers de la flotte romaine,
Le bruit des boucliers d'airain
Frappe mon oreille attentive ;
Tout le camp est en deuil ; tous, d'une voix plaintive,
De leur chef imprudent déplorent le destin.
Pline ! qui t'a conduit aux flammes dévorantes
Qu'un volcan embrasé vomissait devant toi ?
Quand tout fuyait, frappé de terreur et d'effroi,
Qui t'entraînait vers ces laves brûlantes ?
Le désir d'être utile à la postérité,
L'ardeur des grands travaux, la fièvre du génie,
Et cette soif d'une gloire infinie,
Qui fait sacrifier la vie
Au besoin d'immortalité !
Oui, je te pleurerai sur ces nobles rivages ;
Je n'y chanterai point tes immortels ouvrages :
L'univers a connu leur prix.
A ta vertu seule j'y consacre ma lyre ;
Et la postérité, que tu voulais instruire,
Aimera ton courage autant que tes écrits.

Nous entrons dans le canal de *Procida*, et la mer devient houleuse ; beaucoup de passagers commencent à être malades ; mais pour nous, grâce à Dieu, nous pouvons demeurer sur le pont et contempler à notre aise les rochers qui surplombent les terres situées à notre droite. Nous suivons le contour des anses, des baies et des golfes qui ornent les côtes de la *Campanie* comme d'un feston de dentelle, et, dans le lointain, nous découvrons *Gaëte*, *Terracine* et la chaîne des *Apennins*. Arrivé en face de l'embouchure du *Tibre*, nous apercevons à peine *Porto-d'Anzio*, *Fiumicino* et *Ostie ;* on veut nous montrer la coupole de *Saint-Pierre ;* mais, quoique le temps soit clair, nous ne pouvons même la deviner au delà de l'immense plaine liquide, qui ne nous offre à l'horizon qu'une masse de terre perdue dans les nuages. Nous saisissons mieux les contours des îles de *Sardaigne* et de *Corse*, séparées par le détroit de *Bonifacio*, à la pointe duquel surgit le rocher de *Caprera ;* il est vrai que nous inclinons fortement à l'ouest, et que, de ce côté, notre vue, moins gênée par la réverbération des rayons du soleil, a plus de portée. Après une heureuse navigation, nous débarquons à *Civita-Vecchia*. Il nous est bien permis maintenant de dire ce que nous pensons des bateaux à vapeur, sous toute réserve néanmoins, à cause de leur utilité ; nous les envisagerons seulement au point de vue pittoresque.

Il est certain que les bâtiments dont il s'agit sont très-commodes et même confortables ; mais ce genre de navigation est triste et fort peu poétique : de la fumée, du bruit, un restaurant, un salon, c'est comme un débris flottant de Paris au milieu de la mer. Le vent agite rarement la voile provisoire, quand elle existe, de ce navire qui marche et paraît entraîné par une force irrésistible et fatale; on n'entend ni les chants, ni les cris des matelots, ni le mouvement cadencé des rameurs; l'oreille est fatiguée du battement sourd et régulier de la machine; et, au lieu de l'odeur parfumée du goudron, on ne respire que l'exhalaison tépide de l'eau bouillante. L'aspect du vaisseau contraste encore singulièrement avec les souvenirs lointains de la mer Tyrrhénienne; on se rappelle, sans le vouloir, la flotte d'Énée, qui, ballottée par les vagues en furie, venait, le soir, se mettre à l'abri des vents dans un de ces petits refuges qui bordent les côtes du *Latium*.

Ayant quelques heures devant nous, nous en profitons pour visiter l'antique *Centumcellæ* des Romains, *Civita-Vecchia*, ou la vieille ville, qui, sans son excellent port, serait dénuée d'intérêt. Il y a une grande animation sur les quais; on embarque le soufre brut, l'alun, la laine, les huiles, la soude et les grains, qui font ici l'objet d'un commerce considérable. L'entrée de la rade est défendue par deux ouvrages avancés, réparés et fortifiés par les Français; et, à la corne d'un îlot, que nous apercevons au large, se trouve un phare destiné à montrer la route que doivent suivre les pilotes pour arriver sûrement au port.

Le bagne et les galériens sont peut-être la plus grande curiosité de l'endroit; mais, comme nous n'avons aucun goût pour le spectacle de la dégradation et des souffrances humaines, nous tuons le temps, c'est le mot, à flâner sur les bords de la mer et à observer les mœurs de la population laborieuse, qui nous semble beaucoup moins bruyante que celle de Naples.

Nous avons, peu après notre arrivée, fait une visite à l'église principale, dont nous ne pouvons mentionner aucune chose digne de remarque; nous y retournons, avant notre départ, pour réciter notre office et prier Dieu de nous conserver les forces qui nous ont été si utiles au milieu de nos longues excursions, afin que, rentré dans notre paroisse, nous puissions travailler à sa gloire avec plus de zèle et d'ardeur que jamais.

CHAPITRE IV

LIVOURNE, PISE, ARRIVÉE A GÊNES.

Si nous avons quitté à regret *Milan*, *Venise*, *Florence*, *Rome* et *Naples*, qui ont eu pour nous tant d'intérêt, il n'en est pas de même à l'égard de *Civita-Vecchia*; nous en partons avec un vrai plaisir. Au bout de trois quarts d'heure environ, nous entendons le nom de *Montalto*, et nous nous rappelons que, près de cette localité sans importance s'élevait autrefois une ville étrusque, sur l'emplacement de laquelle on a trouvé un grand nombre de vases antiques. Jusqu'ici le pays a été assez accidenté; nous avons cheminé au pied de la colline que domine *Corneto*, et nous avons vu au loin les montagnes de *Tolfa*, riches en soufre et en alun; nous franchissons maintenant la *Fiora*, nous passons à peu de distance des ruines de l'ancienne *Cosa*, dont on aperçoit les tours, et, quelques minutes plus tard, nous sommes à *Ortebello*.

Le quart d'heure d'arrêt qui nous est annoncé ne nous suffirait pas même pour arriver à la ville, située à trois kilomètres de là ; nous nous contenterons d'en dire deux mots. Cette cité, quoique l'on ignore son nom ancien, paraît remonter à des temps reculés ; située au pied du mont *Argentario*, dans une presqu'île au milieu d'un lac, elle communique par une chaussée à un petit port où l'on peut s'embarquer pour l'île d'Elbe, célèbre par le séjour de Napoléon 1er.

Talamone, qui domine la mer, nous rappelle que, l'an 225 avant Jésus-Christ, les Gaulois furent défaits dans les marais environnants par les légions romaines, mais aussi que bientôt ils prirent leur revanche. Nous passons rapidement l'*Ombrone*, et, à travers une plaine fertile, conquise sur un lac aux émanations malsaines, nous atteignons la station de *Grosetto*, la ville principale des *Maremmes*. A partir de là, nous ne voyons plus que des forêts et des pâturages ; nous sommes dans la région la plus déshéritée de l'Italie, dans le vrai centre de la *Malaria*, de ces fièvres paludéennes déjà signalées par Pline le Naturaliste ; la nuit nous surprend à *San-Vincenzo*, situé au bord de la mer ; nous nous arrêtons huit minutes à *Cecina*, qui tire son nom d'une rivière déjà connue dans l'antiquité ; et, à onze heures un quart, nous entrons en gare de Livourne. Il est temps de prendre du repos, car, nos prières dites, nous entendons sonner minuit.

Nous sommes dans la ville la moins poétique de l'Italie; les Anglais, les Américains, les Espagnols et les Français s'y trouvent en grand nombre, non pour y contempler les merveilles de l'art, qui font défaut, mais bien pour leurs affaires commerciales. La population, qui n'était que de 749 habitants au XVIe siècle, s'élève aujourd'hui à près de 100,000 et ne fait qu'augmenter. De la jetée, qui domine le nouveau port, nous avons une belle vue sur le îles de *Gorgona*, de *Capraja* et d'*Elbe;* et, pour visiter plus rapidement le rivage, nous faisons une petite promenade en mer, à raison d'un franc l'heure.

La cathédrale, ou DÔME, n'offre rien de remarquable ; nous sommes entré dans quelques autres églises, où tout est moderne et peu intéressant quand on a vu Florence, Rome et Naples. Ce qui prouve l'affluence des juifs à Livourne, c'est leur superbe synagogue, qui surpasse en magnificence tous les autres édifices. Le cimetière anglais, malgré l'excessif éclat de ses marbres, qui lui donne un peu l'air d'un grand atelier de sculpteur, renferme de beaux monuments. Il règne, dans la plupart des inscriptions, une précision, une simplicité de douleur qui attendrit [1].

Le soir, il y a foule sur les promenades publiques ; celle qui longe les quais sur le chemin d'*Ardenza* est la plus fréquentée. Quoique les poëtes, depuis Homère et Virgile, regardent les bords de la mer comme étant ce qu'il y a de plus propre à la rêverie, la plage aride que nous avons sous les yeux ne saurait produire cet effet; elle ne nous présente qu'une occasion de respirer le frais et une distraction par l'aspect de la variété et du mélange des costumes orientaux et européens qui s'y pressent. Le *Cours Victor-Emmanuel*, la *place d'Armes* et la *place Charles-Albert*, sur laquelle nous voyons les statues de Ferdinand III et de Léopold II, sont les points les plus renommés de la cité. Un canal navigable la met en communication avec l'*Arno*, et plusieurs autres, de moindre importance, contribuent à la salubrité publique.

De charmantes maisons de campagne couvrent le *Montenero* à quelques kilomètres de Livourne ; l'église de la Madone, objet de la vénération générale, est remarquable par sa vue et par la variété et la richesse de ses marbres.

Ce serait de l'exagération que de vouloir

---

[1]. *Voyages en Italie*, p. 317.

qualifier du titre de voyage le trajet que nous faisons pour nous rendre à Pise; il y a à peine la distance de Paris à Versailles par la rive gauche; la preuve, c'est qu'il ne nous demande que vingt-cinq minutes. Après avoir franchi le canal de l'*Arno*, nous entrons dans les prairies conquises sur les maremmes[1]; nous apercevons à droite, sur les hauteurs, quelques pins-laricio, et bientôt s'offre à nos regards la fameuse tour penchée, dont on parle dans le monde entier.

Pise, l'antique *Colonia Julia Pisana* des Romains, a considérablement perdu de sa grandeur; des 120,000 habitants qu'elle comptait au temps de ses consuls, elle en est réduite à 50,000 au plus. Son climat, généralement pluvieux, est cité pour sa douce température d'hiver. Ce n'est qu'à l'approche de cette saison que la ville reprend un peu de vie; elle est alors habitée par des personnes d'un tempérament délicat qui, souvent, s'en retournent soulagées et fortifiées.

Les quatre principaux monuments, réunis sur une même place, sont d'un aspect extraordinaire et méritent une description. Nous nous rendons d'abord au DÔME, c'est-à-dire à l'église métropolitaine, bâtie au commencement du

---

[1]. De l'italien *Maremma*, terrain au bord de la mer. On désigne ainsi, par extension, les lieux marécageux et insalubres.

xie siècle et rappelant une grande victoire remportée sur les Sarrasins. Ce monument national est dédié à la sainte Vierge et offre une foule de choses remarquables au point de vue de l'art. Les sculptures à festons des deux colonnes de l'entrée principale passent aux yeux de tous les connaisseurs pour un travail exquis ; on admire aussi les trois portes de bronze, qui, dans leurs compartiments, nous montrent les *Mystères du Rédempteur* retracés par *Jean Bologne* et d'autres grands artistes de la même époque. A l'intérieur, cent petites fenêtres avec des vitraux coloriés répandent ce jour religieux qui convient aux vieilles basiliques ; les peintures qui nous frappent le plus sont : la célèbre *sainte Agnès*, d'*André del Sarto*, que des maîtres distingués ont attribuée à *Raphaël;* la *Madone au milieu des Saints*, d'*Antoine Sogliani; Jésus parmi les Docteurs*, de *Pierre Sorri;* et les *Évangélistes*, de *Beccafumi*. Les soixante-huit colonnes, grecques et romaines; les bas-reliefs de la chaire; les stalles du chœur; la lampe de bronze dont les oscillations suggérèrent à Galilée l'idée du pendule ; enfin l'ensemble de cet édifice décoré de souvenirs archéologiques apportés de la Grèce par les vaisseaux pisans, nous a vivement intéressé.

Le *Baptistère*, commencé en 1153 et achevé seulement en 1278, est un autre monument ca-

ractéristique de l'histoire de l'architecture; il
plaît par son style élégant, majestueux, original. Le nom de l'architecte nous est révélé par
une inscription qui attribue la fondation de cet
édifice à *Dioti Salvi*, de Pise; mais il est certain que beaucoup d'autres y ont travaillé après
lui. Nous trouvons là aussi beaucoup de fragments et de débris dus au ciseau antique, qui
rappellent les beaux jours d'Athènes et de Lacé-
démone. Les chroniques du XIIe siècle, confir-
mées par toutes les autorités postérieures, rapportent que, l'argent étant venu à manquer pendant le cours des travaux, le zèle religieux et
patriotique des habitants de la ville trouva de
nouvelles ressources en créant une imposition
volontaire.

Parmi les choses qui nous ont le plus frappé,
nous citerons la porte principale et l'architrave
ornées de bas-reliefs et de sculptures représentant le *Martyre de saint Jean* et quelques
scènes de la *Vie du Sauveur*. La chaire est un
des chefs-d'œuvre les plus renommés de Nicolas
de Pise. Il y a, dans ce baptistère, un écho qui
résonne aussi longuement que les vibrations
d'une cloche.

Le *Campanile*, ou la célèbre tour penchée,
est remarquable par sa légèreté, la beauté de
ses marbres, sa forme singulière et le travail de
son escalier. Il fut construit sur les plans de

Guillaume d'Inspruck et de *Bonanno*, regardés comme les premiers architectes de leur siècle. Quant au prodige si débattu de son inclinaison, l'opinion la plus probable est que le sol aura cédé d'un côté sous le poids de cette tour, lorsqu'elle était déjà élevée à la moitié de sa hauteur, et que les constructeurs, après avoir examiné la nature du terrain, certains que la couche sur laquelle reposait leur édifice ne pouvait plus désormais s'affaisser, en continuèrent l'érection sur le même plan. Nous avons de là une vue vraiment merveilleuse par les contrastes que présente le spectacle varié des campagnes voisines, des aqueducs, des canaux, de la mer, de Livourne et de son port. Cette inclinaison a servi, dit-on, à *Galilée* pour trouver la mesure du temps et calculer la chute des corps graves[1].

Le *Campo Santo*, ou cimetière de Pise, est un de ces monuments qui étonne les étrangers, peu habitués à voir tant d'œuvres d'art réunies dans une seule nécropole. Il n'y a que l'Italie, si riche en artistes, qui ait songé à embellir ainsi le séjour de la mort ; il est vrai que, pour les personnes animées de la foi en la résurrection future, toutes ces peintures et ces sculptures sont un hommage rendu à la glorieuse espérance de l'immortalité bienheureuse.

Sous les vastes portiques qui entourent ce

---

1. *Voyages en Italie*, p. 309.

lieu funèbre nous reconnaissons le travail des grands maîtres ; nous citerons seulement ce qui nous a le plus intéressé. Nous avons remarqué : le *Christ en croix*, de *Buffalmacco*, peintre de l'école florentine au xiv° siècle ; le *Triomphe de la mort*, de *André Orgagna ;* les *Pères du désert*, de *Pierre Laurati*, de Sienne, imitateur de *Giotto ;* la *Vie et les miracles de saint Renier*, d'*André de Florence* et d'*Antoine-le-Vénitien ;* plusieurs traits de l'*Histoire de Noé*, par *Benoît Gozzoli*, élève de *Frà Angelico ;* enfin les *Infortunes de Job*, de *François de Volterre* et non de *Giotto*, comme on l'a cru longtemps. Quelques-unes de ces fresques sont fortement endommagées. La plupart des mausolées qui se trouvaient à la cathédrale ont été apportés ici ; le dénombrement en serait trop long. Parmi les ouvrages de sculpture, nous mentionnerons : le vase grec de marbre de Paros, copié par *Nicolas de Pise*, et surtout l'admirable sarcophage de la comtesse Béatrice, morte en 1076 ; les monuments de *Pignotti*, poëte, physicien, naturaliste, littérateur et antiquaire ; d'*André Vacca*, médecin-oculiste, décédé en 1826 et regretté comme un bienfaiteur ; du comte *Mastiani*, qui porte la date de 1842 ; et un grand nombre d'autres où les statues, les bas-reliefs et les attributs symboliques s'imposent vivement à l'attention.

La terre qui recouvre le *Campo Santo* provient de Jérusalem; elle fut, du temps des croisades, chargée sur cinquante-trois galères et amenée ici par l'ordre de l'archevêque *Ubaldo*. Indépendamment de son origine sainte, elle possède la propriété de consumer promptement les corps. C'est donc avec un religieux respect que nous foulons aux pieds ce sol doublement sacré, qui nous rappelle les grands mystères de la foi et l'effrayante brièveté de la vie humaine.

Ne pouvant demeurer plus longtemps en cette ville, nous voulons, du moins, dire un mot des églises qui, après le *Dôme*, offrent quelque intérêt; nous citerons : SAINT-ÉTIENNE, qui, avec ses drapeaux pris sur les musulmans, rappelle les hauts faits des chevaliers de Malte; *Sainte-Catherine*, et sa belle façade; SAINT-FRÉDIAN, et ses riches peintures; SAINT-NICOLAS, si remarquable par la variété de ses marbres; SAINT-MICHEL-IN-BORGO, et sa vieille crypte; SAINT-MATHIEU, et sa voûte renommée; SAINT-SYLVESTRE, et son tableau du *Christ en croix;* SAINTE-ANNE, et sa *Communion de saint Jérôme;* SAINT-SIXTE, et son *saint Jean-Baptiste prêchant dans le désert;* SAINT-PIERRE-AUX-LIENS, et ses antiquités; SAINT-RENIER, et son aquarelle remarquable par l'effet du clair-obscur; SAINT-MARTIN, où l'on voit *saint Benoît au milieu des épines;* le SAINT-SÉPULCRE, qui rappelle l'ordre des Templiers; Sainte-Marie-del-Carmine, et son *Annonciation*, de Boscoli; Saint-Paul, et l'antique sarcophage de *Jean Burgondio*, docte personnage du xiie siècle; Sainte-Marie-della-Spina, charmant sanctuaire, dans un site pittoresque, aux bords de l'*Arno*; enfin Sainte-Christine, avec la *Vierge* et *saint Joseph*, de *Passignano* et *Corradi*, peintres de l'école florentine au xvie siècle.

L'antique université, déjà connue au xiie siècle et réorganisée par Cosme Ier, est encore florissante; elle a environ six cents élèves. On voit à la bibliothèque plusieurs chartes curieuses et les manuscrits de l'illustre mathématicien *Guido Grandi*, de l'ordre des Camaldules.

Nous nous mettons en route pour Gênes, et nous rencontrons encore une plaine marécageuse, mais bientôt nous nous engageons dans une trouée de collines, au sommet, à la base ou sur la pente desquelles nous voyons surgir des villes et des villages. C'est d'abord *Massa*, avec son château, où résida la princesse *Bacciocchi*, sœur de Napoléon Ier; puis *Carrare*, dont les célèbres carrières de marbre s'ouvrent sur les flancs de la montagne; ensuite *Avenza*, *Sarzana*, d'où l'on découvre les ruines de l'ancienne *Luni*, cité étrusque, déjà saccagée du temps des Romains, et qui ne périt tout à fait qu'au moyen âge; enfin la *Spezia*, située au bord de la mer, au fond d'un golfe admirable, et l'un des plus étendus et des plus sûrs de l'Europe, qui était appelé sous l'administration française à de hautes destinées.

Avant d'arriver à *Sestri*, lieu renommé par sa cire, ses pâtes et ses coquillages, nous passons sous un grand nombre de tunnels; nous atteignons *Lavana*, patrie d'Innocent IV; et, après avoir traversé une contrée fertile, nous entendons appeler la station de *Chiavari*, grand centre industriel, connu par ses soieries et sa fabrique de chaises.

Plus loin, nous découvrons le bourg pittoresque de *Rapallo*, avec son pont, son torrent et ses jardins, situés sur le flanc escarpé d'une montagne à triple cime. Tout près s'élève le sanctuaire de *Notre-Dame de Monte-Allegro*, où l'on célèbre chaque année, le 2 juillet, une fête populaire qui se termine par une belle illumination dont le brillant reflet arrive jusqu'à la mer. Le golfe de *Rapallo*, entrecoupé de rochers, et formé d'un côté par le mont *Portofino*, est bordé de pins, d'oliviers, de cyprès, de châtaigniers; il offre un coup d'œil magnifique, et, à notre humble avis, il ne lui manque qu'une grande cité pour le faire valoir. Le monastère de la *Cervara*, qui se trouve dans le voisinage, servit de prison à François Ier lorsque, vaincu à Pavie, il tomba au pouvoir de Charles-Quint.

Notre vue est égayée par de nombreuses villas, semées çà et là sur les hauteurs qui dominent le rivage; nous dépassons, sous un tunnel, le promontoire de Sainte-Marguerite, puis, du haut du viaduc que nous rencontrons avant *Bagliasco*, nous contemplons la mer et la campagne sur une vaste étendue. *Nervi*, qui vient ensuite, nous rappelle le souvenir d'un homme qui a joué un certain rôle sous le premier Empire, de *Corvetto*, ministre de France et légiste distingué, qui a là son tombeau. A *Sturla*, nous commençons à découvrir les versants des *Apennins*; et, pour franchir les sept kilomètres qui nous restent encore, il nous faut entrer sous plus de quatre-vingts tunnels, dont quelques-uns ont demandé des travaux considérables.

L'aspect de Gênes, avec son fort, ses palais, ses terrasses, ses balcons de marbre blanc garnis d'orangers, véritables jardins suspendus, et les remparts qui couronnent son vaste amphithéâtre, est vraiment merveilleux. Cette ville n'a que trois rues, et elle est une des plus belles du monde; c'est bien là *la reale, la nobil città*, la royale, la noble cité chantée par le Tasse [1].

---

1. *Voyages en Italie*, p. 498 et suiv.

CHAPITRE V

GÊNES, ALEXANDRIE.

Il règne, dans le port de Gênes, une activité extraordinaire, et, tandis que Venise, autrefois si florissante, a de la peine à se relever, son ancienne rivale est aujourd'hui la ville la plus commerçante de toute l'Italie. On y bâtit sans cesse de nouvelles maisons, et la population, qui, au dernier recensement, s'élevait à 130,000 habitants, tend, par conséquent, à augmenter. L'ardeur, l'habileté et le courage des matelots génois sont extrêmes; à les voir à l'œuvre, on reconnaît les descendants de Christophe Colomb. Dans la partie du golfe appelée le *port-franc*, il y a de nombreux bâtiments à l'ancre ; une voie de communication avec le chemin de fer a été établie pour faciliter le transport des marchandises.

Nous entrons à la douane, établie dans les anciens bâtiments de la fameuse *Banque Saint-Georges*, qui méritent d'être visités. La grande salle, au-dessus du rez-de-chaussée, est ornée de deux rangs de statues rappelant les traits des hommes honorables du pays; nous lisons, au-dessous de celle de *Grillo*, une inscription portant qu'il avait fait un legs pour soulager le peuple de la moitié de l'impôt sur le blé. La banque Saint-Georges, véritable institution à la fois politique, fiscale et mercantile, qui posséda l'île de Corse, *Sarzana* et quelques autres villes de la rivière de Levant et de Ponant, fut comme la Compagnie des Indes du moyen âge. Détruite définitivement en 1815, elle n'en conserve pas moins un passé historique qui est intimement lié avec celui de Gênes. Au-dessus de la porte principale de la douane se voient encore quelques morceaux de la chaîne qui fermait le port de Pise, conquis et emportés triomphalement par les Génois en 1290. L'arsenal maritime conserve une proue antique, *rostrum*, qui, si l'on en croit la tradition, proviendrait d'un de ces navires liguriens qui combattirent Magon, frère d'Annibal, et succombèrent en défendant leur patrie [1].

Arrivé dans l'après-midi, nous n'avons en-

---

1. *Voyages en Italie*, p. 499 et suiv.

core vu que les bords de la mer ; il nous tarde de pénétrer dans l'intérieur de la ville. Après une bonne nuit de repos, nous nous rendons de grand matin, à travers une foule de rues tortueuses, à la Cathédrale, dédiée à saint Laurent. Cette église, dont la fondation remonte à l'an 1100, a subi diverses transformations, qui s'attestent par la variété de son style ; cependant, rétablie judicieusement dans la forme où elle est aujourd'hui, par *Galéas Alessi,* architecte du xvie siècle, on peut la considérer comme une des belles basiliques de l'Italie. La façade nous rappelle celles d'un grand nombre de nos églises de France ; les fresques de la voûte du chœur, et particulièrement le *Martyre du saint Patron,* passent pour le meilleur ouvrage du *Tavarone.* A la chapelle de Saint-Jean-Baptiste, nous admirons six belles statues, parmi lesquelles ressort celle d'*Abraham ;* elles sont l'œuvre de *Matthieu Civitali.* Nous voyons là aussi, dans un mausolée en pierre, les précieux restes de saint Laurent, que nous sommes heureux de vénérer ; la *Vierge* et le *saint Précurseur* sont d'*André Sansovino.* L'autel, commencé par *Jacques della Porta,* a été fort artistement terminé par son neveu *Guillaume.* On nous montre, à la sacristie, le *Sacro Catino,* vase d'émeraude rapporté de la Terre-Sainte du temps des Croisades, et qu'une pieuse tradition nous donne comme étant le plat qui a servi à la dernière Cène, la veille de la mort du divin Sauveur.

Nous sortons de cette grande basilique, à trois nefs séparées par des colonnes corinthiennes, tout pénétré d'un saint respect pour la maison de Dieu, et nous nous disposons à visiter d'autres églises. SAINT-CYR, primitive cathédrale de Gênes, et la plus riche en marbres, offre un bel ensemble. La hauteur de la nef n'est pas toutefois en proportion avec sa largeur. Nous remarquons : les voûtes ornées de stucs et de peintures par *Thadée Carlone;* le grand autel, avec ses figures d'anges et d'enfants; le *saint André d'Avellino* et l'*Assomption,* de *Dominique Fiasella,* dit le Sarzane. A l'ANNONCIADE, église des Capucins, nous sommes frappé de la belle ordonnance de l'édifice, de la proportion des colonnes de marbre blanc incrusté de rouge, de l'éclat, de la variété et de l'harmonie des peintures des voûtes; en un mot, elle passe, à juste titre, pour la mieux décorée de la cité. La vaste église SAINT-AMBROISE, desservie par les révérends pères de la Compagnie de Jésus, possède plusieurs tableaux des grands maîtres, entre autres, la *Circoncision,* de *Rubens;* l'*Assomption,* du *Guide;* et un *Christ en croix,* de *Vouet,* peintre français au XVIIe siècle.

SAINTE-MARIE-DE-CARIGNAN, ou l'ASSOMPTION,

offre en petit le plan de *Saint-Pierre* de Rome, selon le projet de *Michel-Ange*. Sa façade a de belles proportions, quoique l'élévation excessive des clochers nuise à l'effet de la coupole. Du haut de ce dôme, nous avons une superbe vue sur la mer et sur les côtes environnantes; on découvre même, par un temps clair, les montagnes de la Corse. A l'intérieur, nous examinons le *saint Sébastien* et le *bienheureux Alexandre Sauli*, du *Puget*, notre grand statuaire marseillais; et, parmi les peintures, nous distinguons *saint François recevant les Stigmates*, du *Guerchin; saint Pierre et saint Jean guérissant le paralytique*, de *Dominique Piola;* la *Vierge avec saint Dominique et saint Ignace*, de *Jérôme Piola*, imitateur des *Carraches*. Les autres tableaux, de divers artistes génois, n'ont rien de bien remarquable.

Le *Pont de Carignan*, hardie construction qui joint deux collines, et sous lequel il y a des maisons à sept étages, est dû à la famille *Sauli;* ce qui prouve que les anciens patriciens de Gênes étaient dévoués au bien et à l'utilité publique.

A SAINT-ÉTIENNE, nous ne pouvons nous lasser de contempler un des plus beaux chefs-d'œuvre de l'Italie, la *Lapidation du premier Martyr*, don à cette église du pape Léon X et du cardinal Jules de Médicis. La partie inférieure est de

Jules Romain; la partie supérieure est de *Raphaël.* Il paraît aujourd'hui avéré que la tête du saint a été refaite à Paris par *Girodet* et non par *David,* comme on l'a prétendu.

Le *Saint Sébastien,* dans l'église de ce nom, a servi de modèle à la statue du *Puget;* il est de *Jean-Baptiste Castello,* peintre de l'école génoise au XVI° siècle. A SAINT-LUC, la *Nativité,* du *Grechetto,* est un des tableaux les plus renommés de la ville.

SAINT-MATTHIEU, édifice gothique du XIII° siècle, entièrement modifié au XVI°, est tout rempli du souvenir des *Doria,* à qui il doit d'ailleurs la plupart de ses décorations. Les statues des *Évangélistes,* de la *Vierge,* de *saint Jean-Baptiste,* de *saint André,* de *David* et de *Jérémie,* sont dues au ciseau du Florentin *Gianantonio Montorsoli,* restaurateur de cette église. Au-dessus du maître-autel nous voyons l'épée envoyée par Paul III à *André Doria;* et, dans une chapelle souterraine, le tombeau de ce dernier, sottement et outrageusement mutilé en 1797.

Nous remarquons : à SAINTE-MARIE-DES-ÉCOLES-PIES, les bas-reliefs de marbre exécutés par *François Schiaffino,* élève du *Bernin,* et la *Madone,* du *Guide;* à SAINTE-MARIE-DE-CASTELLO, l'*Annonciation,* de *Louis Brea,* et la *Vierge avec sainte Catherine et sainte Madeleine,* du *Grec-*

chetto; à SAINT-SYLVESTRE, une *Conception,* du peintre napolitain *de Matteis;* à SAINT-DONAT, quatre colonnes de granit oriental; enfin, à SAINTE-MARIE-DE-LA-CONSOLATION, la statue de *Notre-Dame-du-Rosaire*, de *Jérôme Santa-Croce,* et le *Saint Thomas de Villeneuve,* du *Sarzane.*

L'*Albergo de'poveri,* ou l'hôtel des pauvres, est une fondation de Génois bienfaisants qui remonte à la moitié du xviie siècle; la famille de *Brignole* y a contribué pour la meilleure part. Cette maison secourt les malades et procure de l'ouvrage aux personnes valides; le nombre de ses habitants s'élève à près de deux mille. Le luxe des arts se retrouve jusque dans ces asiles de la misère et du travail, et leur donne une sorte de dignité; l'église possède un bas-relief de *Michel-Ange,* qui a pour sujet *Marie pressant dans ses bras le corps de Jésus mort,* et une *Assomption,* du *Puget,* qui, malgré le danger d'un tel voisinage, soutient noblement l'honneur du ciseau français.

L'*Hôpital des Pammatone* est desservi par les Filles de la Charité de Saint-Vincent de Paul; là, comme partout, elles prodiguent à toutes les souffrances les soins les plus dévoués. Le superbe escalier et les portiques de la cour sont de marbre d'une blancheur éclatante; jamais la douleur physique n'eut un plus magnifique séjour, et la souffrance morale n'est pas mieux logée dans les palais[1].

Puisque le mot *palais* nous vient à l'esprit, nous allons dire un mot de ceux de Gênes qui ont le plus de célébrité. Le *Palais de l'Université* a plus l'air d'une maison princière de l'Orient que d'un édifice destiné à l'enseignement. Il est impossible de n'être point frappé des merveilleux effets produits par l'heureuse distribution des pièces et la vivacité de la lumière. Les salles des divers cours sont ornées de tableaux, dont plusieurs appartiennent aux meilleurs maîtres génois. La bibliothèque, formée en grande partie par les Jésuites, qui occupèrent cette maison jusqu'en 1812, compte un bon nombre d'ouvrages théologiques ; on y voit aussi quelques manuscrits en caractères chinois, africains et arabes.

Le *Palais Royal*, ancien *palais Marcello Durazzo*, se distingue par les deux grands escaliers de marbre blanc que nous voyons à droite et à gauche du vestibule ; il est le seul de Gênes dans lequel les voitures peuvent entrer et tourner avec facilité, car on ne se servait autrefois, dans cette ville, que de chaises à porteur. La plupart des chefs-d'œuvre qui le décoraient ont été transportés à Turin ; il y reste encore néanmoins le *Crucifiement*, de *Van Dyck* ; la

---

1. *Voyages en Italie*, p. 508.

Femme adultère, de *Moretto*, et la *Sainte-Famille*, de *Léonard de Vinci*.

L'ancien *Palais Ducal*, qui sert aujourd'hui d'hôtel de ville, est un monument grandiose où résidèrent autrefois les doges; détruit par un incendie, il a été reconstruit entièrement en marbre par l'architecte génois *Simon Cantone*, auquel il avait été prescrit, par excès de précaution contre une nouvelle invasion du feu, de ne pas employer de bois. Saccagé en 1797, il n'a point encore recouvré les belles statues qui le décoraient; aux fêtes qui y furent données en 1805 à l'empereur Napoléon, on créa de brillantes ornementations qui, de provisoires, devinrent définitives.

Le *Palais Balbi* se fait remarquer par la proportion de ses portiques et la richesse de ses bassins, qui aboutissent à un jardin de grands orangers en pleine terre, d'un effet ravissant. A l'extrémité de la rue qui a pris son nom du palais, nous nous trouvons en présence du monument élevé en 1862 à Christophe Colomb, sur la *place Acquaverde*, près l'arsenal de terre. Nous y lisons l'inscription suivante : *A Cristoforo Colombo la patria;* sur les bas-reliefs sont figurées des scènes de la vie du grand navigateur né à Gênes en 1447[1]. Il est appuyé sur une ancre,

---

1. Beaucoup d'auteurs le font naître à *Cogoleto*, près *Savone;* mais comme, dans son testament, *Cristobal Colon* dit :

et l'Amérique est à ses pieds ; la *Religion*, la *Sagesse*, la *Science* et la *Force*, symbolisées par des statues, entourent le monument.

Le *Palais André Doria*, qui frappe nos regards par son étendue, est l'œuvre de l'architecte *Montorsoli;* nous lisons sous l'entablement des croisées une longue et caractéristique inscription d'une seule ligne, qui rappelle que son illustre fondateur fut successivement amiral du Pape, de Charles-Quint, de François Ier, et de la flotte ligurienne. Cet homme extraordinaire, dont l'alliance était recherchée par les plus grands princes, qui avait défait les Maures et les Turcs avec ses propres galères, et qui était à lui seul une puissance, a mérité le surnom de *Père de la patrie*. La porte de cette somptueuse demeure est du dessin de *Périn del Vaga*, élève de *Raphaël*, qui, échappé sans ressources du sac de Rome, fut généreusement accueilli par *André Doria*, et dont les plus beaux ouvrages décorent le palais. Tels sont les stucs, les arabesques du vestibule qui rappellent les loges du Vatican, auxquelles l'artiste avait travaillé ; les *petits Enfants*, l'*Horatius Coclès*, le *Scœvola* et

---

Que siendo yo nacido en Genova... como natural della porque de ella sali y en ella naci, la question pour nous est tranchée. Deux amiraux du nom de *Colombo*, avec lesquels il fit voile, étant de *Cogoleto*, il a pu y avoir confusion, et de là est née l'erreur.

trois autres sujets de l'histoire romaine, dignes de *Raphaël* pour l'invention et la composition, et le plafond qui représente la *Guerre des Géants.*

Avant de quitter Gênes, nous louons une embarcation pour nous conduire au pied du phare, appelé la *Lanterne*, pittoresque construction jetée sur un rocher qui lui sert de base. Nous gravissons trois cent soixante-quinze marches, et, arrivé en haut, nous ne regrettons pas notre peine, car nous découvrons de là le plus magnifique horizon[1].

Deux heures nous suffisent pour nous rendre à Alexandrie; et, comme nous voyageons par le train express, nous ne pouvons que raconter les événements qui se rattachent aux lieux où nous passons. Après une longue série de tunnels, nous nous engageons dans les montagnes et nous faisons halte pour la première fois à *Serravalle;* la station suivante est *Novi*, ville forte, au-dessus de laquelle s'élève une tour carrée. C'est là, dans la plaine, que, le 15 août 1799, fut tué le général *Joubert,* un des jeunes et brillants vainqueurs des premières guerres d'Italie, surpris à la pointe du jour par le vieux et impétueux *Souvarow*. Moins d'un an après ce jour malheureux, non loin du pont de la *Bormida*,

---

1. *Voyages en Italie,* p 504.

que nous traversons ensuite, eut lieu notre grand succès de *Marengo*, qui décida du sort de l'Europe. « Il était trois heures de l'après-midi, et tout le monde regardait la bataille comme perdue ; *Mélas*, croyant la victoire certaine, accablé de fatigue, et souffrant d'une chute qu'il avait faite, avait repassé les ponts de la *Bormida* et était rentré à Alexandrie, laissant au général *Zach* le soin de poursuivre l'armée française. BONAPARTE seul ne désespérait pas, et comptait sur l'arrivée de DESAIX, avec six mille hommes de troupes fraîches. Il était cinq heures, et la division LAPOIX ne se montrait pas encore, quand DESAIX parut sur le champ de bataille, avec la seule division BOUDET. Dans les mains de BONAPARTE, ce renfort va devenir l'instrument de la victoire, et l'armée devine la pensée de son chef. Fatiguée d'une longue et sanglante retraite, elle voit, avec l'instinct d'une attente que son général n'a jamais trompée, la division DESAIX couvrir sa gauche : « Soldats ! s'écrie BONAPARTE, c'est avoir fait trop de pas en arrière ; voici l'instant de marcher en avant ; souvenez-vous que mon habitude est de coucher sur le champ de bataille. » L'armée répète avec joie le cri de l'attaque ordonnée sur toute la ligne[1]. » Le brave général DESAIX tombe frappé d'une balle qui l'enlève à l'espoir de la France

---

1. Norvins, *Histoire de Napoléon*, chap. XVIII.

et à l'amour de ses soldats; l'armée ennemie est prise à revers et recule à la hâte; *Mélas* essaye en vain de tenir à *Marengo;* son inutile défense contribue à donner le nom de ce village, tout à coup emporté par BONAPARTE, à la fameuse bataille du 14 juin de l'an 1800.

ALEXANDRIE, malgré sa population de plus de 50,000 habitants, son étendue et la beauté de son nom, n'a d'intérêt que comme place forte. Située dans une contrée marécageuse, au confluent de la *Bormida* et du *Tanaro*, elle reçut d'abord le nom de *Césarée*, mais plus tard on lui donna celui qu'elle porte aujourd'hui en l'honneur du pape Alexandre III, qui en fit le siége d'un évêché; son surnom *della Paglia*, de-la-Paille, lui vient, dit-on, de ses premières maisons qui étaient couvertes en chaume. De ses dix-neuf églises, les deux plus importantes sont la cathédrale, et *Santa-Maria*, qui porte le cachet de l'antiquité. Le tableau de *saint Ignace*, dans l'église dédiée au glorieux fondateur de la Compagnie de Jésus, est plein d'expression et de dignité; il est l'œuvre de *Jean-Baptiste Chiappe*, peintre de l'école génoise au xviiie siècle. Les ouvrages de défense de cette ville de guerre ont été considérablement augmentés en 1856; et, pendant la campagne de 1859, Napoléon III et Victor-Emmanuel y établirent leur quartier général.

A six heures et demie du soir, nous partons pour Turin, la dernière ville italienne que nous visiterons en détail ; après avoir franchi le *Tanaro* sur un pont de quinze arches, nous laissons à droite l'embranchement qui se dirige sur *Milan* et *Arona*, nous entendons appeler les stations de *Solero* et d'*Annone*, et à huit heures sonnantes nous sommes à *Asti*. Cette ville a donné le jour à *Victor Alfieri*, poëte tragique, mort en 1803, et lui a élevé une statue en 1862. Le jour baisse à *San-Damiano;* il est nuit à *Villanova*, nous découvrons néanmoins dans les nuages les cimes des Alpes en arrivant à *Moncalieri;* à dix heures et demie nous entrons en gare de Turin.

CHAPITRE VI

TURIN, MODANE.

L'ancienne capitale du Piémont, devenue la résidence du roi d'Italie de 1859 à 1865, paraît, au retour de Rome et de Naples, froide et extraordinaire; les rues ont une sorte de régularité géométrique qui finit par devenir monotone. Il y a néanmoins de belles places et de remarquables monuments. Nous avons la chance de rencontrer, le lendemain de notre arrivée, un bon compatriote, un Français établi là depuis longtemps, qui se met à notre disposition pour nous faire les honneurs de la ville.

Nous commençons par le prier de vouloir bien nous conduire à l'église du Saint-Suaire, où nous désirons dire la messe; et, un quart d'heure après, nous sommes à la cathédrale, dont la chapelle où se conserve la précieuse relique fait partie.

SAINT-JEAN, la métropole, malgré quelque sécheresse, semble, par ses profils, de l'époque du *Bramante;* mais cet édifice n'a point le goût pur et élevé de ce maître, et c'est à tort qu'on le lui a attribué. Deux statues de Legros, *sainte Christine* et *sainte Thérèse*, ont surtout attiré notre attention. La *Vierge, l'Enfant Jésus, avec saint Crépin et saint Crépinien*, sont attribués à *Albert Dürer*, mais non sans contestation ; le guide Bœdeker les donne comme étant de *Jean André Deferrari*[1]. Nous voyons, près de la sacristie, une inscription qui indique la sépulture et les titres et emplois de l'illustre *Seyssel*, successivement maître des requêtes, évêque de Marseille et archevêque de Turin, auteur d'ouvrages estimés.

Ce n'est qu'après avoir offert le saint sacrifice à l'autel surmonté de la châsse qui contient le linceul sacré du Sauveur, que nous visitons cette église, ou mieux, cette chapelle attenante à la cathédrale. Elle est de l'architecture contournée du père *Guarini*, théatin, et offre ses triangles mathématiques ordinaires. Elle conserve, sous sa rotonde, dans un reliquaire d'argent orné d'or et de diamants et mis sous verre, le Suaire qui servit à envelopper le corps de Notre-Seigneur Jésus-Christ, apporté d'Orient au temps des Croisades par un chevalier fran-

---

[1]. *Italie septentrionale*, 7e édit., p. 61.

çais, *Geoffroy de Charny*, et remis par *Marguerite de Chypre* à *Louis*, duc de Savoie.

On veut bien nous remettre, comme souvenir, un petit morceau de la soie noire qui doublait autrefois l'enveloppe du Saint-Suaire et un reste de la soie rouge qui a servi à la remplacer, en ces derniers temps; ces deux objets collés à l'*authentique*, dûment signé et scellé, ornent, dans un joli petit cadre, notre cabinet de travail.

Après avoir examiné les tombeaux, les statues et les inscriptions de la famille des princes de Savoie, qui se trouvent dans cette chapelle, nous pénétrons, par la porte du milieu, dans les couloirs supérieurs du *Palais Royal*, où nous ne faisons que passer pour le moment. Nous abrégeons par là notre chemin; et, quand nous avons pris une tasse de chocolat et un verre d'eau dans l'établissement renommé pour cette spécialité, nous nous mettons résolûment en marche. Arrivé à la rue du Pô, qui s'étend de la place du Château à la place Victor-Emmanuel, nous nous arrêtons d'abord au palais de l'Université. Les portiques de ce majestueux édifice offrent un vrai musée lapidaire enchâssé dans la muraille; plusieurs de ses marbres, publiés par *Maffei*, sont fort remarquables. De ce nombre est un superbe fragment de bas-relief antique, peut-être un Jason domptant ses deux taureaux, qui paraît avoir servi de métope. En face des statues de *Victor-Amédée* et de son fils *Charles-Emmanuel III*, nous voyons deux torses cuirassés, découverts à *Suse* en 1805, qui offrent peut-être le meilleur modèle de l'ancienne *lorica*[1] des Romains. Au premier étage, nous examinons les bustes des professeurs célèbres et quelques beaux groupes symboliques, donnés par le roi Victor-Emmanuel Ier.

Ce qui nous intéresse le plus, comme toujours, c'est la bibliothèque. Elle renferme environ 200,000 volumes et un nombre considérable de manuscrits; parmi ces derniers 70 sont hébreux, 370 grecs, 1,200 latins, 225 italiens et 120 français. L'un des plus anciens est le manuscrit latin de *Sedulius*, contenant son *Paschale Carmen* en vers hexamètres; le manuscrit de l'*Imitation*, dit d'*Arona*, auquel on a attribué une antiquité prodigieuse, ne paraît guère aujourd'hui, de l'avis à peu près unanime des premiers savants de France, d'Allemagne et d'Italie, que du xve siècle, et même de sa fin, selon quelques-uns.

Les manuscrits français sont curieux sous le rapport de l'histoire de notre ancienne littérature, et ils n'ont pas été assez consultés. Les

---

1. Ce mot vient de *lorum*, courroie ou lanière de cuir, qui a donné son nom à la *cuirasse*.

Traductions d'Appien et de *Thucydide* et la *Grande monarchie de France*, par *Seyssel*, offrent de charmantes miniatures, dont une représente l'auteur offrant son ouvrage à Louis XII. Cette bibliothèque possède aussi quelques livres chinois de poésie et de médecine, et un très-ancien *Jeu de Taroc*.

Parmi les imprimés, nous distinguons le *Rationale*, de Guillaume Durand, publié à Lyon en 1473; et la *Géographie de Ptolémée*, mise en vers italiens par *François Berlinghieri*.

L'*Université de Turin* remonte à l'année 1405 et se compose aujourd'hui d'un personnel de quatre-vingt-cinq professeurs pour une moyenne de quinze cents élèves.

A l'*Académie des Beaux-Arts*, située dans la même rue, nous voyons quelques tableaux, dont un attribué à *Raphaël*, et des cartons de *Léonard de Vinci* et de *Gaudenzio Ferrari*. Les Piémontais, en général, passent pour plus experts dans les sciences, la guerre et les métiers, que dans les arts. La variété des sites de cette contrée doit toutefois y produire des peintres de paysages.

En sortant de là, nous apercevons, au détour d'une rue, la nouvelle *Synagogue*, qui n'est point encore terminée; on dirait la *Tour de Babel*[1],

---

[1] Voir notre *Dictionnaire pratique de l'Antiquité*, article **Babel**.

tant il y a de ressemblance entre cet édifice et celui qui, selon les interprètes des Saintes Écritures, figurait sur l'emplacement où s'éleva plus tard Babylone.

Comme nous ne pouvons visiter méthodiquement toutes les galeries publiques de Turin, nous nous rendons de suite au *Musée égyptien et d'antiquités gréco-romaines*. Ce qui nous frappe d'abord, c'est le grand *Sésostris*, haut de plus de deux mètres, en basalte noir à taches blanches, qui porte le numéro 3666 ; il est assis sur son trône en habit militaire, et tient à la main son sceptre, espèce de crochet. La physionomie est douce et fière ; les mains sont parfaites, les formes pures, et les pieds, ordinairement négligés dans les statues égyptiennes, d'une bonne proportion.

La collection des stèles ou tableaux peints et exécutés sur pierre, dont les couleurs conservent encore une vivacité merveilleuse, est la plus complète qui existe. Les objets servant aux divers usages de la vie sont nombreux et très-curieux. Parmi les meubles de la toilette d'une princesse se trouvent deux petits chiens d'ivoire dont l'un conserve encore le fil qu'il dévidait il y a plus de vingt siècles ; frêle débris de lin qu'une femme employait à ses ouvrages, et qui devait survivre à tant de puissants empires.

Nous sommes tout étonné de rencontrer là un

nombre si considérable de momies ; jamais l'instinct de conservation ne paraît avoir été porté aussi loin, car il s'exerçait même en faveur des bêtes, et nous voyons, aussi soigneusement embaumés, des ibis, des chacals, des cynocéphales, des éperviers, des poissons, des crocodiles et de jeunes taureaux portant au front le signe caractéristique du bœuf Apis. Les chats ont de petits sarcophages particuliers en bois, ornés de peintures qui les montrent faisant leurs tours. Mais les manuscrits, soit sur papyrus, soit sur des bandes de toile, tirés des catacombes de Thèbes, sont pour les savants la partie la plus intéressante et la plus instructive du musée égyptien.

Ce qui nous vient des Grecs et des Romains est moins complet ; et, sous ce rapport, les musées de Rome et de quelques autres villes de l'Italie sont plus intéressants. Nous remarquons néanmoins : une statue en bronze de *Minerve*, trouvée, en 1829, à *Voghera*, et considérée comme une des plus belles que l'on connaisse pour la finesse de l'exécution ; une tête d'Antinoüs ; le buste en marbre de l'empereur *Julien*, qui a l'expression malheureuse de sa physionomie ; un *Vespasien*, son voisin, qui forme avec lui le plus frappant contraste, car il a l'air gai et moqueur ; enfin l'*Hercule étouffant les serpents*.

La fameuse *Table isiaque*, qui fut un sujet de discussion parmi les érudits, pendant trois cents ans, a perdu son prestige d'antiquité ; et, depuis les découvertes de *Champollion*, elle paraît tout simplement avoir été fabriquée à Rome, sous Adrien.

A la *Pinacothèque*, ou galerie de tableaux, nous constatons l'abondance des œuvres des maîtres flamands et hollandais ; nous ne voyons que des copies de *Raphaël*, du *Titien*, du *Corrége*, de *Léonard de Vinci*. Nous signalerons seulement : l'*Adoration des Mages*, de *Floris*; le fameux *Bourguemestre*, de *Rembrandt*; la *Madone à la Tente*, d'après *Raphaël*; la *Vierge*, de *Montegna*; la *Sainte Famille*, de *Van Dyck*; le *Samson*, de *Honthorst*; le *Saint Jean-Népomucène*, de *Murillo*; les *Sibylles*, d'*Angélique Kauffmann*; la *Sainte Françoise*, du *Guerchin*; et la *Madeleine essuyant avec ses cheveux les pieds du Sauveur*, de *Paul Véronèse*.

Nous retournons au *Palais Royal*, dont nous n'avions fait que traverser les corridors, qui servent de passage public, et, cette fois, nous en visitons les appartements. On sent tout d'abord le manque d'animation et de vie dans ces magnifiques salons que rien, à l'extérieur, ne faisait supposer ; nous admirons tout à l'aise les lambris richement décorés, les parquets et leurs belles marqueteries, les murs recouverts de superbes peintures, les statues et les bronzes, et surtout la bibliothèque du roi, qui renferme, dit-on, 40,000 volumes, et beaucoup de manuscrits, parmi lesquels nous distinguons une *Imitation*, du XIVe siècle. C'est avec un profond sentiment de vénération et de respect que nous pénétrons dans la pièce où se trouvent les portraits des *Saints* et *Saintes* canonisés, de la Famille de Savoie. Ils ont su, ces bienheureux habitants de la Céleste patrie, pratiquer l'humilité et le détachement des biens de la terre au sein de la grandeur et de l'opulence ; en pensant à eux, il est impossible de ne pas s'écrier avec notre grand poëte :

N'espérons plus, mon âme, aux promesses du monde ;
Sa lumière est un verre et sa faveur une onde
Que toujours quelque vent empêche de calmer.
Quittons ces vanités, lassons-nous de les suivre ;
    C'est Dieu qui nous fait vivre,
    C'est Dieu qu'il faut aimer [1].

Après avoir récité notre office à la cathédrale, nous voulons, avant de quitter ce quartier, jeter au moins un coup d'œil dans le *Musée royal des Armures*, que nous avons entendu vanter. La première chose qui nous frappe est le beau groupe de l'*Archange saint Michel*, don de la

---

1. *Malherbe*, paraphrase du psaume CXIV.

princesse Christine de Bourbon, veuve du roi Charles-Félix; nous voyons là aussi des aigles françaises et l'épée qu'avait Napoléon à la bataille de *Marengo*. Parmi les objets modernes, nous remarquons : une couronne; plusieurs épées offertes au roi; des drapeaux; le cheval tout harnaché de Charles-Albert, et des modèles d'armes en grand nombre. Ce qui est infiniment plus intéressant au point de vue archéologique, c'est le bouclier, aux riches ciselures et incrustations attribuées à *Benvenuto Cellini*, qui se trouve sous un globe de verre. Le glaive de saint Maurice attire spécialement notre attention; et, avant de sortir, nous examinons l'imposante armure que portait un des hommes de l'escorte de François Ier, à la bataille de Pavie.

Comme nous n'avons encore vu que l'église métropolitaine et la chapelle du Saint-Suaire, nous nous dirigeons vers d'autres sanctuaires. SAINT-PHILIPPE-DE-NÉRI, édifice moderne, peut être regardé comme ce qu'il y a de plus beau à Turin en fait de monuments religieux. Ses meilleurs tableaux sont : le *Saint en contemplation devant l'image de la Vierge*, de *Solimène*, peintre napolitain de la fin du XVIIe siècle; *saint Laurent*, de *Trévisani*; la *Vierge, sainte Catherine de Sienne, saint Eusèbe, saint Jean-Baptiste et le bienheureux Amédée IX*, de *Charles Maratta*.

Sainte-Marie-del-Carmine passe pour l'une des plus remarquables constructions de l'architecte *Juvara;* elle n'est cependant pas riche en peintures. L'*Elie*, de *Conrad Giaquinto*, et la *Sainte Famille*, de l'abbé *Aliberti*, artiste piémontais, sont ce qu'il y a de mieux.

Le Corpus Domini, qui doit son nom à un prodige arrivé en 1453[1], a été bâti en 1607; sa splendide décoration intérieure date de l'année 1753, époque où le comte *Alfieri*, décurion de la ville, fit complétement restaurer cette église. Les marbres et les dorures y abondent, mais les fresques de *Carivoglia* et d'*Olivieri*, rappelant l'événement miraculeux, laissent beaucoup à désirer.

La Consolata, réunion de trois églises, a été construite en 1679, sur les dessins du Père *Guarini;* elle possède le *Christ et la Madeleine*, du *Moncalvo*, et une image vénérée de la Vierge, attribuée à un élève du *Giotto*. Nous voyons, sous la coupole, représentées à genoux, les

---

1. A cette époque, pendant les troubles de la guerre, un soldat ayant pillé une église du côté de *Suse*, emporta l'ostensoir où était la sainte hostie. A Turin, cette hostie s'échappa de l'ostensoir et s'éleva dans les airs, où elle demeura jusqu'à ce que l'évêque, averti de l'événement, arriva avec son clergé. Il se mit à genoux pour prier, et l'hostie vint se placer dans le calice qu'il tenait. (Rolland, *Promenades en Italie*, p. 343.)

épouses de Charles-Albert et de Victor-Emmanuel II ; en contemplant ces statues, on reconnaît facilement les reines Marie-Thérèse et Marie-Adélaïde.

La MÈRE DE DIEU, commencée en 1818, offre de beaux groupes sculptés figurant les Vertus théologales, et de superbes colonnes de granit ; elle imite un peu le Panthéon de Rome.

Nous montons à l'église des Capucins, située sur une colline qui domine la ville et la vallée du Pô ; nous avons, de la terrasse, une vue magnifique sur une grande étendue de la chaîne des Alpes. A l'intérieur, nous remarquons une *Assomption*, du *Morazzone,* peintre de l'école milanaise, et un *Martyre de saint Maurice*, du *Moncalvo*, maître piémontais.

Le Cimetière, *Campo Santo*, fermant tard pendant l'été, nous nous y rendons en voiture, pour arriver plus vite et terminer notre après-midi par de sérieuses pensées. En dehors du portique, qui fait le tour de ce vaste séjour de la mort, nous apercevons un obélisque avec un médaillon en relief ; c'est la tombe de *Sylvio Pellico*, au pied de laquelle nous nous agenouillons pour réciter une prière. Un autre monument, plus marquant, rappelle le souvenir de *Jean Plana*, mathématicien, astronome et physicien, décédé le 13 des calendes de février 1864, à l'âge de quatre-vingt-deux ans. Sur le mausolée d'un médecin célèbre se lit le nom seul avec un point d'admiration : RIBERI ! Il est surmonté d'un écusson portant des instruments de chirurgie. Nous voyons plus loin une pyramide en granit qui décore un superbe sarcophage ; là repose le corps de *Antoinette de Gramont*, comtesse de *Salmons*, qui a écrit des ouvrages estimés. Notre attention se porte encore sur l'inscription indiquant le lieu de la sépulture de *Charles Gioberti*, architecte et archéologue, décédé à trente-deux ans, à la fleur de l'âge ; nous nous rappelons, en sortant, ces vers de Rotrou :

> Nos jours n'ont pas une heure sûre :
> Chaque instant use leur flambeau ;
> Chaque pas nous mène au tombeau ;
> Et l'art, imitant la nature,
> Bâtit d'une même figure
> Notre bière et notre berceau.

La plus belle excursion aux environs de Turin est celle de la *Superga*[1] ; on arrive en bateau jusqu'au pied de la montagne, près de la *Madonna del Pilone ;* de là on peut gravir la côte à pied ou à âne, une de ces humbles montures se paie deux francs, et, quand on est parvenu au

---

[1]. Ce nom vient sans doute de ce que l'emplacement de l'église est comme sur le dos des montagnes, *super terga montium*, et, par corruption, *superga*.

sommet, le panorama splendide qui s'offre à la vue dédommage amplement du temps employé à ce voyage. Pour jouir de tout le paysage, il faut monter à la coupole de l'église qui renferme les sépultures royales.

Il est bien certain que nous n'eussions point passé deux jours dans l'ancienne capitale du Piémont, si nous eussions été seul à parcourir la ville; c'est donc grâce à l'amabilité de notre cher compatriote que nous avons pu voir bien des choses auxquelles nous ne songions même pas. Qu'il reçoive derechef nos sincères remercîments et l'invitation que nous lui avons faite de venir à Paris, où, à notre tour, nous le recevrons avec plaisir.

A neuf heures moins quelques minutes du matin, nous prenons notre billet pour Mâcon, et, bientôt après, nous nous dirigeons en toute vitesse vers la France. *Collegno*, *Alpignano*, *Rosta*, *Avigliana*, nous laissent complétement indifférent; en quittant cette dernière station, nous apercevons, à gauche, sur un roc escarpé, le monastère de *Saint-Michel-della-Chiusa*, puis, après avoir franchi la *Doire*, nous nous arrêtons un peu à *Bussoleno*, où nous achetons quelques provisions de voyage. La voie s'avance entre de hautes montagnes; les torrents et les cascades nous font entendre le bruit qui nous avait déjà frappé à notre départ, en gravissant le col du *Simplon;* les glaciers scintillent de nouveau aux rayons du soleil; nous nous mettons à réfléchir à tous les incidents de notre longue pérégrination, et nous atteignons ainsi l'entrée du tunnel qui nous évite l'ascension du *Mont Cenis.*

Pendant le trajet souterrain, qui dure trente-cinq minutes, tout le monde est silencieux; il se passe on ne sait quoi de mystérieux dans l'âme des plus intrépides touristes; ce que nous constatons, c'est que personne n'affecte un air d'assurance en présence du danger d'être enseveli vivant à plus de douze cents mètres au-dessous du sol. Quant à nous, nous nous mettons sous la protection de la sainte Vierge en disant tout le temps notre chapelet; et, lorsque nous revoyons la lumière du jour, nous rendons grâces à Dieu, comme les jeunes Hébreux au sortir de la fournaise de Babylone [1].

Nous voici enfin à *Modane*, dans le département de la Savoie; nous nous retrouvons avec bonheur sur la terre française. Après la visite de la douane, nous nous remettons en route pour la Bourgogne, avec l'espoir de rentrer le lendemain à Paris. En terminant ce récit, qui n'a eu pour but que d'intéresser et d'instruire, nous dirons au lecteur avec le poëte latin :

---

[1]. Daniel, III, 57 *et seq.*

« Que le ciel vous prête vie et santé ! Si vous savez quelque chose de mieux, soyez assez bon pour nous en faire part; sinon, veuillez vous contenter de ceci avec nous. »

> *Vive, vale. Si quid novisti rectius istis,*
> *Candidus imperti; si non, his utere mecum* [1].

1. Horat., *Epist.*, lib. I, 6.

FIN

ACTES
DU
PONTIFICAT DE LÉON XIII

Élu le 20 février 1878, le nouveau Pasteur de l'Église universelle bénissait aussitôt le diocèse de Paris et la France, à la prière de Son Éminence le cardinal Guibert, notre vénéré et pieux archevêque. Deux jours après, recevant en audience particulière les représentants des Universités catholiques de France, Sa Sainteté répondait ainsi à l'adresse que lui avait lue Mgr Sauvé, recteur de l'Université d'Angers :

Je suis profondément ému des sentiments que vous venez d'exprimer au nom de votre excellent évêque[1], dont je connais dès longtemps le mérite et les vertus. Les universités catholiques, dont vous êtes les repré-

---
[1]. Mgr l'évêque d'Angers.

sentants, sont pour l'Église une consolation et une espérance. Comment ne pas admirer la générosité des catholiques français qui, en si peu de temps, ont pu fonder des œuvres si merveilleuses ? Entre toutes, l'Université de Lille se distingue par la rapidité avec laquelle ont été recueillies les sommes considérables nécessaires à l'organisation de ses cinq facultés. Celles d'Angers, de Paris, de Lyon, de Toulouse marchent dans la même voie, et promettent des résultats également heureux.

C'est ainsi que la France, en dépit de ses malheurs, reste toujours digne d'elle-même, et montre qu'elle n'a pas oublié sa vocation. Personne, plus que le Vicaire de Jésus-Christ, n'a de motifs pour compatir aux douleurs de la France, car c'est en elle que le Saint-Siége a toujours trouvé l'un de ses plus vaillants soutiens.

Aujourd'hui, hélas! elle a perdu une partie de sa puissance; affaiblie par la division des partis, elle est empêchée de donner libre essor à ses nobles instincts. Et pourtant que n'a-t-elle pas fait pour le Saint-Siége, même après ses désastres? Elle lui avait déjà donné les rejetons de ses plus illustres familles, la petite armée du Pape étant en grande partie composée des enfants de la France; et, du moment qu'il n'a plus été possible, pour eux, de servir la cause du Pape avec l'épée, la France a témoigné de mille autres manières son attachement au Saint-Siége; ce sont les offrandes de la France qui forment toujours une part considérable du Denier de saint Pierre.

Une si grande générosité ne saurait rester sans récompense. Dieu bénira une nation capable de si nobles sacrifices, et l'histoire écrira encore de belles pages sur les *Gesta Dei per Francos*.

Nous trouvons un gage de cet heureux avenir dans les universités qu'en ce moment vous représentez devant moi. C'est par elles que se répandront dans les intelligences les saines doctrines qui sont les premiers éléments de la prospérité sociale. Choisis par l'épiscopat, les professeurs, unissant la pureté de la foi à la profondeur de la science, formeront des générations de chrétiens capables de défendre leurs croyances et d'y faire honneur.

Les familles ne sauraient tarder à reconnaître la supériorité de ces enseignements, et les universités catholiques, bien que leur existence dépende en fait de la seule charité des fidèles, soutiendront avec avantage la concurrence des autres établissements pourvus de ressources matérielles bien supérieures et soutenues par le gouvernement. C'est là ce que j'ai vu en Belgique, alors que j'y représentais le Saint-Siége, en qualité de Nonce. L'Université libre de Louvain avait, à elle seule, plus d'élèves que toutes les autres universités réunies.

Ce même succès est réservé aux universités catholiques de France. Je le leur souhaite, et pour le leur assurer, j'invoque du Dieu tout-puissant, sur leurs œuvres, de toute la plénitude de mes pouvoirs, les plus abondantes bénédictions.

« *Benedictio Dei,* » etc.

Le Saint-Père est d'une activité prodigieuse : Dès le lendemain de son couronnement, qui a eu lieu à la chapelle Sixtine, le dimanche 3 mars, il a publié les Lettres apostoliques rétablissant la hiérarchie épiscopale en Écosse. En voici la teneur d'après le journal *l'Univers*[1] :

---

1. N° du mardi 2 avril 1878.

LÉON, ÉVÊQUE,

Serviteur des Serviteurs de Dieu, en perpétuelle mémoire,

Du faîte de l'apostolat où Nous venons d'être récemment élevé, non en vertu de Nos mérites, mais par une disposition de la divine bonté, les Pontifes romains, Nos prédécesseurs, n'ont jamais cessé de considérer, comme du sommet d'une montagne, toutes les parties du champ du Seigneur, pour reconnaître ce qui dans le cours des ans convenait le mieux à la condition, à la dignité et à l'affermissement de toutes les Églises; conséquemment, et autant qu'il leur a été donné d'en haut, ils ne furent pas moins soucieux de ressusciter les anciens sièges épiscopaux qui avaient péri par l'injure du temps que d'en ériger de nouveaux dans tout le monde. Car le Saint-Esprit ayant établi les évêques pour régir l'Église de Dieu, dès que l'état de la sainte religion dans un pays permet d'y introduire ou d'y organiser le régime de l'ordinaire épiscopal, il convient de lui conférer aussitôt les bienfaits qui découlent naturellement de cette divine organisation. C'est pourquoi Notre prédécesseur, de sainte mémoire, Pie IX, dont nous déplorons tous la perte récente, dès le commencement même de son Pontificat, comme il apparaissait que la prospérité des Missions établies dans le très-illustre et très-florissant royaume d'Angleterre permettait de leur donner le mode de constitution ecclésiastique qui existe dans presque toutes les autres nations catholiques, s'empressa de rendre aux Anglais leurs évêques ordinaires par ses lettres apostoliques du 1er octobre de l'an de l'Incarnation 1850, commençant par ces mots : *Universales Ecclesiæ*. Et peu de temps après, ayant jugé que les illustres contrées de la Hollande et du Brabant pouvaient jouir des mêmes dispositions salutaires, il ne tarda pas à y rétablir aussi la hiérarchie épiscopale, par d'autres lettres apostoliques datées du 4 mars 1853, et commençant ainsi : *Ex qua die*. Ces mesures, sans parler du rétablissement du patriarcat de Jérusalem, ont été prises avec un à-propos si manifeste, que le résultat, à la faveur de la grâce divine, a pleinement répondu à l'attente de ce Saint-Siége ; car tout le monde connaît assez l'avantage qui est résulté pour l'Église catholique du rétablissement de la hiérarchie épiscopale dans ces deux pays.

Mais l'esprit du très-pieux Pontife supportait difficilement que l'Écosse n'eût pas encore pu partager cette condition. Le chagrin de son âme paternelle était d'autant plus grand qu'on savait combien avaient été féconds autrefois les progrès de l'Église catholique en Écosse. Et, certes, quiconque est un peu versé dans l'histoire ecclésiastique sait parfaitement que la lumière de l'Évangile a lui de bonne heure pour les Scots : car, sans parler de ce que la tradition nous rapporte des antiques missions apostoliques dans ce royaume, l'histoire raconte qu'au quatrième siècle saint Ninian, qui, au témoignage du vénérable Bède, avait été instruit à Rome dans la foi et les mystères de la vérité, et au cinquième siècle saint Palladius, diacre de l'Église romaine, tous deux honorés du bandeau sacré, y ont prêché la foi de Jésus-Christ ; puis, que saint Colomban, abbé, qui débarqua dans ce pays au sixième siècle, y construisit un monastère d'où beaucoup d'autres sont sortis. Et quoique, depuis le milieu du huitième siècle jusqu'au onzième, les documents historiques manquent à peu près sur l'état de l'Église en Écosse, il est de tradition cependant qu'il y a eu là plusieurs évêques, quoique quelques-uns fussent sans siéges fixes.

Mais après que Malcom III se fut emparé du pouvoir, en l'an 1057, la religion chrétienne, qui avait subi de graves dommages, soit à cause des excursions des peuples étrangers, soit en raison des vicissitudes politiques, commença, par les soins et à l'instigation de sainte Marguerite, sa femme, à se relever et à s'accroître ; et les ruines encore debout des édifices sacrés, des monastères et des autres monuments religieux, rendent un éclatant témoignage à la piété des anciens Scots. Mais, pour continuer sommairement ce qui se rapporte plus particulièrement à notre sujet, il est constant qu'au XV⁰ siècle les siéges épiscopaux s'étaient déjà tellement multipliés, qu'on en compte treize, savoir : ceux de Saint-André, de Glascow, de Dunkeld, d'Aberdeen, de Murray, de Bréchin, de Dumbar, de Ross, de Caithness, de Galloway, de Lismor, de Sodor ou d'Argyll et des Orcades, qui tous relevaient immédiatement de ce siége apostolique. Il est constant aussi, ce dont les Scots se glorifient à juste titre, que les Pontifes romains, prenant le royaume d'Écosse sous leur protection particulière, entourèrent d'une bienveillance spéciale lesdites Églises, et c'est pourquoi, en se conduisant comme métropolitains d'Écosse, ils ont plusieurs fois décrété que les priviléges et immunités qui leur avaient été concédés depuis longtemps par l'Église romaine, mère et maîtresse de toutes les autres, devaient être maintenus dans leur intégrité, en sorte que l'Église d'Écosse, selon ce qu'avait établi Honorius III, de sainte mémoire, était soumise, sans aucun intermédiaire, au siége apostolique, comme une fille privilégiée.

Jusqu'alors donc, comme l'Écosse n'avait pas de métropolitain, Sixte IV, considérant les dépenses et les difficultés résultant pour ses habitants des rapports avec la métropole de Rome, érigea, par lettres apostoliques du 17 août 1472 commençant ainsi : *Triomphans Pastor æternus*, en métropole et en siége archiépiscopal pour tout le royaume, le siége de Saint-André, qui, tant par l'antiquité de son origine qu'à cause de la vénération pour l'apôtre, patron du royaume, avait acquis le premier rang, et lui donna les autres siéges pour suffragants. Cela eut lieu aussi en 1491 pour le siége de Glascow, qui, ayant été distrait de la province ecclésiastique de Saint-André, fut élevé par Innocent VIII à la dignité de métropole et eut pour suffragants quelques-uns des siéges nommés plus haut.

Pendant que l'Église d'Écosse ainsi constituée florissait, l'irruption de l'hérésie au xvıe siècle la réduisit malheureusement à la dernière extrémité; cependant ni le zèle, ni la sollicitude, ni l'intérêt des souverains Pontifes, Nos prédécesseurs, ne manquèrent jamais aux Écossais, en sorte que les forts persévérèrent dans la foi, comme on le voit manifestement par plusieurs documents. Car, voyant grandir au loin la tempête, pleins de commisération pour ce peuple, ils s'appliquèrent incessamment, soit par des envois réitérés de missionnaires des diverses familles de réguliers, soit par des légations apostoliques et d'autres secours du même genre, à venir en aide à la religion déchue. Par leurs soins, dans cette citadelle du monde catholique, un collége particulier, outre le collége Urbanien, s'ouvrit à des jeunes gens choisis dans la nation écossaise, pour qu'ils pussent s'y former dans les études sacrées et être promus au sacerdoce, afin d'exercer le sacré ministère dans leur patrie et de porter le secours spirituel à leurs concitoyens. Et comme cette partie chérie du troupeau du Seigneur était veuve de ses pasteurs, Grégoire XV, de sainte mémoire, envoya, dès qu'il le put, en Angleterre et en Écosse à la fois, Guillaume, créé évêque de Chalcédoine et muni de pleins pouvoirs, même de ceux qui sont propres aux ordinaires, afin qu'il prît la charge pastorale de ces brebis dispersées, comme on peut le voir dans les lettres apostoliques *Ecclesia Romana* du 23 mars 1623. Les lettres *Inter gravissimas*, en forme de bref, du 18 mai de l'an 1630 de la nativité de Notre-

Seigneur, montrent que François Barberini, cardinal de la sainte Église romaine, reçut d'Urbain VIII, en qualité de protecteur des Anglais et des Écossais, une grande provision de pouvoirs, à l'effet de rétablir la foi orthodoxe dans l'un et l'autre royaume et de procurer le salut de leurs habitants. Les autres lettres *Multa sunt* du même Pontife, adressées, le 12 février 1633, à la reine de France, pour recommander à sa bienveillance les fidèles de ce pays et de cette Église plongée dans l'affliction, tendent aussi au même but.

Mais afin de pourvoir de la manière la plus efficace à l'administration spirituelle des Écossais, le Pape Innocent XII envoya, en 1696, en qualité de nonce apostolique, Thomas Nicholson, revêtu du titre et du caractère d'évêque de Perth, en confiant tout le royaume et les îles adjacentes à ses soins. Et peu après, comme un seul vicaire apostolique ne pouvait plus suffire à cultiver cette vigne du Seigneur, Benoît XIV s'empressa d'adjoindre un compagnon à cet évêque, ce qu'il put heureusement mettre à exécution en 1727. Il arriva ainsi que tout le royaume d'Écosse fut divisé en deux vicariats apostoliques, dont l'un comprenait la partie inférieure, et l'autre la partie supérieure. Mais cette division, qui avait paru suffisante pour le gouvernement des catholiques qu'il y avait alors, ne pouvait plus convenir après que leur nombre se fut accru de jour en jour ; aussi, le siége apostolique trouva bon de procurer un nouveau moyen de conserver et de propager la religion en Écosse par l'institution d'un nouveau vicariat. A cet effet, Léon XII, d'heureuse mémoire, par les lettres apostoliques *Quanta lætitia affectissimus*, en date du 13 février 1827, divisa l'Écosse en trois districts ou vicariats apostoliques, savoir : celui d'Orient, celui d'Occident et celui du Nord. Personne n'ignore quels fruits abondants l'Église catholique y a dès lors recueillis par le zèle des nouveaux prélats et les soins de Notre Propagande ; par où l'on voit assez que ce Saint-Siége n'a jamais rien négligé, dans sa sollicitude de toutes les Églises, pour relever et remettre la nation écossaise de toutes ses anciennes et déplorables calamités.

Mais le Pape Pie IX, de sainte mémoire, désirait surtout ardemment qu'il lui fût donné de ramener l'insigne Église d'Écosse à son ancienne noblesse et à sa constitution ; car les illustres exemples de ses prédécesseurs, qui semblaient avoir voulu lui aplanir la voie, l'excitaient particulièrement à cette œuvre. Et, certes, considérant, d'un côté, la situation de la religion catholique en Écosse, et le nombre de jour en jour croissant des fidèles du Christ, des ouvriers sacrés, des églises, des missions, des maisons religieuses et des autres institutions du même genre, ainsi que l'état des ressources temporelles ; et, de l'autre, voyant disparaître de plus en plus, grâce à la liberté accordée aux catholiques par l'illustre gouvernement britannique, tous les obstacles à la reconstitution du régime des évêques ordinaires en Écosse, ce Pontife s'était convaincu qu'il ne fallait plus du tout différer le rétablissement de la hiérarchie épiscopale.

Sur ces entrefaites, les vicaires apostoliques eux-mêmes et beaucoup de membres du clergé, et parmi les laïques des hommes recommandables par leur noblesse et par leurs vertus, lui demandèrent instamment de ne pas retarder davantage l'accomplissement de leurs vœux. Ces supplications lui furent renouvelées lorsque les chers fils des diverses classes de ce pays, sous la conduite du vénérable frère Jean Strain, évêque d'Abyla *in partibus infidelium* et vicaire apostolique du district oriental, vinrent ici pour se réjouir avec lui du cinquantième anniversaire de sa consécration épiscopale. Les choses étant ainsi, le vénérable Pontife avait confié l'affaire, en raison de sa gravité, à Nos vénérables frères les cardinaux de la sainte Église romaine préposés à la propagation de la foi, pour être examinée à fond; et leur avis l'avait confirmé de plus en plus dans son dessein. Mais, tandis qu'il se réjouissait de pouvoir enfin accomplir l'œuvre tant et si longtemps désirée, il fut appelé par le juste juge à recevoir la couronne de la justice.

Ainsi, ce que Notre prédécesseur n'a pu faire, en ayant été empêché par la mort, le Dieu riche en miséricorde et plein de gloire en toutes ses œuvres, Nous l'a permis, afin que Nous inaugurions comme par un heureux présage le pontificat suprême que Nous avons accepté en tremblant, au milieu de ces temps si calamiteux. C'est pourquoi, ayant pris une entière connaissance de toute cette affaire, Nous avons jugé qu'il fallait, sans retard, mettre à exécution ce qui avait été décrété par Pie IX, de récente mémoire. Ayant donc levé les yeux vers le Père des lumières, de qui vient toute chose excellente et tout don parfait, Nous avons invoqué le secours de la grâce divine, réclamant en même temps l'aide de la bienheureuse Marie, vierge conçue sans péché, de saint Joseph, son époux et le patron de l'Église universelle, des saints apôtres Pierre et Paul, de saint André et des autres habitants du ciel que les Écossais vénèrent comme leurs protecteurs, afin que, par leurs suffrages auprès de Dieu, ils nous aidassent à terminer heureusement cette affaire. Après quoi, de notre propre mouvement, de science certaine et par l'autorité dont Nous jouissons sur toute l'Église, pour la plus grande gloire de Dieu et l'exaltation de la foi catholique, Nous établissons et décidons que dans le royaume d'Écosse revivra, selon les prescriptions des lois canoniques, la hiérarchie des évêques ordinaires qui seront appelés aux siéges que, par cette Constitution, Nous érigeons et constituons en province ecclésiastique. Or, Nous voulons que, pour le présent, il y ait à ériger et il soit érigé dès maintenant des siéges au nombre de six, savoir : celui de Saint-André, auquel s'ajoutera le titre d'Édimbourg, ceux de Glascow, d'Aberdeen, de Dunkeld, de Galloway et d'Argyll.

Mais, Nous rappelant les fastes illustres de l'ancienne Église de Saint-André, et tenant compte de ce que cette ville est aujourd'hui la principale du royaume, prenant en considération d'autres raisons encore, Nous n'avons pu nous refuser, tirant pour ainsi dire du sépulcre ce siége célèbre, et lui adjoignant le titre d'Édimbourg, de l'élever ou plutôt de le rétablir dans le rang et la dignité de siége métropolitain ou archiépiscopal, dont l'avait décoré notre prédécesseur de vénérée mémoire, Sixte IV, et de lui assigner comme suffragants quatre des siéges nommés plus hauts, savoir : Aberdeen, Dunkeld, Galloway et Argyll, comme par la teneur des présentes et en vertu de Notre autorité apostolique, Nous les lui assignons, adjoignons, attribuons.

Quant au siége de Glascow, considérant l'ancienneté de cette ville, sa grandeur, sa noblesse, et surtout ayant égard à l'état très-florissant de la religion dans ses murs, en même temps qu'aux priviléges archiépiscopaux qui lui furent conférés jadis par Innocent VIII, Nous avons cru qu'il convenait d'attribuer à son évêque le nom et les insignes d'archevêque, comme en fait Nous le lui accordons par la teneur des présentes, sous cette condition toutefois qu'aussi longtemps qu'il n'en aura pas été autrement décidé par Nous ou Nos successeurs, il n'exercera, en dehors de la prérogative comprenant le nom et les insignes, aucun droit propre du vrai archevêque et métropolitain. Or, Nous voulons et ordonnons que l'archevêque de Glascow, tant qu'il restera sans suffragants, se réunisse aux autres évêques dans le synode provincial d'Écosse.

Quant au siége archiépiscopal et métropolitain de Saint-André et d'Édimbourg, il comprendra les comtés d'Édimbourg, de Lennox, d'Haddington, de Bervik, Selkirk, Peeblys, Roxbury et la partie méridionale de Fife qui est à droite du fleuve Eden; le comté de Stirling, à l'exception toutefois des territoires de Baldernock et de Kilpatrik est.

Dans l'archidiocèse de Glascow seront compris les comtés de Lanark, de Renfrew, de Bray, les territoires de Baldernock et de Kilpatrik est, situés dans le comté de Stirling, la partie nord du comté d'Ayr, qui est séparée de la partie est par la rivière de Lugdon qui se jette dans le fleuve de Garnock, plus la grande et la petite île Cumber.

Le diocèse d'Aberdeen comprendra les comtés d'Aberdeen, Kinoardine, Baeff, Elgin ou Murray, Nairb, Ross (à l'exception de Leog), de Cromarty, de Sutherland, de Caithness, les îles Orcades et Sethland; enfin cette partie d'Inverness qui est au nord du lac Luing jusqu'aux confins est du même comté d'Inverness, au point où se rencontrent les comtés d'Aberdeen et de Baeff.

Le diocèse de Dunkeld comprendra les comtés de Perth, Forfary, Clacman, Kinross et la partie nord de Fife qui est à gauche du fleuve Eden, ainsi que les parties du comté de Stirling qui sont isolées et entourées par les comtés de Perth et de Clacman.

Le diocèse de Galloway comprendra les comtés de Dumfries, de Kirkudbright, de Wington et la partie du comté d'Ayr qui s'étend à gauche de la petite rivière de Lugdon allant à l'est se jeter dans le fleuve Garnock.

Enfin le diocèse d'Ergadi et d'Argyll comprendra le comté d'Argyll, les îles de Bute et d'Aran, Abuda et la partie est du comté d'Inverness qui s'étend du lac Luing jusqu'aux confins est du même comté en suivant la ligne droite indiquée plus haut.

Par conséquent, il y aura donc en Écosse, outre l'archevêché d'honneur de Glascow, une seule province ecclésiastique, se composant d'un seul archevêque ou évêque métropolitain et de quatre évêques suffragants.

Et maintenant, Nous ne doutons pas que les nouveaux évêques, suivant les traces de leurs insignes prédécesseurs, qui par leur propre mérite ont illustré l'ancienne Église d'Écosse, ne donnent tous leurs soins à ce que le nom de la religion catholique brille dans leurs régions du plus vif éclat, et que le bien des âmes et l'accroissement du culte divin soient poursuivis par les meilleurs moyens qui seront en leur pouvoir. Dans cet espoir, Nous déclarons Nous réserver, ainsi qu'à Nos successeurs sur ce Saint-Siége, le droit de partager ces diocèses en d'autres diocèses, lorsqu'il sera besoin d'en augmenter le nombre, d'en changer les limites, en un mot d'accomplir librement tout ce qui aura paru dans le Seigneur devoir mieux servir à la propagation de la foi orthodoxe.

Puis, voyant à cela un grand avantage pour ces Églises, Nous voulons et ordonnons que les prélats à qui elles sont confiées n'omettent jamais de transmettre les rapports sur l'état de leurs siéges et des fidèles qui leur sont confiés, à Notre congrégation de la Propagande, qui a toujours eu jusqu'ici une si grande sollicitude et un soin particulier pour tout ce qui concerne ces régions; afin que, par cette congrégation, Nous soyons tenu au courant de tout ce que les évêques jugeront nécessaire ou utile pour remplir leur charge pastorale et pour procurer l'accroissement de leurs Églises. Qu'ils n'oublient pas qu'ils sont tenus de fournir ce rapport et de faire le voyage *ad limina SS. Apostolorum* tous les quatre ans, ainsi qu'il est porté en la constitution de Sixte V, de sainte mémoire, commençant par ces mots : *Romanus Pontifex*, et donnée le 22 décembre 1584. Pareillement et pour tout ce qui est de leur ministère pastoral, les archevêques et évêques nommés ci-dessus jouissent et jouiront des mêmes droits et des mêmes pouvoirs que les autres évêques catholiques des autres nations, et cela en vertu des dispositions ordinaires des saints canons et des constitutions apostoliques. Ils seront de même astreints aux mêmes obligations dont sont tenus les autres archevêques et évêques, en raison de la discipline commune et générale de l'Église catholique. C'est pourquoi, tout ce qui, en fait de priviléges ou de coutumes particulières, aurait été précédemment en vigueur, soit en raison des anciennes coutumes des Églises d'Écosse, soit dans la suite et à cause de l'état des missions, en vertu de constitutions particulières, tout cela désormais, les circonstances ayant changé, ne conférera aucun droit et n'imposera aucune obligation. A cette fin, et pour qu'il ne puisse, dans l'avenir, s'élever aucun doute à cet égard, Nous enlevons, par la plénitude de Notre autorité apostolique, à tous ces statuts particuliers, ordonnances, priviléges et coutumes de quelque genre que ce soit, et à quelque temps ancien et immémorial qu'ils remontent, toute valeur, soit pour obliger, soit pour conférer un droit.

Par conséquent, les évêques d'Écosse auront toute liberté de décréter ce qui concerne l'exécution du droit commun et ce qui est permis aux évêques, de par la discipline générale de l'Église. Qu'ils aient donc pour certain que Notre autorité apostolique leur viendra volontiers en aide pour tout ce qui paraîtra devoir augmenter la gloire du nom divin et exciter le bien spirituel des âmes. Et afin que Nous produisions un témoignage de cette bienveillance envers la chère fille du Saint-Siége l'Église d'Écosse, Nous voulons et déclarons que ces évêques, lorsqu'ils auront été revêtus du nom et des droits des évêques ordinaires, ne doivent jamais être privés des avantages et des plus amples pouvoirs dont ils jouissaient auparavant sous le titre de vicaires apostoliques de Nous et de ce Saint-Siége. Car il n'est pas permis de faire tourner à leur détriment ce qui a été décrété par Nous, d'après le vœu des catholiques écossais, pour le plus grand bien de la religion parmi eux. Et, puisque l'état de l'Écosse est tel qu'il n'y a point de temporalités suffisantes pour l'entretien des ministres de Jésus-Christ et les diverses nécessités de chaque Église, Nous avons le ferme espoir que, dans l'avenir, Nos chers fils les fidèles de Jésus-Christ, dont Nous avons volontiers accueilli les supplications pressantes pour la restauration de la hiérarchie épiscopale, auront à cœur, par des aumônes et des dons, de venir largement au secours des pasteurs que Nous mettons à leur tête, afin que ceux-ci puissent travailler à l'édification des maisons épiscopales, des temples, à la splendeur du culte, au soutien du clergé et des pauvres, et parer aux autres nécessités de l'Église.

Et maintenant Nous adressons nos très-humbles pensées à Celui en qui il a plu à Dieu le Père d'instaurer toutes choses, dans la dispensation de la plénitude des temps, afin que, comme Il a commencé toute bonne œuvre, Il l'achève, la confirme et la fortifie ; afin qu'à tous ceux dont c'est le rôle d'accomplir les choses que Nous avons décrétées, Il accorde la lumière de la grâce céleste et cette force qui fera entièrement tourner au bien de l'Église catholique cette hiérarchie épiscopale rétablie par Nous dans le royaume d'Écosse. C'est à cette même fin que Nous invoquons l'intercession, auprès de Jésus-Christ, notre réparateur, de sa très-sainte Mère, de saint Joseph, son père putatif, des saints apôtres Pierre et Paul, de saint André, que l'Écosse entoure d'un culte particulier, des autres saints et surtout de sainte Marguerite, reine des Écossais, l'honneur et la sauvegarde de ce royaume, afin qu'ils veuillent entourer de leur bienveillante faveur cette Église renaissante.

Enfin Nous décrétons que ces lettres apostoliques ne

pourront jamais, ni en aucun temps, être notées ou attaquées pour vice de subreption ou d'obreption, ou pour quelque autre défaut d'intention de Notre part ; qu'elles seront toujours valides et fermes, qu'elles doivent en toutes choses obtenir tous leurs effets et être observées inviolablement ; nonobstant tout ce qui pourrait être allégué de contraire, en invoquant soit les édits généraux ou les sanctions spéciales des conciles synodaux, provinciaux et universels, soit les droits et priviléges des anciens siéges d'Écosse, des missions et vicariats apostoliques qui y ont été constitués par la suite, des églises et des lieux pies, qui auraient été consacrés par serment, par confirmation apostolique ou de quelque autre manière. A tout cela, en tant que cela s'oppose à ce qui est dit plus haut, Nous dérogeons expressément, même si, pour cette dérogation, l'on devait faire une mention spéciale ou observer une forme requise, quelle qu'elle soit. Nous déclarons donc nul et sans effet tout ce qui, par quiconque et par quelque autorité que ce soit, sciemment ou non, pourrait être fait à l'encontre de ces lettres. Et Nous voulons qu'aux exemplaires de ces lettres, même imprimées, signées d'un notaire public et munies du sceau d'un personnage constitué en dignité dans l'Église, on accorde la même foi qu'on aurait sur le vu du diplôme même, à la signification de Notre volonté.

Qu'à personne donc il ne soit permis de déchirer cette page de notre érection, constitution, restitution, institution, assignation, adjonction, attribution, décret, mandat et volonté, ou d'aller à l'encontre par une audace téméraire. Que si quelqu'un osait commettre cet attentat, qu'il sache qu'il encourra l'indignation du Dieu tout-puissant et de ses saints apôtres Pierre et Paul.

Donné à Rome, près Saint-Pierre, l'an de l'incarnation du Seigneur mil huit cent soixante-dix-huit, le 4 mars, la première année de notre pontificat.

C. card. Sacconi,   P. card. Asquinius.
    Prodataire.
    Visa.
    Lieu du sceau.
                                        J. Cugnonius.

Enregistré à la secrétairerie des brefs.

Dans la matinée du 5 mars, le Saint-Père a reçu dans la salle du Trône les curés de Rome avec les prédicateurs du carême, qui lui étaient présentés par Son Éminence le cardinal Monaco La Valette, vicaire général de Sa Sainteté.

Le Saint-Père, ayant accueilli favorablement cette assistance, lui a adressé un très-important discours, dont voici la traduction d'après *l'Univers.*

C'est pour Nous une chose très-agréable, Monsieur le cardinal, de voir aujourd'hui en notre présence la réunion des curés de Rome, et avec eux tous les prédicateurs du carême qui approche. Accablé, surtout dans ces premiers jours de notre pontificat, par des pensées et des soucis continuels, le temps Nous manque pour recueillir un peu de temps notre esprit afin de vous adresser quelques paroles à vous, excellents curés, qui êtes appelés à prendre une part des sollicitudes pastorales de l'évêque de Rome, et à vous aussi qui êtes chargés de la prédication,

Cependant, Nous n'avons pas voulu laisser échapper l'occasion présente de vous communiquer quelqu'une de nos pensées.

Nous vous dirons donc en premier lieu que, si tous les fidèles du monde sont l'objet de nos sollicitudes paternelles, il l'est d'une façon spéciale, ce cher troupeau de Rome au milieu duquel Nous vivons et qui Nous est cher à tant de titres. C'est un de nos vœux les plus fervents et des plus ardents désirs de notre cœur que le peuple de Rome conserve pure et entière la foi ancienne, que ses mœurs fleurissent et échappent à la corruption, que l'on voie grandir son attachement à ce siége apostolique et sa docile obéissance aux lois et aux enseignements qu'il en reçoit. Nous savons trop bien que, de toutes parts, dans le monde, les ennemis de l'Église s'efforcent par tous les moyens d'arracher de l'esprit et du cœur des fidèles ces inestimables trésors ; mais Nous savons aussi qu'ils ont pris spécialement pour point de mire cette sainte cité, qui est le centre du catholicisme, et que tous les moyens sont mis en jeu pour la conduire à l'incrédulité et à l'immoralité.

Par conséquent, il est nécessaire que vous tous, nos très-chers curés, vous soyez bien pénétrés des conditions exceptionnelles des temps où nous vivons et des dangers plus graves auxquels sont exposées de préférence la foi et la saine morale du peuple romain ; il est nécessaire qu'à mesure que croissent les périls et que redoublent les efforts des ennemis, votre zèle à tous croisse de même et redouble. Si le ministère des curés fut toujours et partout laborieux et difficile, il est certain qu'aux temps où nous sommes et dans l'intérieur de ces murs vous avez besoin de faire appel d'une manière plus spéciale à toute votre énergie pour ne point faillir au but si élevé de votre mission ; il y faut de plus, et comme condition indispensable, un esprit de plein et entier sacrifice, qui au-dessus de toute considération de commodité ou d'intérêt vous fasse toujours mettre la gloire de Dieu et le profit des âmes. Soyez assurés que si vous êtes animés de cet esprit, vous qui êtes les ouvriers de la vigne mystique, vos fatigues apostoliques seront couronnées de fruits précieux et abondants.

Le clergé de Rome a toujours donné de magnifiques exemples d'abnégation et de zèle qui l'ont rendu le modèle et l'admiration des autres ; aussi Nous promettons-Nous de vos travaux les plus heureux et les plus consolants résultats, persuadé que ceux-ci seront d'autant plus grands que vos soins seront plus assidus, votre sacrifice plus généreux et plus entier, votre zèle plus éclairé, votre conduite plus irréprochable.

Il Nous est maintenant agréable de Nous adresser à vous, hérauts de l'Évangile, qui demain devrez commencer à répandre parmi les fidèles la bonne semence de la parole divine. Rappelez-vous que cette parole annoncée autrefois par les apôtres, sous l'inspiration de l'Esprit du Seigneur dont ils étaient remplis, a eu la force d'arracher du monde les mauvaises herbes des fausses doctrines, d'illuminer les esprits, et de rallumer dans les cœurs l'amour sincère du bien et du beau ; elle a suffi à convertir le monde et à le gagner tout entier à Jésus-Christ. Maintenant aussi cette parole peut retirer le monde de l'abîme vers lequel il court, le laver de ses souillures et le soumettre de nouveau à Jésus-Christ.

Il est donc indispensable que les orateurs sacrés, marchant sur les traces des apôtres, appuyés sur la vertu divine plus que sur leurs propres forces et sur les attraits de l'éloquence, prêchent aux fidèles Jésus-Christ, les mystères de sa vie et de sa mort, sa doctrine et ses célestes enseignements, l'Église et ses sublimes prérogatives, la divine autorité de son Chef visible, sa grandeur et son influence bienfaisante pour la véritable félicité des peuples ; il faut qu'ils combattent par des raisons simples et solides les erreurs les plus pernicieuses et les plus répandues de nos jours, en cherchant à pénétrer jusqu'au fond des cœurs pour les envelopper dans la vérité et la vertu.

Mais pour que tout advienne selon nos vœux et nos désirs, Nous appelons sur les pasteurs des âmes et les hérauts de l'Évangile l'abondance des lumières célestes et le secours efficace de la grâce divine. Nous voulons que vous trouviez un gage de ces faveurs et une preuve de notre paternelle bienveillance dans la bénédiction apostolique que du fond de notre cœur Nous accordons à tous les pasteurs des âmes et à leurs troupeaux, à tous les prédicateurs du carême et à leurs travaux apostoliques.

Dans la matinée du 28 mars, au palais apostolique du Vatican, Sa Sainteté Notre Seigneur le Pape Léon XIII, sortant de ses appartements, s'est rendue à la salle du Consistoire et y est entrée, après s'être vêtue du pluvial rouge et de la mitre en fil d'or, comme c'est la coutume, la première fois après le couronnement.

Puis, le Saint-Père est monté à son trône, d'où il a prononcé l'allocution suivante :

Vénérables Frères,

Dès que Nous fûmes appelé, le mois précédent, par vos suffrages, à prendre le gouvernement de toute l'Église et à tenir sur la terre la place du Prince des pasteurs, Jésus-Christ, Nous avons senti notre esprit tout saisi de trouble et d'effroi. D'un côté, en effet, Nous étions effrayé surtout et par l'intime conviction de notre indignité, et par l'impuissance de nos forces à supporter un fardeau, d'autant plus lourd que la renommée de notre prédécesseur le Pape Pie IX, d'immortelle mémoire, s'était répandue avec plus d'éclat et d'illustration dans le monde. Car cet insigne pasteur du troupeau catholique, qui a toujours combattu invinciblement pour la vérité et pour la justice, et qui a accompli, d'une manière exemplaire, de si grands travaux pour le gouvernement de la république chrétienne, non-seulement il a illustré le Siége apostolique de l'éclat de ses vertus, mais encore il a tellement rempli toute l'Église de son amour et de son admiration, que, de même qu'il a surpassé tous les évêques de Rome par la durée de son pontificat, ainsi il a obtenu peut-être plus que les autres de plus grands et de plus constants témoignages de respect public et de vénération. D'un autre côté, Nous étions vivement préoccupé de la condition critique où se trouve presque partout, de notre temps, non-seulement la société civile, mais l'Église catholique elle-même, et surtout ce Siége apostolique qui, dépouillé par violence de sa souveraineté temporelle, en a été amené à ce point de ne plus pouvoir du tout jouir de l'usage plein, libre et sans opposition de son pouvoir.

Mais quoique, pour ces raisons, Vénérables Frères, Nous fussions porté à récuser l'honneur qui nous était conféré, comment pouvions-Nous résister à la volonté divine, si clairement manifestée à Nous par l'accord de vos suffrages et par cette pieuse préoccupation de terminer le plus promptement possible, pour le bien de l'Église que vous avez uniquement en vue, l'élection du souverain Pontife?

Aussi avons-Nous cru devoir accepter cette charge du suprême apostolat qui Nous était offerte et obéir à la volonté divine, mettant toute notre confiance en Dieu, et espérant fermement que Celui qui Nous avait conféré l'honneur, donnerait aussi la vertu à Notre humilité.

Et maintenant, Vénérables Frères, qu'il nous est donné d'adresser pour la première fois de cette place la parole à votre insigne collége, Nous attestons surtout solennellement devant vous, que Nous n'aurons jamais rien de plus à cœur, dans ce ministère du service apostolique, que d'employer, avec la grâce de Dieu, tous nos soins à conserver sainement le dépôt de la foi catholique, à maintenir fidèlement les droits et les intérêts de l'Église et du Siége apostolique, à pourvoir au salut de tous, prêt que Nous sommes à n'éviter en toutes choses aucun travail, à ne récuser aucune épreuve, et à ne jamais rien faire qui puisse montrer que Nous estimons Notre vie plus que Nous-même.

Dans l'accomplissement des devoirs de notre ministère, Nous avons la confiance que votre conseil et votre sagesse ne Nous manqueront point ; Nous désirons ardemment et Nous vous demandons qu'ils ne Nous manquent jamais ; et vous ne devez pas prendre seulement cet appel pour un effet de la sollicitude de notre charge, mais Nous voulons qu'il soit entendu par vous comme la manifestation solennelle de Notre volonté. Car Nous avons profondément gravé dans l'esprit ce que racontent les saintes lettres que fit Moïse par l'ordre de Dieu, lorsque, effrayé du lourd fardeau de régir tout le peuple, il s'adjoignit soixante-dix des anciens d'Israël pour qu'ils portassent la charge avec lui et le secourussent de leur zèle et de leur conseil dans les soucis du gouvernement de la nation d'Israël. Nous Nous sommes proposé cet exemple, Nous qui sommes, malgré notre indignité, le chef et le recteur de tout le peuple chrétien ; en l'ayant devant les yeux, Nous ne pouvons manquer de vous demander, à vous qui tenez dans l'Église de

Dieu la place des soixante-dix d'Israël, un concours dans Nos travaux et une assistance pour Notre esprit.

Nous savons d'ailleurs, comme Nous l'apprennent les saintes Écritures, que le salut est là où le conseil abonde; Nous savons, par l'enseignement du concile de Trente, que l'administration de toute l'Église s'appuie sur le conseil des cardinaux constitués auprès du souverain Pontife; Nous savons enfin par saint Bernard que les cardinaux sont appelés les assistants et les conseillers du Pontife romain, et c'est pourquoi, Nous qui avons partagé pendant près de vingt-cinq ans l'honneur de votre collége, Nous avons apporté sur ce Siége non-seulement un esprit plein d'affection et de bienveillance pour vous, mais aussi la ferme intention d'avoir pour compagnons et collaborateurs de nos travaux et de nos délibérations, dans l'expédition des affaires de l'Église, ceux que Nous avons eus autrefois pour collègues en dignité.

Maintenant, Vénérables Frères, Nous avons la très-grande joie et la bonne fortune de vous faire partager un doux fruit de consolation que nous avons recueilli dans le Seigneur, par l'issue d'une heureuse affaire accomplie pour la gloire de notre religion. Car, ce que notre prédécesseur Pie IX, de sainte mémoire, dans son zèle insigne pour la chose catholique, avait entrepris, et ce qui avait été décrété par ceux d'entre vous qui font partie de la sacrée Propagation de la foi, à savoir le rétablissement de la hiérarchie épiscopale dans l'illustre royaume d'Écosse, la restauration de l'honneur de cette Église, il Nous a été donné de l'accomplir heureusement, et, avec l'aide de Dieu, de l'achever par des lettres apostoliques que Nous avons promulguées le 4 de ce mois de la présente année.

Nous Nous sommes réjoui, Vénérables Frères, de ce qu'il Nous a été donné de satisfaire ainsi aux très-vifs désirs de nos chers fils en Jésus-Christ le clergé et les fidèles de l'Écosse, que des preuves nombreuses et très-éclatantes Nous ont montrés animés d'une très-grande dévotion envers l'Église catholique et la chaire de Pierre ; aussi nous avons fermement confiance que l'œuvre accomplie par le Siége apostolique sera couronnée d'heureux fruits, et que, grâce aux suffrages des célestes patrons de l'Ecosse, cette contrée verra chaque jour, de plus en plus, « les montagnes recevoir la paix et les collines la justice en faveur de son peuple. »

Au reste, Vénérables Frères, Nous ne doutons nullement que, joignant vos efforts aux Nôtres, vous ne travailliez ardemment avec Nous à la protection et au maintien de la religion, à la défense de ce siége apostolique et à l'accroissement de la gloire divine, car vous savez que nous aurons une commune récompense dans le ciel si nous avons en commun travaillé à mener à bien les affaires de l'Église. Suppliez donc humblement le Dieu riche en miséricorde, par l'intervention puissante de sa mère immaculée, de saint Joseph, le céleste patron de l'Église, et des saints apôtres Pierre et Paul, afin que sa bonté Nous assiste, qu'Il dirige nos pensées et nos actes, qu'Il dispose heureusement le temps de Notre ministère et enfin que cette barque de Pierre qu'Il nous a confié à gouverner sur une mer furieuse, Il la conduise, après avoir dompté et apaisé les vents et les flots, jusqu'au port désiré de la tranquillité et de la paix.

Lettre encyclique de Notre Très-Saint Père le Pape Léon XIII à tous les patriarches, primats, archevêques et évêques du monde catholique en grâce et en communion avec le siége apostolique ;

Vénérables Frères, salut et bénédiction apostolique.

A peine élevé, par un impénétrable dessein de Dieu et sans le mériter, au faîte de la Dignité Apostolique, Nous Nous sommes senti poussé par un vif désir et par une sorte de nécessité à Nous adresser à vous par lettre, non-seulement pour vous manifester les sentiments de Notre profonde affection, mais encore pour remplir auprès de vous les devoirs de la charge que Dieu Nous a confiée en vous encourageant, vous, qui avez été appelés à partager Notre sollicitude, à soutenir avec Nous la lutte des temps actuels pour l'Eglise de Dieu et le salut des âmes.

Dès les premiers instants, en effet, de Notre Pontificat, ce qui s'offre à Nos regards, c'est le triste spectacle des maux qui accablent de toutes parts le genre humain : Nous voyons cette subversion si étendue des vérités suprêmes qui sont comme les fondements sur lesquels s'appuie l'état de la société humaine; cette audace des esprits qui ne peuvent supporter aucune autorité légitime ; cette cause perpétuelle de dissensions d'où naissent les querelles intestines et les cruelles et sanglantes guerres; le mépris des lois qui règlent les mœurs et protégent la justice ; l'insatiable cupidité des choses qui passent et l'oubli des choses éternelles poussés l'un et l'autre jusqu'à cette fureur insensée qui conduit tant de malheureux à oser à chaque instant porter sur eux-mêmes des mains violentes; Nous voyons encore l'administration inconsidérée, la profusion, la malversation des deniers publics ; comme aussi l'impudence de ceux qui commettent les plus grandes trahisons pour se donner l'apparence de champions de la liberté et de tout droit ; enfin Nous voyons cette sorte de peste meurtrière qui coule intérieurement dans les membres de la société humaine, ne la laisse point reposer et lui présage de nouvelles révolutions et de funestes résultats.

Or, Nous Nous sommes convaincu que ces maux ont leur principale cause dans le mépris et le rejet de cette sainte et très-auguste autorité de l'Eglise, qui gouverne le genre humain au nom de Dieu, et qui est le garant et l'appui de toute autorité légitime. Les ennemis de l'ordre public ont parfaitement compris cela ; et voilà pourquoi ils ont pensé que rien n'était plus propre à renverser les fondements de la société que d'attaquer opiniâtrément l'Eglise de Dieu, de la rendre odieuse et haïssable, par de honteuses calomnies, en la représentant comme l'ennemie de la vraie civilisation, d'affaiblir sa force et son autorité par des blessures toujours nouvelles, et d'abattre le pouvoir suprême du Pontife Romain, qui est ici-bas le gardien et le défenseur des règles immuables du bien et du juste. De là donc sont sorties ces lois qui ébranlent la divine constitution de l'Eglise catholique, et dont nous avons à déplorer la promulgation dans la plupart des pays ; de là ont découlé, et le mépris du pouvoir épiscopal, et les entraves mises à l'exercice du ministère ecclésiastique, et la dispersion des Ordres religieux, et la confiscation et la vente à l'encan des biens qui servaient à entretenir les ministres de l'Eglise et les pauvres ; de là encore, ce résultat que les institutions publiques consacrées à la charité et à la bienfaisance ont été soustraites à la salutaire direction de l'Eglise ; de là cette liberté effrénée et perverse de tout enseigner et de tout publier, quand, au contraire, on viole et on opprime en toute manière le droit de l'Eglise d'instruire et d'élever la jeunesse.

C'est là aussi ce qu'on a eu en vue en s'emparant du pouvoir temporel que la divine Providence avait accordé depuis de longs siècles au Pontife Romain pour qu'il pût user librement et sans entraves, pour le salut éternel des peuples, du pouvoir que Jésus-Christ lui a conféré.

Si Nous avons rappelé cette funeste multitude de maux, Vénérables Frères, ce n'est pas pour augmenter la tristesse qu'un si déplorable état de choses fait naître en vous par lui-même ; mais c'est parce que nous comprenons qu'à la vue de cette masse de maux vous reconnaîtrez surtout combien est grande la gravité des choses qui réclament notre ministère et notre zèle et avec quel soin assidu Nous devons travailler à défendre et à garantir de toutes nos forces l'Eglise de Jésus-Christ et la dignité de ce Siège Apostolique attaquée par tant de calomnies, surtout dans les temps pervers où nous vivons.

Il est bien clair et évident, Vénérables Frères, que la cause de la civilisation manque de fondements solides si elle ne s'appuie pas sur les principes éternels de la vérité et sur les lois immuables du droit et de la justice, si un amour sincère n'unit entre elles les volontés des hommes et ne règle heureusement la distinction et les motifs de leurs devoirs réciproques. Or, qui oserait le nier ? N'est-ce pas l'Eglise qui, en prêchant l'Evangile parmi les nations, a fait briller la lumière de la vérité au milieu des peuples sauvages et imbus de superstitions honteuses et qui les a ramenés à la connaissance du divin Auteur de toutes choses et au respect d'eux-mêmes ?

N'est-ce pas l'Eglise qui, faisant disparaître la calamité de l'esclavage, a rappelé les hommes à la dignité de leur très-noble nature ? N'est-ce pas elle qui, en déployant sur toutes les plages de la terre l'étendard de la rédemption, en attirant à elle les sciences et les arts ou en les couvrant de sa protection, qui, par ses excellentes institutions de charité où toutes les misères trouvent leur soulagement, par ses fondations et par les dépôts dont elle a accepté la garde, a partout civilisé dans ses mœurs privées et publiques le genre humain, l'a relevé de sa misère et l'a formé avec toutes sortes de soins à un genre de vie conforme à la dignité et à l'espérance humaines ?

Et maintenant, si un homme d'un esprit sain compare l'époque où nous vivons, si hostile à la religion et à l'Eglise de Jésus-Christ, avec ces temps si heureux où l'Eglise était honorée par les peuples comme une Mère, il devra se convaincre entièrement que notre époque pleine de troubles et de destructions se précipite tout droit et rapidement à sa perte, et que ces temps-là ont été d'autant plus florissants en excellentes institutions, en tranquillité de la vie, en richesses et en prospérité, que les peuples se sont montrés plus soumis au gouvernement de l'Eglise et plus observateurs de ses lois. Que si les biens nombreux que Nous venons de rappeler et qui ont dû leur naissance au ministère de l'Eglise et à son influence salutaire, sont vraiment des ouvrages et des gloires de la civilisation humaine, il s'en faut donc de beaucoup que l'Eglise de Jésus-Christ abhorre la civilisation et la repousse, puisque c'est à elle au contraire que revient en entier, selon son jugement, l'honneur d'avoir été sa nourrice, sa maîtresse et sa mère.

Bien plus, cette sorte de civilisation qui répugne au contraire aux saintes doctrines et aux lois de l'Eglise, n'est autre chose qu'une feinte civilisation et doit être considérée comme un vain nom sans réalité. C'est là une vérité dont nous fournissent une preuve manifeste ces peuples qui n'ont pas vu briller la lumière de l'Evangile ; dans leur vie, on a pu apercevoir quelques faux dehors d'une éducation plus cultivée, mais les vrais et solides biens de la civilisation n'y ont pas prospéré.

Il ne faut point, en effet, considérer comme une perfection de la vie civile celle qui consiste à mépriser audacieusement tout pouvoir légitime ; et on ne doit pas saluer du nom de liberté celle qui a pour cortége honteux et misérable la propagation effrénée des erreurs, le libre assouvissement des cupidités perverses, l'impunité des crimes et des méfaits et l'oppression des meilleurs citoyens de toute classe. Ce sont là des principes erronés, pervers et faux ; ils ne sauraient donc assurément avoir la force de perfectionner la nature humaine et de la faire prospérer, car *le péché fait les hommes misérables* [1] ; il devient au contraire absolument inévitable qu'après avoir corrompu les esprits et les cœurs, ces principes, par leur propre poids, précipitent les peuples dans toute sorte de malheurs, qu'ils renversent tout ordre légitime et conduisent ainsi plus tôt ou plus tard la situation et la tranquillité publiques à leur dernière perte.

Si on contemple, au contraire, les œuvres du Pontificat romain, que peut-il y avoir de plus inique que de nier combien les Pontifes romains ont noblement et bien mérité de toute la société civile ?

Nos prédécesseurs, en effet, voulant pourvoir au bonheur des peuples, entreprirent des luttes de tout genre, supportèrent de rudes fatigues et n'hésitèrent jamais à s'exposer à d'âpres difficultés ; les yeux fixés au ciel, ils n'abaissèrent point leur front devant les menaces des méchants et ne commirent pas la bassesse de se laisser détourner de leur devoir, soit par les flatteries, soit par les promesses. Ce fut ce Siége Apostolique qui ramassa les restes de l'antique société détruite et les réunit ensemble. Il fut aussi le flambeau ami qui illumina la civilisation des temps chrétiens ; l'ancre de salut au milieu des plus terribles tempêtes qui aient agité la race humaine ; le lien sacré de la concorde qui unit entre elles des nations éloignées et de mœurs di-

---

1. Prov. xiv, 34.

verses; il fut enfin le centre commun où l'on venait chercher aussi bien la doctrine de la foi et de la religion que les auspices de paix et les conseils des actes à accomplir. Quoi de plus? C'est la gloire des Pontifes romains de s'être toujours et sans relâche opposés comme un mur et un rempart à ce que la société humaine ne retombât point dans la superstition et la barbarie antiques.

Mais plût au Ciel que cette autorité salutaire n'eût jamais été négligée ou répudiée! Le pouvoir civil n'eût pas alors perdu cette auréole auguste et sacrée qui le distinguait, que la religion lui avait donnée et qui seule rend l'état d'obéissance noble et digne de l'homme; on n'aurait pas vu s'allumer tant de séditions et de guerres qui ont été la funeste cause de calamités et de meurtres; et tant de royaumes, autrefois très-florissants, tombés aujourd'hui du faîte de la prospérité, ne seraient point accablés sous le poids de toutes sortes de misères. Nous avons encore un exemple des malheurs qu'entraîne la répudiation de l'autorité de l'Eglise dans les peuples orientaux qui, en brisant les liens très-doux qui les unissaient à ce siége apostolique, ont perdu la splendeur de leur antique réputation, la gloire des sciences et des lettres et la dignité de leur empire.

Or, ces admirables bienfaits que le Siége Apostolique a répandus sur toutes les plages de la terre, et dont font foi les plus illustres monuments de tous les temps, ont été spécialement ressentis par ce pays d'Italie qui a tiré du Pontificat romain des fruits d'autant plus abondants que par le fait de sa situation il s'en trouvait plus rapproché. C'est en effet aux Pontifes romains que l'Italie doit se reconnaître redevable de la gloire solide et de la grandeur dont elle a brillé au milieu des autres nations. Leur autorité et leurs soins paternels l'ont plusieurs fois protégée contre les vives attaques des ennemis, et c'est d'eux qu'elle a reçu le soulagement et le secours nécessaire pour que la foi catholique fût toujours intégralement conservée dans les cœurs des Italiens.

Ces mérites de Nos Prédécesseurs, pour n'en point citer d'autres, nous sont surtout attestés par l'histoire des temps de saint Léon le Grand, d'Alexandre III, de saint Pie V, de Léon X et d'autres Pontifes par les soins et sous les auspices desquels l'Italie échappa à la dernière destruction dont elle était menacée par les barbares, conserva intacte l'antique foi, et au milieu des ténèbres et de la barbarie d'une époque plus grossière développa la lumière des sciences et la splendeur des arts, et les conserva florissantes. Ils nous sont attestés encore par cette sainte ville, siége des Pontifes, qui a tiré d'eux ce très-grand avantage d'être non-seulement la plus forte citadelle de la foi, mais encore d'avoir obtenu l'admiration et le respect du monde entier en devenant l'asile des beaux-arts et la demeure de la sagesse. Comme la grandeur de ces choses a été transmise au souvenir éternel de la postérité par les monuments de l'histoire, il est aisé de comprendre que ce n'est que par une volonté hostile et une indigne calomnie employées l'une et l'autre à tromper les hommes, qu'on a fait accroire, par la parole et par les écrits, que ce Siége Apostolique était un obstacle à la civilisation des peuples et à la prospérité de l'Italie.

Si donc toutes les espérance de l'Italie et du monde tout entier sont placées sur cette force si favorable au bien et à l'utilité de tous dont jouit l'autorité du Siége Apostolique et sur ce lien si étroit qui unit tous les fidèles au Pontife romain, Nous comprenons que Nous ne devons avoir rien plus à cœur que de conserver religieusement intacte sa dignité à la Chaire romaine et de resserrer de plus en plus l'union des membres avec la tête et celle des fils avec leur père.

C'est pourquoi, pour maintenir avant tout et du mieux que Nous pouvons les droits et la liberté du

Saint-Siége, Nous ne cesserons jamais de lutter pour conserver à notre autorité l'obéissance qui lui est due, pour écarter les obstacles qui empêchent la pleine liberté de notre ministère et de notre pouvoir, et pour obtenir le retour à cet état de choses où les desseins de la divine Providence avaient autrefois placé les Pontifes romains. Et ce n'est ni par esprit d'ambition, ni par désir de domination, Vénérables Frères, que Nous sommes poussé à demander ce retour, mais bien par les devoirs de notre charge et par les engagements religieux du serment qui Nous lie; Nous y sommes en outre poussé non-seulement par la considération que ce pouvoir temporel Nous est nécessaire pour défendre et conserver la pleine liberté du pouvoir spirituel, mais encore parce qu'il a été pleinement constaté que c'est la cause du bien public et du salut de toute la société humaine dont il s'agit. Il suit de là que, à raison du devoir de notre charge, qui Nous oblige à défendre les droits de la sainte Eglise quand il est question du pouvoir temporel du siége apostolique, Nous ne pouvons Nous dispenser de renouveler et de confirmer dans ces lettres toutes les mêmes déclarations et protestations que notre prédécesseur Pie IX, de sainte mémoire, a plusieurs fois émises et renouvelées tant contre l'occupation du pouvoir temporel que contre la violation des droits de l'Eglise romaine. Nous tournons en même temps notre voix vers les princes et les chefs suprêmes des peuples, et Nous les supplions instamment, par l'auguste nom de Dieu très-puissant, de ne pas repousser l'aide que l'Eglise leur offre, dans un moment aussi nécessaire ; d'entourer amicalement, comme de soins unanimes, cette source d'autorité et de salut, et de s'attacher de plus en plus à elle par les liens d'un amour étroit et d'un profond respect. Fasse le Ciel qu'ils reconnaissent la vérité de tout ce que nous avons dit, et qu'ils se persuadent que la doctrine de Jésus-

Christ, comme disait saint Augustin, est *le grand salut du pays quand on y conforme ses actes*[1] ! Puissent-ils comprendre que leur sûreté et leur tranquillité aussi bien que la sûreté et la tranquillité publiques dépendent de la conservation de l'Eglise et de l'obéissance qu'on lui prête, afin d'appliquer alors toutes leurs pensées et tous leurs soins à faire disparaître les maux dont l'Eglise et son Chef visible sont affligés. Puisse-t-il enfin en résulter que les peuples qu'ils gouvernent entrent dans la voie de la justice et de la paix et jouissent d'une ère heureuse de prospérité et de gloire.

En outre, voulant aussi maintenir de plus en plus étroite la concorde entre tout le troupeau catholique et son Pasteur suprême, Nous vous engageons ici avec une affection toute particulière, Vénérables Frères, et Nous vous exhortons chaleureusement à enflammer de l'amour de la religion, par votre zèle sacerdotal et votre vigilance pastorale, les fidèles qui vous ont été confiés, afin qu'ils s'attachent de plus en plus étroitement à cette Chaire de vérité et de justice, qu'ils acceptent tous sa doctrine avec la plus profonde soumission d'esprit et de volonté, et qu'ils rejettent enfin absolument toutes les opinions, même les plus répandues, qu'ils sauraient être contraires aux enseignements de l'Eglise. Sur ce sujet, les Pontifes romains, nos prédécesseurs, et en particulier Pie IX, de sainte mémoire, surtout dans le Concile du Vatican, ayant sans cesse devant les yeux ces paroles de saint Paul : *Veillez à ce que personne ne vous trompe par le moyen de la philosophie ou d'un vain artifice qui serait suivant la tradition des hommes ou suivant les éléments du monde, et non suivant Jésus-Christ*[2], ne négligèrent pas, toutes les fois que ce fut nécessaire, de réprouver

---

1. Epist., CXXXVIII. Alias V ad Marcellinum, n° 15.
2. Ad Coloss, II, 8.

les erreurs qui faisaient irruption et de les condamner par des censures apostoliques. Nous aussi, marchant sur les traces de nos prédécesseurs, Nous confirmons et Nous renouvelons toutes ces condamnations du haut de ce Siége apostolique de vérité, et en même temps Nous demandons vivement au Père des lumières de faire que tous les fidèles, entièrement unis dans un même sentiment et une même opinion, pensent et parlent absolument comme Nous. Votre devoir à vous, Vénérables Frères, est d'employer vos soins assidus à répandre au loin dans le champ du Seigneur la semence des célestes doctrines et à faire pénétrer à propos dans l'esprit des fidèles les preuves de la foi catholique, pour qu'elles y poussent de profondes racines et s'y conservent à l'abri de la contagion des erreurs. Plus les ennemis de la religion font de grands efforts pour enseigner aux hommes sans instruction et surtout aux jeunes gens des principes qui obscurcissent leur esprit et corrompent leur cœur, plus il faut travailler avec ardeur à faire prospérer non-seulement une habile et solide méthode d'éducation, mais surtout à rendre l'enseignement lui-même de la foi catholique entièrement semblable dans les lettres et les sciences et en particulier dans la philosophie, de laquelle dépend en grande partie la vraie explication des autres sciences, et qui, loin de tendre à renverser la divine révélation, se réjouit, au contraire, de lui aplanir la voie et de la défendre contre ses assaillants, comme nous l'ont enseigné, par leur exemple et leurs écrits, le grand Augustin, le docteur angélique et tous les autres maîtres de la sagesse chrétienne.

Il est toutefois nécessaire que cette excellente éducation de la jeunesse, pour être une garantie de la vraie foi et de la religion et une sauvegarde de l'intégrité des mœurs, commence dans l'intérieur même de la famille; de cette famille qui, malheureusement troublée dans les temps actuels, ne peut recouvrer sa dignité que par ces lois que le divin Auteur lui a fixées lui-même en l'instituant dans l'Eglise. Jésus-Christ, en effet, en élevant à la dignité de sacrement le pacte du mariage, qu'il a voulu faire servir à symboliser son union avec l'Eglise, n'a pas seulement rendu la liaison des époux plus sainte, mais il a préparé tant aux parents qu'aux enfants des moyens très-efficaces propres à leur faciliter, par l'observance de leurs devoirs réciproques, l'obtention de la félicité temporelle et éternelle. Malheureusement, après que des lois impies et sans aucun respect pour sa sainteté ont rabaissé ce grand sacrement au même rang que les contrats purement civils, il est arrivé que des citoyens, profanant la dignité du mariage chrétien, ont adopté le concubinat légal au lieu des noces religieuses ; des époux ont négligé les devoirs de la foi qu'ils s'étaient promise, des enfants ont refusé à leurs parents l'obéissance et le respect qu'ils leur devaient, les liens de la charité domestique se sont relâchés et, ce qui est d'un bien triste exemple et fort nuisible aux mœurs publiques, à un amour insensé ont très-souvent succédé des séparations funestes et pernicieuses. Il est impossible que la vue de ces misères et de ces faits déplorables, Vénérables Frères, n'excite pas votre zèle et ne vous pousse pas à exhorter avec soin et sans relâche les fidèles confiés à votre garde à prêter une oreille docile aux enseignements qui ont trait à la sainteté du mariage chrétien et à obéir aux lois de l'Eglise qui règlent les devoirs des époux et des enfants.

C'est ainsi que vous obtiendrez cette réforme si désirable des mœurs et de la manière de vivre de chaque homme en particulier, car, de même que d'un tronc pourri ne peuvent naître que des branches pires et des fruits malheureux, de même cette funeste plaie qui corrompt les familles rejaillit par une triste contagion sur tous les citoyens et devient un mal et un défaut commun. Au contraire, la société domestique une fois façonnée à une forme de vie chrétienne, chaque membre s'accoutumera peu à peu à aimer la religion et la piété, à détester les fausses et pernicieuses doctrines, à pratiquer la vertu, à obéir à ses supérieurs et à réprimer cette recherche insatiable de l'intérêt purement privé qui abaisse et énerve si profondément la nature humaine. Un bon moyen de réaliser ce but sera de diriger et d'encourager ces pieuses associations qui ont été plus particulièrement instituées, surtout dans ces temps-ci, pour favoriser les intérêts catholiques.

Ce sont, en vérité, Vénérables Frères, de grandes choses, même des choses supérieures aux forces humaines que Nous embrassons ainsi de nos vœux et de nos espérances ; mais, comme Dieu a fait les nations du monde guérissables et qu'il a fondé son Eglise pour le salut des peuples, promettant de l'assister jusqu'à la consommation des siècles, Nous avons la ferme confiance que le genre humain, frappé de tant de maux et de calamités, finira, grâce à vos efforts, par chercher le salut et la prospérité dans la soumission à l'Eglise, et dans le magistère infaillible de cette chaire apostolique.

Et maintenant, Vénérables Frères, avant de clore cette lettre, nous éprouvons le besoin de vous faire part de notre joie en voyant l'union admirable et la concorde qui règnent parmi vous et vous unissent si parfaitement à ce Siége Apostolique, et Nous sommes en vérité persuadé que cette parfaite union est non-seulement un rempart inexpugnable contre les assauts des ennemis, mais encore un présage heureux et prospère de temps meilleurs pour l'Eglise ; elle procure un très-grand soulagement à notre faiblesse et relève aussi d'une façon heureuse notre esprit, en Nous aidant à soutenir avec ardeur dans la difficile charge que Nous avons reçue toutes les fatigues et tous les combats pour l'Eglise de Dieu.

Nous ne pouvons non plus séparer de ces causes d'espérance et de joie que Nous venons de vous manifester, les déclarations d'amour et d'obéissance que dans ces commencements de Notre Pontificat vous, Vénérables Frères, vous avez faites à notre humble personne et que Nous ont faites aussi tant d'ecclésiastiques et de fidèles, prouvant ainsi par les lettres envoyées, par les largesses recueillies, par les pèlerinages accomplis et par tant d'autres marques de piété, que cette dévotion et cette charité qu'ils n'avaient cessé de témoigner à notre très-digne Prédécesseur sont demeurées si fermes, si stables et si entières, qu'elles ne se sont point refroidies à la venue d'un successeur aussi peu digne de cet héritage. A la vue de témoignages si splendides de la foi catholique, Nous devons confesser humblement que le Seigneur est bon et bienveillant, et à vous, Vénérables Frères, et à tous ces fils chéris de qui Nous les avons reçus, Nous exprimons les nombreux et profonds sentiments de gratitude qui inondent notre cœur, plein de confiance que, dans la détresse et les difficultés des temps actuels, votre zèle et votre amour ainsi que ceux des fidèles ne Nous feront jamais défaut. Nous ne doutons pas non plus que ces remarquables exemples de piété filiale et de vertu chrétienne ne contribuent puissamment à toucher le cœur du Dieu très-miséricordieux et à lui faire jeter un regard de bienveillance sur son troupeau et à lui faire accorder la paix et la victoire à l'Eglise.

Mais, comme Nous sommes persuadé que cette paix et cette victoire nous seront plus promptement et plus facilement accordées si les fidèles adressent constamment à Dieu des prières et des vœux pour les lui demander, Nous vous exhortons vivement, Vénérables Frères, à exciter dans ce but le zèle et la ferveur des fidèles, en les engageant à employer pour médiatrice auprès de Dieu la Reine immaculée des cieux, et pour intercesseurs saint Joseph, patron céleste de l'Eglise, et les saints apôtres Pierre et Paul, au puissant patronage desquels nous recommandons notre humble personne, tous les ordres de la hiérarchie ecclésiastique, et tout le troupeau du Seigneur.

Au reste, Nous souhaitons que ces jours où nous fêtons le solennel anniversaire de la résurrection de Jésus-Christ soient pour vous et pour tout le troupeau du Seigneur, heureux, salutaires et pleins d'une sainte joie, priant Dieu qui est si bon d'effacer les fautes que nous avons commises et de nous faire miséricordieusement remise de la peine qu'elles nous ont méritée, et cela par la vertu de ce sang de l'Agneau immaculé qui a effacé la sentence portée contre nous.

Que la grâce de Notre-Seigneur Jésus-Christ, la charité de Dieu et la communication du Saint-Esprit soient avec vous tous, Vénérables Frères, et c'est de grand cœur que Nous vous accordons à vous et à chacun en particulier, ainsi qu'à nos chers fils le clergé et les fidèles de vos églises, la bénédiction apostolique *comme gage de notre spéciale bienveillance et comme présage de la protection céleste.*

Donné à Rome près Saint-Pierre, le jour solennel de Pâques, le 21 avril de l'an 1878, la première année de Notre Pontificat.

LÉON XIII, PAPE.

TABLE DES MATIÈRES

Dédicace.
Introduction.................................... 1

PREMIÈRE PARTIE.

D'ARONA A ROME.

I.	Arona, lac Majeur, Isola Bella.........	1
II.	Départ pour Milan. — Arrivée et séjour....	5
III.	Pavie, Crémone, Vérone, Venise.........	12
IV.	Padoue, Ferrare, Bologne.............	26
V.	Arrivée à Florence. — Églises, musées, bibliothèques........................	40
VI.	Assise, Ancône, Lorette..............	58

DEUXIÈME PARTIE.

ROME ET SES MERVEILLES.

I.	Une première visite à *Saint-Pierre*. — Audience solennelle de Pie IX.............	73
II.	Place du Peuple, Sainte-Marie, Saint-Charles, palais *Ruspoli*, Saint-Laurent-in-*Lucina*, place *Colonna*, place du *Monte-Citorio*, Saint-Ignace,	

	Saint-Marcel, Sainte-Marie *in-Via-Lata*, palais *Doria*, palais de Venise, Saint-Marc, le *Gesù*, Sainte-Marie *in-Ara-cœli*, Capitole, palais Sénatorial, palais des Conservateurs, musée du Capitole, Roche-Tarpéienne............	82
III.	*Forum, Tabularium*, prison Mamertine, Saint-Joseph-de-Falegnami, temple de la Fortune, école *Xancta*, galerie des Consents, arc de Septime-Sévère, Saint-Luc, Saint-Adrien, colonne de Phocas, basilique *Julia, Grecostasi, Curia, Hostilia*, Saint-Théodore, Voie-Sacrée, Saint-Laurent *in Miranda*, Saint-Côme et Saint-Damien, basilique de Constantin, Sainte-Françoise-Romaine, arc de Titus, mont Palatin, palais des Césars, Jardins-Farnèse, villa Palatine, *Meta Sudans*, colosse de Néron, Colisée, arc de Constantin, Saint-Grégoire-le-Grand, mont Célius, Saint-Jean et Saint-Paul, arc de Dolabella, Sainte-Marie *in Dominica*, Saint-Étienne-le-Rond, Saint-Clément.............	96
IV.	Le Latran, palais et musée du Latran, baptistère de Constantin, basilique de Saint-Jean-de-Latran, *Scala Santa*, porte Saint-Jean, basilique de Sainte-Croix-de-Jérusalem, jardins d'Héliogabale, Amphithéâtre militaire, Porte-Majeure, voie Labicane, voie Prénestine, temple de Minerve *Medica*, Trophées de Marius, Sainte-Bibiane, Saint-Eusèbe, arc de Galien, Très-Saint-Rédempteur et Saint-Liguori, porte Saint-Laurent, basilique de Saint-Laurent-Hors-les-Murs, Sainte-Marie-Majeure, Sainte-Praxède, Saint-Martin, Sainte-Pudentienne, Saint-François-de-Paule, Saint-Pierre-aux-Liens, thermes de Titus, *Sette Sale*, forum de Pallas et de Néron, *Transitorium*, forum de Trajan, Notre-Dame de Lorette, palais *Colonna*, Saints-Apôtres...	110
V.	Place du Quirinal, Palais apostolique, palais *Rospigliosi*, Saint-Sylvestre, Sainte-Catherine-de-Sienne, Saint-Dominique et Saint-Sixte, Saint-Vital, Saint-Denis, Saint-Charles, Saint-André,	

	Saint-Bernard, Fontaine-de-l'*Acqua-Felice*, Sainte-Marie-des-Anges, Sainte-Marie-de-la-Victoire, porte Pie, Sainte-Agnès, Sainte-Constance, Mont-Sacré, porte *Salara*, villa *Albani*, Pont-Salaro, jardins de Salluste, villa *Ludovisi*, Saint-Nicolas de *Tolentino*, place Barberini, Notre-Dame de la Conception, Saint-Isidore, palais *Barberini*, fontaine de *Trevi*, Saint-André *delle Fratte*, place d'Espagne, Obélisque, Trinité-des-Monts, villa Médicis, promenade du *Pincio*, villa et musée Borghèse, porte *Pinciana*.	142
VI.	Ateliers de l'Académie de Saint-Luc, mausolée d'Auguste, Saint-Roch, port de la *Ripetta*, Saint-Jérôme-des-Esclavons, palais Borghèse, *Campo-Marzo*, Sainte-Marie-Madeleine, Sainte-Marie-*in-Aquiro*, place de la Rotonde, Panthéon, place de la Minerve, Sainte-Marie-sur-Minerve, Sacrés-Stigmates, Séminaire français, Saint-Eustache, Université, palais Madame, palais *Giustiniani*, Saint-Louis-des-Français, Saint-Augustin, bibliothèque Angélique, Saint-Antoine-des-Portugais, Saint-Apollinaire, Saint-Sauveur-*in-Lauro*, Sainte-Marie-*in-Vallicella* ou Église-Neuve, Sainte-Marie-de-la-Paix, Sainte-Marie-*dell' Anima*, place Navone, Sainte-Agnès, palais *Braschi*, place Pasquin, Saint-Pantaléon, palais *Massimi*, Saint-André-de-la-Vallée, théâtre de Pompée, palais *Vidoni*, temple d'Hercule-le-Grand, palais *Mattei*, cirque Flaminien, palais *Costaguti*, Sainte-Catherine-des-Cordiers, Sainte-Marie-*in-Campitelli*, portique d'Octavie, théâtre de Marcellus, forum *Olitorium*, Saint-Nicolas-*in-Carcere*, Notre-Dame-de-la-Consolation, Saint-Éloi-des-Forgerons.	175
VII.	Vélabre, forum Boarium, arc de Janus *Quadrifrons*, arc de Septime-Sévère, Saint-Georges-*in-Velabra*, *Cloaca Maxima*, Sainte-Anastasie, Grand-Cirque, *Septizonium*, porte Capène, tombeau de la sœur des Horaces, temples de l'Honneur et de la Vertu, fontaine d'Égérie, *Marrana*'	

thermes de Caracalla, Saints-Nérée-et-Achillée, Saint-Sixte, Saint-Césarée-*in-Palatio*, tombeau des Scipions, Colombaires de la Vigne *Codini*, arc de Drusus, porte Appienne ou de Saint-Sébastien, Sainte-Marie-de-l'Empreinte, *Domine quo vadis*, catacombes de Saint-Calixte, basilique de Saint-Sébastien, basilique de Saint-Paul-Hors-les-Murs, Saint-Paul-aux-Trois-Fontaines, Sainte-Marie *Scala Cœli*, Saints-Vincent et Anastase, porte Saint-Paul, pyramide de *Caïus Cestius*, mont *Testaccio*, *Navilia*, pont *Sublicius*, mont Aventin, Sainte-Marie *Aventina*, Saint-Alexis, Sainte-Sabine, Sainte-Prisque, Sainte-Marie-*in-Cosmedin*, temple de Vesta, temple de la Fortune virile, maison de Rienzi, pont Palatin, dit Pont-Rompu. 210

VIII. Transtévère, pont Fabricius, île du Tibre ou de Saint-Barthélemy, Saint-Barthélemy, pont de Gratien, Sainte-Cécile, Sainte-Marie-*dell'Orto*, port *Ripa-Grande*, hospice Saint-Michel, *Porta Portese*, Saint-François-*a-Ripa*, Sainte-Marie-du-Transtévère, Saint-Chrysogone, Sainte-Marie-*della-Scala*, mont Janicule, Saint-Pierre-*in-Montorio*, fontaine Pauline, porte Saint-Pancrace, villa Panfili, Saint-Pancrace, porte *Septimiana*, palais *Corsini*, Farnésine, Saint-Onuphre, *conservatorio Torlonia*, porte du Saint-Esprit, pont Sixte, fontaine du Pont-Sixte, Trinité-des-Pèlerins, Sainte-Marie-*in-Monticelli*, Saint-Charles-*a-Catinari*, palais de la Chancellerie, Saint-Laurent-*in-Damaso*, palais Farnèse, palais Spada, Sainte-Marie-de-l'Oraison, Saint-Jérôme-de-la-Charité, Sainte-Marie-de-Montserrat, Saint-Esprit-des-Napolitains, Saint-Jean-des-Florentins, restes du pont Triomphal. 232

IX. Pont Saint-Ange, château Saint-Ange, hôpital du Saint-Esprit, Saint-Esprit, Sainte-Marie-*in-Transpontina*, basilique *Saint-Pierre du-Vatican*, façade, portique, intérieur de la basilique, *palais du Vatican*, loges de Raphaël, galerie de tableaux, chambres de Raphaël, salle Ducale, salle Royale, chapelle Sixtine, chapelle Pauline, corridor des Inscriptions, bibliothèque Vaticane, collection des papyrus, salle des peintures antiques, appartements Borgia, musée du Vatican, musée *Chiaramonti*, musée *Pio Clementino*, vestibule Carré, vestibule Rond, salle du Méléagre, cour du Belvédère, cabinets de Persée, de Mercure, de Laocoon et d'Apollon, salle des Animaux, galerie des Statues, salle des Bustes, cabinet des Masques, chambre des Muses, salle Ronde, salle de la Croix grecque, musée égyptien, escalier principal du musée, salle de la *Biga*, musée-étrusque-grégorien, galerie des candélabres, galerie des tapis, galerie des cartes géographiques, salle de l'Immaculée-Conception, fabriqué de mosaïques, jardins du Vatican, mont *Mario*.................................. 256

TROISIÈME PARTIE.

DE NAPLES A MODANE.

I.	Départ de Rome, Mont-Cassin, Capoue, arrivée à Naples.................	299
II.	Naples, le Vésuve, Herculanum, Pompéi, Stabies...................	308
III.	Une petite traversée.............	330
IV.	Livourne, Pise, arrivée à Gênes.........	337
V.	Gênes, Alexandrie.............	350
VI.	Turin, Modane...............	364
Actes du pontificat de Léon XIII........		381

IMPRIMERIE D. BARDIN, A SAINT-GERMAIN.

MÊME LIBRAIRIE

ESQUISSE DE ROME CHRÉTIENNE
Par Mgr GERBET, évêque de Perpignan.

NOUVELLE ÉDITION

3 beaux vol. in-18 jésus. Prix .... 12 francs.

Les Monuments mégalithiques de tous Pays
LEUR AGE ET LEUR DESTINATION
PAR JAMES FERGUSSON

Traduit de l'anglais, par M. l'abbé HAMARD, de l'Oratoire de Rennes, membre de plusieurs sociétés savantes.

Un vol. in-8 raisin, orné de 230 gravures, avec une préface et des notes du traducteur. Prix .... 10 francs.

GÉOLOGIE ET RÉVÉLATION
ou
HISTOIRE ANCIENNE DE LA TERRE
Considérée à la lumière des faits géologiques et de la religion révélée.

Par le R. GÉRALD MOLLOY, docteur en théologie.

Traduit de l'anglais, par M. l'abbé HAMARD.

Deuxième édition française. Un vol. in-8 illustré de 43 gravures. Prix .... 6 francs.

LE MONDE DES INFINIMENT GRANDS
Par M. l'abbé PIOGER, membre et lauréat de plusieurs sociétés savantes.

Un vol. in-12, orné de planches. Prix .... 3 francs.

DU MÊME AUTEUR :

LE MONDE DES INFINIMENT PETITS

Un vol. in-12, orné de planches. Prix .... 2 francs.

Imprimerie D. BARDIN, à Saint-Germain.

www.ingramcontent.com/pod-product-compliance
Lightning Source LLC
Chambersburg PA
CBHW070618230426
43670CB00010B/1575